每個靈魂都有故事

療癒系通靈人見鬼日常，悸動生命的詭異見聞！

張其錚 著

Mystery 53

每個靈魂都有故事：
療癒系通靈人見鬼日常，悸動生命的詭異見聞

作　　者　張其錚
封面設計　林淑慧
特約編輯　洪禎璐
主　　編　劉信宏
總 編 輯　林許文二

出　　版　柿子文化事業有限公司
地　　址　11677 臺北市羅斯福路五段 158 號 2 樓
業務專線　（02）89314903#15
讀者專線　（02）89314903#9
傳　　真　（02）29319207
郵撥帳號　19822651 柿子文化事業有限公司
服務信箱　service@persimmonbooks.com.tw

業務行政　鄭淑娟、陳顯中

初版一刷　2024 年 03 月
定　　價　新臺幣 399 元
I S B N　978-626-7408-11-7

柿子文化網 persimmonbooks.com.tw
臉書搜尋 60 秒看新世界
～柿子在秋天火紅 文化在書中成熟～

國家圖書館出版品預行編目（CIP）資料

每個靈魂都有故事：療癒系通靈人見鬼日常，悸動生命的詭異見聞 / 張其錚著 .
-- 一版 . -- 臺北市 : 柿子文化事業有限公司 , 2024.03
面；　公分 . -- (Mystery ; 53)
ISBN 978-626-7408-11-7(平裝)

1.CST: 通靈術 2.CST: 靈界

296.1　　112021883

序文——

秉承初心，散播正向能量

我是電視媒體工作者，也是教授傳播領域的大學老師，但絕非命理老師、通靈老師；儘管可能比他人較有機會與神靈冥界接近，卻不是高人或靈媒，祈望各位別把我當專業通靈人，畢竟我不具辦事、開壇作法資格，感應也經常「斷訊」；最好把我定位在「說書」層次，用文字「說」給你聽，或許更適合、也更有趣。

曾經有位中年婦女讀友，拿著我過去著作，流著淚對我說：「要是早幾年看到書多好！」原來她不知為何突然能見「不同世界」，描述現象時，卻被親友視為「有病」而嫌棄遠離，令她懷憂沮喪；直到她閱讀書後才發現，竟然有人跟她遭遇相同，還能堅強活著，頓時恍然大悟，豁然開朗，猶如悶熱炎夏突然來了場大雨般暢快感受。

有此一說：神界希望陽間能夠有越來越多人看到「不同世界」景況，除了讓人們「眼見為憑」，並且深知目前世界已不再是過去所認知的刻板範圍、空間、種類與現象。不過，絕大多數具有這方面全新經驗的陽間人類，雖然能「看」，卻幾乎不會被設定成身懷「替人辦事、消災解厄」本事的靈媒特質。因此，本書目的之一，便是希望藉由老天爺所賦予自身的靈敏筆觸，盼能增進陽間人類對神界、靈界、冥界些許認識，至少知道其存在事實。

其次目的，則是談談與「不同世界」互動經驗與感想。尤其在這個時局更迭、生活步調急促的世代，我們除了討論與神明、與靈魂、與冥界互動，同時更應反省身為「人」活在世上的意義和價值，但盡量多談生活個案，降低八股說教色彩。

最後，則在於雖不敢保證本書內容會多麼「匡正人心」，但若能透過「現世報」、「神冥監督」之說，進而嚇阻及斷絕為非作歹之念，必深感欣慰。

本書收錄自身經歷，也藉由採訪、談論與側面推敲，挖掘全新素材，當然也考量某些隱私、顧慮、忌諱、天機等因素，必須全盤改編，偶有與實際狀況略有出入，並大幅降低單純靈異恐怖氛圍，必要時多留予空間讓讀友思考。

謹此，感謝眾神明與冥界、靈界諸多容忍諒解，並懇請理解我這個凡夫俗子出書的初心與使命。本書中故事無非盼能發揚天理道德、警示善惡有報，讓更多陽間人們認知、理解與接受；起碼在這個亂世與末世的混雜環境裡，人人都能找到該有的定位和方向。

因此，若有不盡完備或謬誤，深盼天地神靈與冥間各界，能以引導代替懲罰，用關懷取代責難。如能因而有效散播正向力量，對陽間社會亂象有所緩解，甚至安撫心靈受傷的朋友，我想自己這輩子即感滿足，已無遺憾。

目錄

PART 1

人情

拾金

我不太喜歡和妻子一起散步，她的散步方式跟行軍差不多，步伐之快，好像哪兒失火要逃命似的。有時彼此為這種鳥事起爭執，因此，在很多休假時刻，我乾脆一個人獨自出門，到處亂晃，結果常遇到有趣的事或是超棒的活動，回頭再跟妻子分享，她就一臉怨嘆未能躬逢其盛。

後來，我們恢復一同出門，然後再起爭執，又是各自分頭出門，再恢復一起出門……我常戲稱這叫「兩人式因果輪迴」，永無止境，沒完沒了。

老媽媽的救命錢

與妻子又起爭執後的某個休假日，我「照例」一個人出門亂晃。我愛搭車，不只看風景，更愛觀察車上乘客眾生相，而且經常「南北一日遊」，不是搭高鐵，而是國道客運。理由是風景超棒，省錢又能冥想、激發靈感，然後從台北晃到南部某個大城，下車後便隨興自由走走，釋放平日繁雜工作的沉重壓力，順便嚐嚐當地小吃美食，就很快樂了。

當天市區人車不多，我在一處十字路口停等紅綠燈，轉頭瞥見有個跟我年紀差不多的花襯衣歐巴桑，騎著破機車自遠處駛來停下。她雙肩扛著大包包，背上又有個大包袱，腳踏板上更擱著大臉盆，活像搬家般陣仗浩大，叫人傻眼！

這裡空氣品質不佳，很多騎士長期戴著口罩，從歐巴桑的眼神，看得出她並不快樂，這吸引了我的注意。綠燈亮起，她像砲彈般騎車衝出去，騎得頗快又立刻轉彎，從我面前橫切而過，驚魂未定的我側目看她，發現從她右肩的包包中掉出一只牛皮紙袋，裡頭像是紙片的玩意兒全散落出來；我第一時間反射動作，就是趕緊快步上前去撿拾，並呼喊她掉頭取回。

等到我上前蹲下撿拾物品，才發現那是鈔票！當時風不大，但還是有幾張散落到較遠處。後頭有個阿伯騎士眼睛一亮，「幫忙」撿拾卻「可能想要」直接放進褲袋，被我狠狠盯著，才乖乖如數繳出。看著歐巴桑的機車越騎越遠，我決定以跑百米速度一路向前衝，還不忘沿途呼喊，只是她騎得非常快，我滿頭大汗地追，依然沒追上，但記下車牌了。至於袋子裡有多少錢，我也邊走邊數，至少心中有個底。

剛好，派出所就在前方，我放心地大口喘氣慢慢走，正準備上階梯進入派出所時，看到那位歐巴桑神情緊張地逆向回頭，看樣子是準備來派出所求助，我一看，笑了。

最後，物歸原主，連報案都免啦，但我也趕緊用手勢請她稍微離開派出所一點，以免被警察看到這副超載模樣，少不了挨罰破財（其實我這種心態也不妥，謹此懺悔）。猶記她一開始急忙跑過來時，語無倫次地喃喃自語：「三萬……三萬……怎麼辦啊……」那畫面至今依舊清晰，是一種極度酸楚與心疼的苦痛感覺！沒錯，紙袋裡有三萬元，還好被我全數截到。

經詢問，我才知道那是歐巴桑要拿到醫院去繳費跟各種雜支用途。她嘆氣回答說是自家老母親住院，這些錢都是借的，是母女任職工廠裡好姊妹東拼西湊累積出來的。

聽她說老母親病情極嚴重，需要進行手術，又要術後調養，核算下來，就算有健保，這三萬塊就跟燒紙錢差不多，瞬間就化掉，說著說著，她眼淚頻頻落下，哽咽說壓力好大，自己又沒唸過什麼書，什麼都不會。之前，她還被詐騙集團誆去辦什麼健保勞保給付，身分證印章全給了，結果一毛錢都拿不到，反而背債，又被司法單位傳去，說涉及什麼什麼案，她根本就聽不懂，然後接觸到的警察、檢察官都是滿臉嚴肅，嚇得她差點心臟病發作！現在，她每天只能求神明幫忙，看日子能不能別過得這麼慘。

此時，她再三向我道謝，準備發動機車，這才發現沒油了，但最近的加油站在數公里之外；我看她一籌莫展，急得不曉得該怎麼辦，乾脆幫她扛起所有物品，包括她說要幫老母親在病房裡清洗用的塑膠大臉盆，全扛上招來的計程車，再一起到醫院去，順便看看她講的內容是否屬實，如果是，我再想辦法幫忙。

果然，歐巴桑的老母親病情嚴重，來日無多，身旁還有工廠同事前來幫忙看護。原來，這位老母親往昔是這家工廠的資深員工，平日對大家很好，照顧同事有加，所以這些老伙伴樂於對她們母女情義相挺，甚至願意排班照顧，連領班都主動跳下來幫忙，病床旁還貼了手寫排班表呢！至於工廠大老闆，雖然沒有伸出援手，但至少沒阻撓下屬協助，也勉強算是幫忙了。

這三萬元確實是她同事們的鼎力相助，只是接下來還有龐大醫療費要付。我上前慰問那位老母親，她意識清楚，始終看著我這個陌生來客，可能不像詐騙集團的人，所以在凝視時，眼神柔和友善。老母親吃力地告訴我，謝謝她女兒和工廠伙伴的幫忙，只是她知道自己不會活太久，想早點離世，不要拖累人家，這讓在場的人聽了紛紛「噓」她，順便哄她別這麼想不開，老天爺要我們活多久，都是「命定」的，別說傻話。

我在離去之前，想了想，便先到醫院樓下的提款機，領了三萬元，回到病房當面交給老母親和歐巴桑，告訴她們：「我也不是什麼有錢人，但有能力可以幫忙的事，就盡量幫吧！」起先她們母女倆不願收下，畢竟我們素不相識，說不定改天我反悔了，就變臉換成暴力討債，要求另付高額利息？她們表示，之前已經領教過詐騙集團惡行，什麼混蛋理由都能拗，三不五時就來威嚇，因此說什麼都不敢拿。

我聽完她們的疑慮，便跟在場所有人解釋。「本來我很不想暴露自己的個資，也怕惹麻煩，但如果你們覺得我是個壞蛋，請查查我的身分，沒關係，畢竟這年頭壞人多，你們會懷疑、有顧慮都很正常；但是，我若要貪，剛才掉在路上的三萬塊錢，老早就被我撿跑，還輪得到你們用嗎？」

這番話說完，讓在場的人靜默下來，想了想，終於接受這個觀點，不過仍有疑慮「彼此都不認識就給這麼多錢，你這個陌生人會不會太大膽了些？有沒有什麼目的啊？」我把提款機印出的單據拿給她們看，上頭不過就四萬多塊錢，順便解釋我另有本業，這個帳戶全是多年來兼任教職的微薄鐘點費，每個月數千元，攢久了積少成多，平時沒怎麼在用，只要看到有需要幫忙的人，就用這個帳戶提領出一部分，等於像贊助救急，別想太多。

她們的同事滑手機找到我的教學資料，總算願意相信，才接受了我的錢。

離去前，我請這位老母親好好養病，一切都放下吧。她流下眼淚直呼感恩，卻也煩憂她還不起這份人情，三萬塊錢總是要歸還的。我回答她：「想這麼多幹嘛，能夠相見也是緣分，或許前輩子我欠您才多，人生就是這麼奇妙。」

重情重義的小老闆

不久後，我在學校看見有個似曾相識的樸實女士，站在學院大樓外等我，想起她就是之前在病房內守護老母親的工廠女員工之一。

「老輸喔，你任素偶鄭！」（老師喔，你認識我喔！）她向我微笑鞠躬，我也趕緊鞠躬回禮。稍作寒暄，才曉得在我離開病房後不到四天，那位老母親就含笑而逝。

歐巴桑忙著處理喪事，而她則是代表喪家來歸還三萬元。我看到牛皮紙袋和鄉下的一袋農產品，嚇了一大跳。

「啊，老輸喔，素娥姊（那位老母親）生前有交代，說人家的好意擔待不起，錢要歸還給老輸啦！還有，要我特別感謝老輸，幫她女兒撿回三萬元！」這位很「古意」的女士，年紀應該比我大一些，仿的金牙補滿嘴，在歲月風霜折磨下，滿臉刻畫著皺紋，也是勞心勞力的「艱苦人」。

我不忍心看她扛著重兮兮的農產品回去，只好勉強收下，不過我堅持不收那筆款項，請她帶回。這位女士面有難色，覺得這樣「很難在『素娥姊』靈前交代，會被罵」，我想了想，還是請她帶回，並表明我會親赴南部上香告知。別的不說，治喪需要花費，在這種時候更不能把錢拿回來，我也堅持不要歸還。

因為我即將要上課，這位女士也不好多解釋，只好低調離開。

之後，我才曉得，她這趟「銜命」來找我，沒錢搭高鐵，只能半夜搭國道客運，一早到了台北，東西南北搞不清楚，到處東問西問，急得沒吃沒喝，找到中午過後，才終於找到我任教的學校，偏偏搭公車又坐過頭！進了這麼大的校園，各系各院上哪兒找？

唉！是我在添人家麻煩啊！

之後，我去參加那位老母親告別式。儘管有許多同事前來相送，還有人想發動募款辦喪事，但她臨終前特別囑咐凡事從簡，不要什麼儀式，拖去燒燒入塔就好；只盼錢能省下多少就多少，留給女兒處理。

這趟下去，我又另外包了奠儀。幾經推辭，歐巴桑最後還是收下，因為我看得出來，她在財務上實在無能為力，而且機車壞了好多天，都是靠工廠同事幫忙載送，否則天氣這麼熱，殯儀館又位於荒郊山區，這幾日疲於奔命，又沒錢搭計程車，要是用走的，肯定會走到死。

我感嘆這場喪禮跟用草蓆把人包好、挖個洞直接埋葬差不多。經側面打聽，其實老母親醫療和喪葬費用，比起三萬、三萬這樣一點一滴累加，就像是騎腳踏車追賽車，怎麼付也付不完。工廠的小老闆代表公司上香致祭，也覺得不忍，於是當場承諾協助歐巴桑，把她母親、也是工廠前資深員工的喪事處理完畢，不足的，帳全算他的；至於其他來幫忙的員工，所請的事假都不算，他會交代人事主任統計跟處理。

此話一出，靈堂裡哀戚氛圍總算有了點振奮情緒。這個小老闆果然開明，但後來據說他父親很不高興，劈頭就罵不過是個「退休的員工」，退休了就跟公司無關，還幫這種忙幹嘛！不過，小老闆懇求父親至少幫忙處理後事，還要兌現幫其他員工銷假的承諾。他父親在商言商，本來不肯，後來勉強同意，但不免嘮叨碎唸，指出這些年來大環境景氣差，你還當大爺在耍派頭揮霍！

原來，那位老母親在還未從工廠退休的多年前，曾經跟大老闆槓上。當時有個身為單親媽媽的女員工，手臂不慎被機台輸送帶捲入，慘被輾壓，工廠方面竟然就只給點錢打發、匆匆解雇對方！老母親看不過去，跳出來拜託大老闆不要這麼狠心，沒想到卻像點燃了一把火，意外帶動其他員工跟著憤怒反彈，醞釀罷工，還準備請當地縣府前來勞檢調查。由於當時工廠正好接到國外大單，大老闆眼見若罷工成立，又被官方懲處，勢必有倒產風險，預估損失慘重，最後只能低調妥協。不過，法令該怎麼做就怎麼做，工廠方面還是挨了處罰。

因此，多年下來，大老闆對這位老母親心懷恨意，覺得都是這種吃飽閒著的「老屁股」在帶領年輕人鬧事。而那位受傷的單親媽媽，治療後期因併發症等因素，不到半年就突然猝逝！孩子也只能托給家中同樣窮苦的老父老母隔代教養，還好孩子乖又爭氣。

這位老母親的喪事過後不到半年，大老闆在中國大陸洽商時意外猝逝，親和力強的小老闆尚在學習，面對突然必須接棒的情況，有些措手不及，但還算沉著穩健。奇怪的是，諸多擺在眼前的難關，處理起來卻異常順利，總能逢凶化吉，業績持續往上，較之同業面對大環境景氣差、營收低迷，這家公司在逆勢中堪稱異軍突起，且產品品質優良，訂單如雪片般飛來。

蝴蝶帶來訊息

偶爾我會跟歐巴桑聯絡，問候一下她的近況。她告訴我，前陣子小老闆有來巡視廠房並探望，她母喪後心情已經逐漸平復，欠人家的錢也在按時繳款中，只是官司的事仍然讓她憂鬱不已。小老闆想了想，決定請教公司法律顧問，主動提供協助，或許有所轉機。

她在電話裡告訴我，很奇怪，她母親過世後，都會有一隻紅蝴蝶飛進廠房，而且只要牠停留在某座機台上，都會讓員工迅速發現那個作業區「有狀況」，能夠緊急排除，沒有釀成重大工安事故。比如說要檢修有誤差的機器零件卻忘了先斷電、壓力表沒有校對、碾壓槽跟輸送帶……我聽得一頭霧水，她則是如數家珍般講得起勁，但是我對那隻蝴蝶滿有興趣的，隱隱想著，那會不會是這位老母親化身來幫忙報恩？

不久後，我正好另有其他事務重返當地，事前打開谷歌地圖查詢，發現距離歐巴桑任職的工廠不太遠，便想乾脆買點北部名產當禮物，順便去探望她，還先打電話到附近鎮上的計程車行叫車。歐巴桑得知我要來，那些曾經看過我的同事便說，乾脆在休息時間一起來吃點心。我當然欣喜同意，而且彼此說好，我帶吃的，她們都不用準備。

結果，我到工廠才知道，他們早已在戶外樹下擺了一大堆美食等我。我萬分訝異，也很不好意思，手中拿的伴手禮顯然不夠看，只好頻頻道歉。但大家根本不在意，直說每天休息時間都有一整桌好料，等於在喝下午茶啦！鄉下人的下午茶絕對「膨派」（豐盛），而且自從小老闆接手後，休息時間加長，有時還會主動「加菜」，工廠主任親自扛一鍋炒米粉或米苔目來共襄盛舉，不僅大家都歡喜，連退休員工也嚷著要回來兼差，直說晚餐錢可以省了。

大家快樂地閒聊，吃著吃著，那隻紅蝴蝶又出現了，而且不偏不倚地停在我頭上！由於椅子不夠，我本來是隨性坐在樹蔭下某輛機車的椅墊上，看到紅蝴蝶時，我突然覺得牠在警示什麼，便稍微移開。不料，我才換個地方站著沒幾秒，上方就有東西掉落，「啵」的一聲，待我定神一看，已經有五、六坨「拉稀」鳥屎，像潑墨水彩渲染般，直接掉落在剛才我坐著的椅墊上！而且，那輛機車正好是歐巴桑的！

眾人大笑，說我「福大命大」，歐巴桑則是邊清理邊罵，卻又擔心這會不會是警告自己即將有大難？

因為很多民俗禮儀都說，鳥屎掉在頭上會衰運連連，那掉在車主的機車椅墊上，應該也是如此吧？

儘管同事們繪聲繪影都說確實不吉利，但我為了緩解尷尬和她內心的不舒服，便裝著一派輕鬆回應，我的看法正好相反，那是在暗示帶「黃金」來啦！還提醒歐巴桑說：「我不是在安慰妳，而是老天爺帶財給妳，最好不要錯過喔！」

大家半信半疑，但我把態度「演得」非常篤定，想讓所有人先安心。

說完後，那隻蝴蝶不知又從哪裡冒出來，安靜地停在我的肩膀上，翅膀緩緩一開一合，像是嘴唇在說話，然後翩然地飛離，看來牠應該是這位老母親的化身靈，而且同意我所說的。蝴蝶這個舉動讓我更堅信有財降臨，於是叮嚀歐巴桑，下了班去鎮上買張彩券或刮刮樂，她面有難色，解釋她不是花不起這點錢，而是她從來不買……根本看不懂嘛！

一場死裡逃生的車禍

歐巴桑把機車座墊布取下洗乾淨後，直接裝回去，讓南台灣的大太陽曝曬，很快就乾了。

她堅持載我到車站去，我說：「您還在上班耶！」領班笑笑回答：「只剩不到兩個小時就要下班了，不用計較，讓她載一程到鎮上如何？來回大概四、五十分鐘而已，不礙事。」拗不過人家盛情，我只好搭歐巴桑的順風專車，一路奔馳在鄉間的產業道路上。我體重八十公斤，歐巴桑也是「挺有分量」的，這輛破舊機車被重物壓得彷彿得肺癆，排氣管不斷地喘，我覺得很不好意思，她則是很高興看到我，覺得這趟非送不可，等於感謝當時我拾金不昧的美德。但她也感慨，生活還是苦啊！這輛機車早該報廢，實在沒錢換新的，除了她自己的生活費，還要償還欠款；官司的事還好有公司幫忙，不必擔心，只是依然過得苦哈哈。我坐在後座，只覺得難過，半晌沉默不語。

她本來要送我到車站，但我執意在附近下車，想再逛逛這個小鎮。歐巴桑覺得這樣也不錯，順便報了幾家不錯的館子，馬上掉頭往公司方向前進。

我目送她離去，而她騎不到五秒就遇到紅燈並停下來，但此時對向竟有輛黑色名牌轎車突然闖紅燈，跨越交叉口，直接朝向歐巴桑的停等處加速駛去！

歐巴桑眼見有個龐然大物從對面衝過來，反應算是靈敏，第一時間的反射動作就是跳下車往旁邊逃。這輛速度超快的車直接撞飛她的機車，機車又反彈撞上一旁學校圍牆，馬上縮成一坨廢鐵！幸好旁邊沒有其他車輛或行人；這輛肇事車也緊急煞停，聲音之大令人心驚，最後撞進路邊電線桿與路燈桿之間，看起來就像是被筷子「夾著」。

歐巴桑嚇壞了，我也驚嚇半晌，才趕緊跑上前去，攙扶跌坐在地上的歐巴桑。此時，黑色轎車的駕駛座門打開，一位西裝筆挺的中年男性走下來，快速前來察看歐巴桑是否需要就醫。

我一看這男子，直覺他應該來頭不小，他滿臉誠懇地不斷向歐巴桑致歉，並且主動報警。

經過一番處理程序，並確認酒測值為零後，我們才知道這位男子是當地知名政治人物的幕僚主管。他說本來都有司機接送，但今天車子送修，不想麻煩人家，所以就開自家車，可能太久沒開還是怎樣，一路上這輛車子不聽使喚，反正就……就這樣了。

後來，我陪歐巴桑到醫院，她除了屁股跌坐在地、有點兒瘀青外，其他並無大礙，只是被嚇得有點發抖。這位幕僚主管的辦公室也派人前往醫院探視，立刻送來一大籃水果和慰問金，這讓我深刻體會到「庄腳人厚禮數」，而且真的很厚，反而歐巴桑覺得「我又沒事，幹嘛躺病床」，嚷著要回工廠。倒是消息火速傳開，幾位工廠同事聞訊而來，「原班人馬」又在醫院碰頭七嘴八舌，令人有些莞爾。

然而，我還是隱隱擔憂後續的情況，兩週後，我再與歐巴桑聯絡。她笑著說託我的福，一切都順利，人家買了新機車賠給她，接著對方看到監視器畫面，驚覺自己差點鑄下大禍、害死一條人命，幸好歐巴桑第一時間趕緊跳開，得以安然脫身，認為是歐巴桑為他消災受過，因此親自送來第二筆慰問金，還拜託她，這是他老闆給的，千萬不要退回，畢竟這是他闖的禍，望請她諒解，該扛責任絕不逃避；且日後若有任何困難，請不吝與他聯絡，他們若幫得上忙，絕對義不容辭。

又過了半年，我再度跟歐巴桑聯絡時，聽她的開朗語調，和過去大不相同。

她說，所有事情都已全數解決，叫我不要再擔心，她過得很好！

更開心的是，無論晴雨冷熱，那隻紅蝴蝶每天都會在自家小院子出現，她打開門出來時，還會在她身上繞兩圈，一開一合翩翩起舞，再慢慢飛離。

歐巴桑認為是媽媽來看她、保佑她，不再覺得蝴蝶飛來是要警示她什麼；況且，她內心已經走出陰暗幽谷，堅信苦日子過去了，無牽無掛，迎來全然不同的正面人生。

人間有溫情

或許老天爺是要一再考核我是否有貪念，並讓我體會「人間依舊有溫情」，順便把這段經歷寫成故事，希望目前內心深陷痛苦泥沼的人，先別武斷對人間產生絕望，搞不好你這段痛苦經歷只是一場磨練，是在償還因果債；也許好事多磨，考驗耐性，什麼狀況都可能有。

儘管無人能知「什麼時候才能擺脫內心之苦」，但從歐巴桑的例子來看，我覺得過程雖痛苦，未必會一直持續下去，仍要對自己有信心。我們從小就會背「天有不測風雲，人有旦夕禍福」這類詞句，其實就是要我們體認，人生不可能永遠平順無波，總會遇到無法預知的意外與諸多變數。不過，我也坦誠告訴你，這位歐巴桑的韌性比我更強、更堅毅，起碼選擇不逃避（你也可以說「不懂逃避」），就是純樸，帶著鄉村庶民逆來順受的認份性格，這才是最偉大、最令人敬佩的。

每個人再怎麼強悍，都有不被人知的脆弱一面，我也是。我經常被擊潰，再從沮喪挫折中慢慢恢復並爬起來，也經常疑惑「神明到底要考驗我多久，才能否極泰來？」、「另一個世界的朋友到底要我怎樣才不再捉弄？」不過，很抱歉，答案不是我填了就算，這輩子我幾乎沒有一路平順，連一大段安穩之路都沒走過，眼看事情好像解決，另一樁令人頭痛的麻煩凶訊隨即到來，處理後平靜一段時間，又來麻煩事，像陣陣浪來潮落般起起伏伏，令人哭笑不得。

雖然我會告訴讀友，這或許是老天爺的試煉考驗，不過套用到自己身上，你問我會不會有怨言，當然有！因此，看到歐巴桑這樣的超高韌性，遇到磨難依然堅強走下去，沒有怨天尤人，我心裡著實無地自容。我自認懂得許多人情世故，但其實根本沒有人家厲害，也從自己隱藏的陰暗與抑鬱中，看到諸多缺失與弱點，實在見笑，慚愧！慚愧！

夜市裡的老爺爺

一九八〇年代，我唸專科學校，還是個「衝撞青年」，凡事看不慣，自己又沒個幾斤兩重，只會憤世嫉俗，一支利嘴嗆來嗆去不乾不淨，真要出面跟人家打架，最後大概只會被打到發腫變形。

當年沒有週休二日，週六要上課到中午。記得初冬時節，天空整片陰霾，我的心也悶到極點，因為考完期中考最後一科，沒有「解脫了！」的快感，而是為了考卷上一大堆不會寫的題目心煩不已。

不到中午十一點，大家就離開了學校，跟同學兩人沒事做，又不曉得到哪裡晃，於是漫無目的搭著公車四處跑。

當時學生有紙本月票，上車時要讓車掌或司機剪掉一格，我剛好只剩四格，心想乾脆從台北市晃到台北縣（今新北市），瞧瞧有沒有什麼新鮮事。

公車一上橋離開台北市，我就慌了，不是看到什麼不乾淨的東西，而是很少到台北縣，看到橋的兩邊景色截然不同，大概是陌生不熟悉，心情也有些莫名的怪，便跟同學提議要下車。

「蛤？你才過個橋就要下車？」同學驚訝地看著我。「多走一走，搞不好讓你碰到個美女！」

「不。」當時的我也說不出為什麼。「我下一站……喔，不，下兩站下車好了，我離開台北市稍遠一點，心裡就覺得不踏實……我也不曉得，有股力量要拉我下車。」

「怪胎！」同學只覺得我有神經病，但也沒有其他更好的意見，只好嘟著嘴拉鈴（當年下車前要拉一條掛著的電鈴線，提醒司機準備靠站讓乘客下車），兩人就這樣，來到還算繁華的陌生市街。

被催討規費的老爺爺

下車的那一站距離某個夜市很近，但日正當中，夜市還沒開市。我們兩人就一邊吹著初冬涼風，一邊頂著散發秋老虎餘威的太陽，像兩具沒頭沒腦的殭屍般隨意漫步。

走著走著，經過一間掛滿襯衫和西裝褲的鐵皮屋攤子，旁邊還有毛筆字畫，騎樓裡擱著椅子，上頭的硯台還磨著墨。但其中最不搭調的，竟然是一個老爺爺坐在藤椅上，發抖掩面哭泣。

這是什麼畫面？我們好奇趨前詢問，怎麼老人家在哭呢？

老爺爺慢慢抬起頭看著我們，劈頭就問：「你們不是跟剛才小混蛋一夥的吧？」

蛤？什麼小混蛋？我們兩個都穿著校服，上頭還繡了學號和名字，如果真的要使壞，哪需要穿校服給人留把柄啊？老爺爺看我們一頭霧水的模樣，便猜想應該不是小混蛋同夥，趕緊擦乾淚水，指了指攤子上的衣服。

喔！天啊！這可不妙，我和同學都看傻了。老爺爺攤子裡的成人襯衫和西裝褲，都被人潑了墨汁，幾乎全報銷了！

「混蛋！可惡！這……這不就要絕我生路嗎？」老爺爺憤慨地帶著顫抖語氣，又忍不住開始哭了起來，邊哭邊罵：「真他媽的！真他媽的！」

等到老爺爺情緒稍微平復後敘述，我們才曉得，這附近有個高職中輟生跟無業青年組成幫派，經常騷擾店家並勒索保護費，美其名叫「規費」。

老爺爺獨居，靠著是賣這攤子的衣服過活，利潤微薄，哪來閒錢交什麼保護費？從年中到現在，這幫小混蛋已經討了不下十來回，老爺爺擋不過人多勢眾，只能屢屢以情理懇求他們放過；然而，這幫人硬是誣賴老爺爺是隻笑臉老狐狸，明明賺很大，卻欠費不繳，利上滾利，如今欠了快兩萬元，再不上繳，就不客氣囉！

老爺爺無奈地再三求情，拜託這幫年輕人不要欺負老人家，但這幾個小弟嘴裡嚷嚷著：「回去不好交代。」又知道老人家愛寫毛筆字，便說：「好吧！就讓你盡興！」

他們拿著一大桶墨汁，把攤子上上下下全潑得「淋漓盡致」！順便拿著掃刀，把要賣的衣服、褲子劃得支離破碎……

這一聽就讓我火大，但同學偷偷拍著我的肩膀，暗示我別惹事，人家搞不好勢力龐大，火力驚人，到時候你怎麼死的都不曉得，還是趕快離開。

「他們留了話，說晚上六點鐘還要再來，不繳錢就『拆家』！這……這……」老人家嘆口氣，幾乎講不出話來。「要是把我這攤子拆了，明天我該怎麼辦？」

「六點鐘？那不是夜市人潮正要開始多的時候？他們在眾人面前敢這麼囂張？」同學不解，「那我們先幫老爺爺報警好了！」

「也對。」我請同學先去報警，我則留下來陪老爺爺，但被他阻止。

「不不不，這是我自己的事，怎麼可以連累你們？」老爺爺說：「前陣子，附近另一座比較大的夜市，有一攤賣潤餅的，生意很好，也被勒索，後來老闆硬起來報警，卻只抓到幾個小嘍囉，結果，某天凌晨，老闆剛收拾完，『攤子就自己燒了起來』，整個全毀，老闆娘還為了搶救生財器具被火燒傷，到現在還住院呢！」

他們是被報復嗎？不知道，我們沒有證據。每個攤商都有生存之道，更有難言之隱，我們也不好多問，只是感覺上大家都很「配合」繳交「規費」，這幫人也對「歹剃頭的」（閩南語：事情難處理的）嚴加「照顧」，緊迫盯人，就算多麼弱勢，照樣要被啃肉吸血。

為了讓老爺爺不要太傷心，我們兩個年輕學子乾脆街也甭逛了，午餐也沒心情吃，陪著他講話，順便整理被弄到狼狽不堪的貨品。

賣衣服的攤商都習慣把衣服吊掛在牆上，滿牆都是，相當壯觀，然而，墨汁這麼一潑，商品光沾到一滴就報銷！老爺爺搖頭，我們也搖頭，但多了嘀咕和咒罵。

幸好，有更多商品還沒拆開，整齊安放在平台下方的櫥櫃裡，否則損失更慘重。

找「導仔」出手幫忙

老爺爺喜歡寫書法，牆上也掛著書寫的毛筆字，字跡細膩工整，其中一張寫的「抬起頭看天，捲起袖做事」，我看到還滿感動的，至今不忘。老爺爺說，他是當年隨國民政府撤退來台的教員，只是離開教育體系過早，只好自己謀生，遇到老鄉在開紡織廠，賣的衣服品質不錯，又認識一些上游業者，產品多樣，於是就弄了個攤子批來賣……

「啊呀！不好了！」此時老爺爺大叫一聲，趕緊拾起掉在地上角落的黑布袋，東摸西找，好像什麼東西不見了，一時悲從中來，又開始啜泣。

真的不好了！黑布袋裡有下午四點要給廠商的一萬多元貨款，還有幾千塊錢生活費，加起來快兩萬元，剛才那群小混蛋來鬧事，一時場面混亂，現在才發現那些錢全都不翼而飛。

一波未平一波再起。我們幫忙找了半天，還是沒找到，也不知道是誰拿走的。

「怎麼辦？怎麼辦？」老爺爺在原地踱步，顯得六神無主。「這筆錢已經拖了很久，今天要是再不把貨款付給人家，可能就要被搬貨了！」

我們兩個窮學生，愣然看著眼前這一切，也不曉得該幫什麼。同學本來提議，要不要我們等廠商來，一起幫老爺爺求情，要求再寬限幾天？你們看嘛！這個攤子都成什麼樣子，還跟老人家要錢，不會覺得禮義廉恥白唸了嗎？

「你別鬧了！」我瞪了他一眼。「虧我們都是學商的。在商言商，銀貨兩訖，做生意本來就是這樣，況且貨款拖久了，你有困難，搞不好人家也有困難，這樣拖下去哪行得通嘛？」

但錢不見了的確是事實，該怎麼辦？看著沮喪的老人家這麼難過，我突然靈光乍現，想到學校裡某位前任導師是個統計高手，才剛從學校離職，就被挖角到民間企業任職，研究獨門的股市操作原理，賺了不少，不知能不能碰碰運氣向他借借看。

但同學罵說：「你瘋啦！老人家跟我們非親非故，有必要這麼做嗎？而且你忘啦？跟『導仔』一起租屋的麻吉室友，就是教中級會計學的『大魔頭當鋪老闆』老師！我們今天才剛考他那一科，題目難到大家寫不出來，他又這麼凶，打電話過去萬一被他接到，豈不找死？」

我曉得跟師長有金錢往來並不妥當，但狗急跳牆的時候，也顧不得這麼多，反正導師已經離職，應該……應該還好吧？在這當頭也只能硬著頭皮找他幫忙，若是被「當鋪老闆」接到電話，只有認栽吧。

於是我找出聯絡簿，用公共電話打過去，還好是導仔接的。但他一認出我的聲音，就先霹靂啪啦責怪我：「搞什麼鬼啊？你們班今天中級會計學考試，到底在寫什麼東西？你們老師正在改考卷，邊看邊罵，火冒三丈當中……」等他嘀咕得差不多了，我所剩的硬幣也快用光，只好長話短說，跟他借兩萬元。

「你該不會去賭博，還是……」導仔的語氣顯然夾雜著質疑，我趕緊回覆南部長輩生病需要錢（真是很對不起家人啊！）；不過，他一聽就拆穿了。

「我記得你家父母都是公教人員，看病有公保，一下子還要兩萬元，這顯然是大病，把你南部家裡的電話號碼給我，讓我去聯絡，順便祝福一下。」

導仔不愧是在商界打滾的人，老江湖一個，幾句話就把我堵死，最後我只好誠實招出老爺爺的事，同學則在旁邊猛掏褲袋，支援僅有的零錢。意外的是，導仔沒罵我說謊騙他，也沒連珠砲式質疑：「看到陌生人就給錢，你不怕被拐被誆，然後應收帳款還討不回來，只好變成呆帳自己去吸收，你不覺得自己是個傻蛋嗎？」他沉默一會兒，就叫我半個小時後到他家拿錢，他先去下午有營業的大郵局提款。導仔動作明快，但我始終神經緊繃，沒想到會這麼順利，真是奇怪。

就這麼巧，導仔與「當鋪老闆」老師的租屋處，剛好在這座夜市附近。我喜出望外，趕緊前往，但我同學不敢一起去，怕遇到「當鋪老闆」老師，被來個「五雷轟頂」。

我跟「導仔」拿錢時，他和顏悅色地告訴我，不管這老爺爺的遭遇是真是假，只要有心幫助人家，就去做吧！錢呢，等我收回來時再還給他。他本來要告訴我，為何願意幫忙的原因，但一聽到我說那幫小混蛋晚上還要到攤子鬧事，便催促勸我趕快跟派出所報警比較好。

「導仔，謝啦！」離去前，我叫住他。「可是……您難道不怕我這個學生被老爺爺騙嗎？兩萬元可是大錢啊！」

他搖搖頭。「我相信你的判斷，我也相信老天爺會幫你做到……好啦！就算你被騙，就當我和你一起花兩萬元繳學費、買個教訓……不要怕，放手去做。」

本來我想邀導仔一起去夜市的攤子，證明我沒瞎扯，不過，他說剛跳槽到新環境，週一就有重要會議要報告，這兩天都忙著整理資料……我們才講到這裡，大門突然像爆炸似的被撞開，那位師人職魂上身的「當鋪老闆」老師，大概是聽到我的聲音，出了房門瞪著我，開始厲聲咆哮，嚇得我趕緊聳起肩膀吐舌頭，敷衍鞠個躬，然後拔腿逃之夭夭。

在返回攤子前，我想了想，還是跟派出所說一聲比較妥當。員警客氣地告訴我，如果小混蛋撂話說六點，到時候人潮一多，比較難移動，他判斷應該會提早，要老爺爺多注意，他們馬上派人提前過去瞭解，必要時處理。

我回到攤子時，已經過了下午四點，廠商正滔滔不絕地跟老爺爺爭執，我立刻把錢遞上，衝突就像霜淇淋遇到烈日，瞬間化解。

「你……你哪來的錢？」廠商滿意地離去後，我把剩下的錢放在老爺爺口袋裡，他大為驚訝。

「不行啊！爺爺不能收你的錢！」

我顧左右而言他，轉移話題。這才發現，我同學已經先離去，老爺爺說他要去找廁所，找了兩個多小時，應該是回家了。我繼續幫老爺爺清洗地板，正準備用拖把抹地時，果真看到這幫小混蛋提前來「拆家」了！警察估算得沒錯。

人不算多，就六個，問題是每個都凶神惡煞似的拿著棍棒，還有一個甩著鐵鍊！我們這頭，就只有我拿著拖把，外加老爺爺手上一枝毛筆，這要怎麼擋啊？宛如石器時代的石頭，對上二十一世紀核子彈頭，實力懸殊。

帶頭的矮個子拿著武器，在自己腿上故意拍拍拍弄出聲音，先飆出一長串髒話咆哮後，幾個人慢慢湧上前，這個場景活像一群惡狼準備朝綿羊撲過來，旁邊的路人和攤商紛紛閃開躲避。在手機時代，應該會有人偷偷撥號報案，但在手機與網路都還不曉得在哪兒的一九八〇年代，只能靠「正義之士」挺身出面。

就在兩軍「戰力不對稱」對峙、衝突一觸即發的危急關鍵時刻，老天爺保佑，兩輛警用機車及時趕到！得救了！一干人等跑都甭想跑，乖乖地像綿羊那樣，在牧羊犬監視下，被驅往該進的柵欄裡。員警特別安慰老爺爺，不要怕，派出所會把這裡列為重點，絕不讓這幫人如此目無法紀。

不久後的某天，學校訓導處廣播找我，那個平常看到我像看到瘟神的組長，面無表情地問：「你之前是否在外面跟人家有些過節或衝突？」我一聽大概知道是怎麼回事，因為桌上壓著一封用毛筆工整書寫的信，猜想應該是老爺爺寫來的，只是不曉得信中寫些什麼，但有把握他不會寫我的壞話。平日搞怪搗蛋的我，這次在訓導處裡可是抬頭挺胸，不像平時闖禍時如「俗辣」（閩南語：愚弱無能）那般鳥樣子；那個組長問些沒頭沒腦的問題，我懶得回答，他也虛應故事般，把我像趕雞似地趕回教室去。

兩萬元的循環

又過了好幾個週末，捱過期末考，還有校外實習的寒假後，我突然想起老爺爺。

於是，我找個週日的傍晚，前往攤子探望，納悶地發現攤子空了一段時日，帆布上都積著厚厚一層灰。問了隔壁幾攤的歐巴桑，只知道老爺爺生病，這陣子沒看到他來，也沒有聯絡方式。唯一聽到的好消息，是地方上有個眷村出身的議員看不下去，從中斡旋，讓人出面賠償老爺爺那些被污損的貨品。

另外有個阿伯說，老爺爺以前在社區裡免費教書法，可以去問問看。我輾轉問了四個地方，最後終於問到以下這行字——

兩週前寒流過境，老爺爺因心臟病發作過世，享壽八十。

其實，我心裡早就有數，沒有太過驚訝，只是遺憾沒能見上最後一面，也氣憤社會中有這種欺負弱勢的人渣，我猜可能因此害老爺爺受到驚嚇且憂慮不已，最後在寒冬中病倒。

老爺爺的告別式，好像是當地社區幫忙辦的，在殯儀館的小小場地裡，冷冷清清，沒什麼人去，我也只是去磕頭鞠躬，儀式很快就結束了，但卻驚見遺像上的老爺爺，嘴巴似乎微微顫動，他是有什麼話要跟我說嗎？

表情有些急，是攤子上貨品沒收完嗎？不，我去的時候已經空空如也，還是貨被搬到哪兒，要我幫忙？不知道，我沒有任何訊息感應。

唯一知道及確定的是，那兩萬元再也拿不回來。老爺爺是在講這件事嗎？我不確定。在回程公車上，我凝視車窗上被雨打得扭曲模糊街景，有著難言的鬱悶與悲哀。

當天被我抓去一起磕頭的同學，在車上沒好氣地酸我說：「看吧，不要多管閒事，現在兩萬元怎麼辦？只能去找鬼討回來吧！」此話一出，我馬上在他的肩膀上重重捶了一拳，怒吼一聲，叫他嘴巴放乾淨點，嚇得他不敢再說。

另一方面，我厚著臉皮，鼓起勇氣到「導仔」的住處說清楚，我沒被騙，不是詐欺，而是人死了，我也沒辦法證明自己把錢給了老爺爺，但會想辦法把錢還給老師。為何會說「厚著臉皮」，因為……當時我的中級會計學已經被「當鋪老闆」老師死當，他看到我來了，又燃起一肚子火，指著我向導仔抱怨說：「你看看，這個學生很聰明、古靈精怪，腦袋反應很好，居然被當掉要重修！說出去丟不丟臉？」

其實，本人在校有項古怪紀錄，就是上學期某科被當掉，下學期居然矇到全班第一名；在新學年的上學期，必須繳交被當科目的重修費，於是我到總務處先領「全班第一名獎學金兩千元」，再到對門的教務處繳交「重修費兩千元」，引發學校職員一陣大笑，直呼荒謬，還因此轟動全校。

「當鋪老闆」老師氣呼呼地回房之後，「導仔」望著我，再次強調他並不在意給我這兩萬元。他解釋說，以前他自立自強唸大學、研究所，在外租屋於暗巷陋室，下雨天漏水，大晴天西曬，日子過得拮据辛苦，幸運地遇到非常棒的獨居外省老先生，在樓下開麵攤，非親非故，但每天都會叫住他，命令他吃碗麵、加點滷菜之後再外出或去上課，而且不肯收錢，只要他好好唸書，以後有能力順便幫助別人，這樣就行了。後來，他才知道老先生在戰亂中失去妻子與兩個兒子，心有遺憾，看到這麼苦的年輕學子，只要夠上進，都願意幫忙，而且不求任何回報。

「其錚，這樣你應該就會知道我為什麼願意拿出兩萬元，幫助你口中說的那位老爺爺。還有，也不要怪你的會計老師，為什麼對你考砸了要重修如此生氣，其實他跟我一樣都是苦過來，都是有原因的。恨鐵不成鋼的道理，懂吧？」他緩緩地說出口。

當時的我聽了當然深受感動又慚愧，不過我這種人就是「好了瘡疤忘記疼」，用功唸書個幾天，劣根性一旦開始蠢動，馬上回復過去的死樣子，根本無可救藥。「當鋪老闆」老師原本看好我在日後能成為優秀的會計師，結果我「變節」跑去唸傳播，這個人生還真是「超級變變變」。

不好意思，扯遠了。

不久後，學校公布年度校內「青年節優秀青年獎」，我這款痞子竟然名列其中！但我沒有特別開心，因為之後必然會被人用放大鏡……喔，不，是顯微鏡檢視！不能去舞廳，不能打彈子（撞球），更不可以到「不正當的冰果店場所」打「小蜜蜂」、「小精靈」（電動玩具）。

要是被人看到，免不了被狠批這算是哪門子「優秀青年」啊？所以這種獎誰要？不希罕。

然而，校內青年節慶祝大會當天，當我被唱名到台上領獎時，立刻收回「不希罕」三個字。原本司儀唸出我的得獎理由是「熱心公益、負責進取」時，只覺得有點莫名其妙又好笑；再聽到「致贈獎狀一紙、獎牌一面」，也沒什麼感覺；但最後聽到「獎學金兩萬元整」時，我兩眼突然發直，瞬間亮起來！**對，沒錯，不多不少，剛好就是兩萬元。**

據說以往都是一萬元，這次校方好像是為了激勵學生端正品德，加碼重金獎賞。只是我到底因為幫助老爺爺而得獎，還是另有原因，我無從判斷；但我也懶得問學校，就自己主觀認定應該是老爺爺這件事。是否也可以說，這是老爺爺主動想要還我兩萬元，冥冥中幫我「推波助瀾」一把？否則以我這款「外乖內奸」的無賴操守品德，還真是想都甭想。

同學們揶揄我說：「擺開架勢準備幹架的人，竟然也能當選優秀青年，這像話嗎？」倒是導仔得知消息後，高興地告訴我，兩萬元留著自己用，不要還給他，好好用功比較重要。

後來，我把這兩萬元拿來繳學費。說也奇怪，此後的我，成績始終名列前三，跟過去「要死不死、逼近懸崖」的爛成績完全不可同日而語；我想，除了導仔祝福，老爺爺在天應該也有庇佑才對，因而內心充滿感激。

助人收穫更多

回想當時老爺爺掩面哭泣、旁人噤聲、攤子被搞得黑墨一片，心中所感，那是多麼無助、悲憤與心痛！這件事也對我的人生造成極大震撼及啟發。固然人活著在世，總會因各種環境因素，不得不低頭委屈求全，但必要時反擊仍不可少，更要想辦法扭轉乾坤、化險為夷，否則一輩子被踩在腳下，只能任人宰割，這不是身為「人」該有的尊嚴本質。

我很欣賞老爺爺字畫上「**抬起頭看天，捲起袖做事**」幾個字，自我勉勵要無愧天地，清白做人。

對了，我的前任導師直到四十幾歲才結婚。當時我已經在職場上工作數年，為求心安，就把兩萬元當禮金包給他，也沒吃喜酒就匆匆離開。後來「導仔」聯絡上我，笑說我幹嘛這麼客氣，門口收付的人還以為我是個來頭很大的傢伙。

「還有，」導師在電話裡問我：「為什麼你不留下來一起吃喜宴呢？太見外了吧？」

「哎呀！萬萬不能啊！」我趕緊解釋說：「我的同學們沒安好心眼，來參加的十幾個人，硬要擠在同一桌，我因為晚到，被引導到另一桌，還好眼尖先溜走，否則就完啦！」

「什麼完了？」他疑惑地問我。

「當然完了，那一桌就只有『當鋪老闆』老師在啊！學生們誰敢跟他坐同一桌啊？要是讓他知道我沒走會計師這行，反而窩在媒體當個默默無名的小記者，那您的美好喜宴可能會鬧出血案，我鐵定被他追殺啊！」

導仔在電話另一頭大笑好久，直呼有趣，這件事就到此圓滿落幕。

友人聽完這段故事，問我幫助老爺爺值不值得？我想了想，表示自己從未想過「值不值得」的問題，而是「當做則為」。

倒是家人常告誡我，依我這種對金錢毫無概念的個性，有時看到什麼事，毫不考慮就伸出援手，偶爾還是該觀望一下，否則被騙就怨不得人了。

我知道大家的好意，也隨著年歲增長，強迫自己調整許多觀念，不再如年輕時那般衝動魯莽。但我也常被笑「狗改不了吃屎，貓少不了掉毛」，幸運的是，我大致上都能幫到該幫的人，也學習到甚多人情世故的功課，比起兩萬元，我覺得這個過程更加「超值」。

做大餅的長者

某個初秋，強烈颱風即將橫掃北台灣的前夕，傍晚天空一片陰暗寧靜，雨還沒下，陣陣強風襲來，雖然舒爽，卻隱隱藏著令人不安的氛圍。

在街市旁，每天早上都有個年約八、九十歲的老先生，駝著背推大餅攤車到固定位置販售，賣完才會回家。今天，我經過時，看到幾個婆婆媽媽圍在攤車旁七嘴八舌；缺了牙、一臉慈祥的老先生則是滿臉愁容，手撐著下巴坐在一旁，不發一語，看起來可能發生什麼壞事。

我就是那種「好奇心殺死貓」的欠扁性格，什麼事都會好奇湊上去瞧瞧。問了之後，才曉得「有人訂了大餅卻棄單，不來拿大餅，也不肯付帳」，害得老先生面對滿車的大餅，不知如何是好。

「說是大學生要辦社團迎新活動啦！跟這位爺爺訂了總價幾千元的大餅，要給社員在晚上當消夜吃的，那……颱風馬上要來了，今天晚上就會變天，活動臨時取消；但學生也沒事先通知老先生，要先退單還是怎樣都不講。結果老人家辛辛苦苦做了這麼多大餅，沒人來拿，打了電話就只回應『颱風來了，活動取消』，之後就關機不接了。」我聽完之後，真是一肚子火！這群婆婆媽媽在安慰老人家之餘，也憤怒批評現在年輕人做事實在草率，書都不知道唸到哪裡去。

然而，滿攤車上都是剛做好的新鮮大餅，該怎麼辦？當廚餘嗎？未免也太浪費了吧！況且老人家損失的成本還沒算進去……

眼看著天色漸暗，下班人潮逐漸增加，好多人都趁著強颱抵達前，趕快到街上採買，我觀察了好一會兒，心生一計，趕緊跟這些不認識的婆婆媽媽商量。

「還是把握時間吧！要不要幫忙叫賣？」我問這群可愛的菜籃族，她們望著我，一臉傻眼狀。「妳們都是美女，又熱心公益，對吧！這種好事應該當仁不讓！我比較擅長吆喝，妳們要不要和我一起，幫忙老人家把大餅賣出去，現在剛好採買的人比較多，怎麼樣？」

這幾個婆婆媽媽聽完後，起先妳看我、我看妳，嘴唇都抿起來，讓我的心涼了半截，暗暗想著妳們可不要「多一事不如少管閒事」啊！拜託拜託。

出乎意料的是，這些婆婆媽媽還真團結，異口同聲說願意幫忙叫賣大餅，我感動到眼淚差點飆出來！於是，我跟老先生溝通清楚後，展開生平頭一回在市場臨時叫賣的「LIVE秀」，效果竟然超級好！不少人聽到我大聲呼喊，就聚集過來了：

「颱風來啦！颱風來啦！吃大餅補大腦，腦袋會飽，精神就好！泡麵要等三分鐘，買大餅回家啃，新鮮不必等！來喔！新鮮現做的大餅喔！耐飽不會餓，要買就到這！」

我隨便瞎掰幾句，竟然還押韻，真佩服自己的「掰功」。旁邊幾個婆婆媽媽乾脆放下買好的菜，賣力拎著幾袋包好的大餅，拜託街坊幫忙購買，還有個阿桑幫老先生算帳找錢，分工合作，現場反應熱烈，結果不到二十分鐘，攤車上的大餅立刻銷售一空，老人家簡直不敢相信，一臉驚訝。

他慢慢地把手舉起來向大家致意，所有來幫忙的人都客氣回禮，表示這不算什麼，很有意義啦！旁邊的阿婆還直呼：「阿彌陀佛！菩薩保佑！大家都有福報。」

毫無歉意的大學生？

不過，老先生實在很「慈悲老派」，怕學生會掛記，還拿起手機，想要打電話給負責聯絡的學生，通知他「所有大餅都已經賣出去了，不用擔心」。

「蛤？什麼叫『不用擔心』？」一位中年婦人跳出來大叫。「爺爺啊！這群學生不懂事，該罵該修理才對，您還要替他們著想？」

老先生擔憂學生們會不會因為沒來拿餅又沒付帳，內心感到不安？另一位婦人翻白眼，直言道：「現在孩子有廉恥之心者不是沒有，但自私又不會替人著想的也不少。您老人家站在對方立場設想是很好，不過……這些不懂事的孩子會瞭解嗎？」

眾人你一言我一語又是七嘴八舌，但我認為還是尊重老先生打電話的權利吧。

手機終於接通，這位負責聯繫的學生，顯然還在忙著善後活動取消及延後的事。老先生緩緩地好言告知，請他們不用為大餅的事擔心，沒想到學生冷冷地回應：「這本來就沒什麼。」想要就此切斷通話，被旁邊聽擴音的婦人阻止。

「喂！這位同學，你等等，別掛電話。」婦人說：「你們活動不辦了，訂了多少大餅，都不用事先跟老爺爺取消嗎？你們害得老人家從昨天晚上開始為了你們趕工，結果做了這麼多，卻被你們棄單，不來拿又沒付帳，還沒有回應，老人家在市場發愁了整個下午，不知道該怎麼辦耶！」

那名學生的口氣聽起來有些不耐煩。「我們不曉得颱風會來，也在煩惱活動該怎麼處理啊！」

「你們都不看氣象預報？都不會預先評估嗎？」還有一位年長婦女對著手機怒罵：「我是退休的高中數學老師，像你們這種屁孩，我在學校裡看多啦！都不知人家在後頭幫忙你們擦屁股擦到要死……」

「啊是要怎樣？你們又是誰啊？」那名學生回應的語氣開始不太平和。「老爺爺的大餅我們沒拿，就是沒買啊，既然沒買，他也可以賣給別人，憑什麼要罵我們是屁孩？」

他的回嗆，讓這些婆婆媽媽理智線全炸斷了，開始爆發舌戰！不過，這名聰明的大學生有個獨門武器——就是把按鍵一按，切斷通話，省得跟婆媽浪費時間，只留下這群年長婦女彼此傻眼對看，外加陣陣搖頭嘆息。

你以為現在年輕孩子，都是如此不負責任的德行嗎？

當你看到這裡，也許滿肚子火，或者罵我亂寫。別急，後頭的故事發展出現了大逆轉。

網路論戰開打

那天晚上，北台灣開始狂風驟雨，網路上的聊天室平台也很熱鬧。關於大學生訂了大餅既未取貨也沒付帳這件事，被某個陌生人目擊並陳述之後，意外引發正反立場的論戰，甚至有人連法律條文都搬出來，認為既無訂金，僅是口頭約定，應無實際交易成立之說，故學生根本不須負責！另有人馬上跳出來，指責這種說法扭曲人性，誤解法律……

在觀看網友唇槍舌戰、砲火轟隆的筆仗過程中，我才曉得全台灣類似這種「訂了東西不付帳又不來拿」的案例非常多，甚至還有案例指出，某個傢伙惡作劇，跟便當店訂了上百個「要在會議上供應的便當」，還不斷打電話催促，老闆為了趕單拚命加快速度，做完了久候卻無人理會，才發現自己被耍，連訂購人留的手機號碼都是假的！

不過，從幾千則留言裡，我發現一則疑似道歉的簡訊，好像就是這個學校社團的學生，表達自己對老先生高度歉意。

但訊息流動得很快，我還來不及看完，排山倒海的留言馬上灌爆聊天室，這則訊息也就不曉得被「沖刷」到哪兒去。我心想，老先生雖然過了這一關，但萬一以後又遇到，不見得會像今天如此好運，真令人擔心。

大學生致歉行動

颱風過後一、兩天，我再度從街市旁經過，剛好發現一群學生圍繞在老先生的攤車旁，還帶了一束大紅鮮花。我便前往看個究竟，想知道又發生什麼事。

天啊！那天訂大餅卻沒來拿又不付款的學生們，全員到齊向老先生道歉！

帶頭的是個短髮女學生，看來一副伶俐幹練的模樣，是活動總召。她先開口向老先生致歉，他們錯了，應該先跟爺爺講，整張訂單要取消；可是因為活動延期，要忙的事情太多，功課也重，等到想起來時，已經來不及了。而爺爺打好幾通電話給擔任總務的同學時，剛好是上課時間，手機必須關機，之後同學接到電話時，剛好又在處理活動延期的各項雜務，跟廠商協調毫無共識，又急又煩，所以口氣和措辭上極不得體，好像還被爺爺旁邊的女士罵了一頓，一時感到害怕又憤怒，反射動作就是趕緊切斷手機通話，但內心並不是真正有意這樣做，懇請爺爺諒解。

原來，在棄單的那天晚上，有人在網路聊天平台談起這件事，他們越講越覺得心虛自責，深感犯下重大錯誤，於是在次日下午，所有參與活動的幹部全員集合召開「反省會」，決定親自向老爺爺致上萬分歉意，並全額付清費用。

老先生聽完所有人的陳述，神情很開心，話匣子也打開了。他承認自己耳朵很背，但大致上已經知道學生心意，卻完全沒有責怪這群孩子的意思，連學生湊齊大餅費用都不肯收，直說那天有很多好人幫他賣掉，沒有虧損，已經很知足了！幾經推辭，老先生依然沒有收下，直言人難免犯錯，倒是希望這群大孩子以後面對錯誤時，能勇於坦然面對，好好改正即可。

後來，老先生準備打烊時，學生們紛紛上前幫忙整理攤車，還一起陪著他推回家裡，我也跟著一起同行。雖然這只是件小事，但過去當記者時留下的職業病，讓我很自然地「貼身採訪」，前往老先生的家。

這位老者的家就在河濱區域，是一棟獨立簡陋鐵皮屋，周遭環境並不完善，但他堅持「做吃的就是要整齊清潔」；或許也是退伍老兵的剛直性格，房子內外打掃得乾乾淨淨，只是前幾天颱風來襲過後，屋頂漏水情況變得更嚴重；他之前曾爬上去修理，可是暈眩發抖的老毛病上身，差點摔下來，又不曉得該找誰來修，有點苦惱。

學生們七嘴八舌地討論，一致決議「包在我們身上」，熱血沸騰說要幫爺爺的忙，時間就訂在這個星期天，雖然時間有些趕，也快要期中考了，但學生都說「爺爺的事比較重要」，等於報答恩情吧！

星期天，老爺爺不必推攤車工作，我則因為前一晚熬夜趕稿睡過頭，快到中午時才到現場，發現有十幾個學生正在幫老先生的家「大翻修」。我本來還擔心這群孩子會越修越漏，變成「拆家」就糟了。後來才曉得，年輕人真有腦袋，找了土木、建築和設計系同學來當「顧問」，還有熱心老師聽聞消息後，主動請來「抓漏師傅」幫忙指導，才半天工夫，什麼整修圖、流程、方法都規劃好了。爺爺不肯收的那筆大餅費用，就拿來買材料，不夠的大家再一起貼補。更有個設計系老師聽完學生敘述後，自掏腰包買了四十個便當和飲水給大家，還貼錢添購補強用的建材。

很快的，老先生住屋煥然一新，對於周遭同樣有住屋困擾的幾戶獨居老人，學生們也幫忙做簡易修補，順便修修電器、換燈泡、打掃屋宅內外，獲得老先生、老太太一致好評。

也因為這個機緣，很多學生感覺「很舒暢」、「很熱血」，決定往後都要來幫老先生的忙，大家私下說是來「贖罪」。我從旁觀察，覺得這群大孩子憑著「反省會」，就持續幫忙老人家，有點兒詫異，應該不只有如此吧？是否還有其他因素？我不知道。

之後過了幾個月，我到那座市場附近辦事，沒看到老先生的攤車，有些掛念，便晃到他家附近探視，結果才走到河邊的巷子口，便看到他坐在門前乘涼，他一見到我，立刻舉手招呼，我也快步前去。

他緩緩地告訴我，某天揉完麵糰，一個重心不穩摔在地上，腿部骨折，正好「輪值」學生到訪，一看到他癱在地上哀號，立刻呼叫找救兵，眾人七手八腳趕緊護送老先生前往醫院，但需要休養一、兩個月，暫時不能擺攤了。

學生「輪值」？這是怎麼回事？我納悶並詢問老先生。

老先生指了指家中牆上貼的一大張紙，是學生們做的海報，一共有十位，上頭清楚註明每天要來負責照顧與協助老先生的人是誰，當天抵達的時段不拘，也不管幫忙推攤車、抬重物、打掃環境、注意爺爺身體狀況都好，而且還有日誌掛在旁邊，必須到場親筆記錄，並由次日的輪值同學檢查確認，而不是用手機拍照傳訊息就算數，顯然大家是玩真的。

那一瞬間，我對這群學生充滿著敬意！他們是真的懺悔，而且身體力行。

老先生不好意思地說，他孤家寡人，退伍多年，又是老粗一個，沒唸過什麼書，不值得年輕人這樣照顧，附近左鄰右舍還有更多比他年長的獨居者，他們才真正需要關懷。這群大孩子也聽進去了，順便到附近探視幾個老人家，這幾個月來，有兩、三個老人樂得有「孫子」、「孫女」探望，本來整天臥病不想起來的，現在居然可以走到隔壁串門子，身體也比以前好多了。

聽完老先生的敘述，我內心感到溫暖。此時，碰巧遇到那位短頭髮的活動總召女學生前來，她是今天的輪值者，一見我在場甚是驚訝，我則是對他們的義舉讚譽有加。她原本謙稱不敢當，但聽到我說想把這件事請媒體報導出來，連忙再三阻止，直說千萬不要。

女學生紅著臉低頭說，他們帶著悔過之心，重新學習如何做人做事，總不能「書讀得這麼多，被人罵低能幼稚」吧？如今要是把幫忙爺爺的事，整個來龍去脈都公布出來，必然遭遇網路酸民無情攻擊，嘲弄這種行為帶著偽善，趁機做樣子贖罪，意圖以廉價善意博得同情，讓真正有意改過的同學挨轟，恐將演變成莫大傷害。

唉！我懂。但，這是個什麼鬼社會啊？沒法律可以懲治酸民嗎？

學會將心比心

前後大約將近一年的時間，我每隔幾個月就過去探望，老先生是康復了，但經過病痛折騰，行動力不如過去，做大餅數量減少，偶爾請一水之隔的鄰市同鄉幫忙，調貨批來販售，但嘴刁的老顧客馬上發現味道不對，只好放棄這麼做。

由於體力因素，他難以獨力天天擺攤，但學生們沒有違背承諾，仍然認真持續輪值勤務，並協助老爺爺擺攤，市場其他攤商也熱情從旁協助，幫他占好位子，才讓老先生能持續做生意而不間斷。學生們因為課程、打工和其他活動影響，稍稍改變並縮短老爺爺原本擺攤時間，但並不影響老主顧的購買意願。學生們也從中學到怎麼做家鄉味大餅，更體會到擺攤並不瀟灑，背後的準備工作著實艱辛不易。

學生們做大餅的過程當然滑稽，「特異」口感還真不對味！他們乾脆約定「誰做的就自己吃掉」，甚至「請老師吃好了」、「烤久一點說不定會變成披薩」，惹出不少笑話，逗得老先生十分開懷。

老先生很謙虛，自愧沒唸書，是個老朽廢物，沒辦法跟這群國家未來的棟梁相提並論，且回憶過往年輕時兵荒馬亂，「甭說唸書，命在哪兒都不知道！」只能直說羨慕這群大孩子幸福；看到他們願意這樣幫忙，真不知該拿什麼來回饋他們，只是自己老了、殘了，很多事逐漸無法自理，必須靠年輕人從旁拉一把，這個恩情難以計算，也不知該如何回禮。

每次一說，學生們都會很不好意思，這也讓我始終納悶，到底有什麼魔力，讓這群孩子如此乖順有禮，後來在一次與學生的閒聊中終於找到答案。他們告訴我，當時在活動取消那段時間，他們確實瞭解棄單不妥，只是不曉得嚴重性。後來，活動指導老師在反省會後的小組會議上，再講了一個親身發生的故事，讓他們羞愧到無地自容，才徹底覺悟自己有多無知狂妄。

老師說，他全家有一次到日本北海道「道北」自助旅行，在臨海的偏鄉小溫泉旅館住宿幾天，計畫最後一天清晨出門散步，再次回味鄂霍次克海沿岸的隆冬雪景，便事先央求旅館把當天早餐帶到海邊。雖然這種要求有些麻煩，而且人手又不足，老闆還是勉強同意，約定早上七點到港邊碼頭來領取早餐，可是當天早上，這家人在岸邊找流冰、賞雪景，玩到歡天喜地，都忘了跟人家有約，直到肚子餓才發現遲了大約一個小時！

當時他們還瀟灑地認為「這沒有什麼了不起」，毋須大驚小怪，便慢慢晃到約定地點，卻找不到人，深感納悶，經附近民眾告知，才曉得旅館老闆娘在清晨的寒風中等候他們，擔心他們肚子餓，堅守原地不敢亂動，結果心臟病發倒地！幸好漁港裡的漁夫看見並發現不對勁，趕緊通報送醫，幸好撿回一命。

有個漁夫指著一旁用布包好的盒子，告訴他們，直到送上救護車前，老闆娘都一直緊握著布包。老師趕緊上前查看，那正是這家人要吃的早餐！當下他顧不得有人圍觀，難過得大哭，其他家人在驚愕之餘，也紛紛啜泣，羞愧至極，低頭不語。

或許有人會說，老闆娘是笨蛋啊？清晨寒風吹，不曉得找個地方避風嗎？但漁夫解釋，老闆娘堅持站在對方立場著想，港岸這麼大，停泊船隻多，環境雜亂，加上白茫一片，若不站在顯眼地方，外賓客人恐怕看不到她，會感到疑惑及慌亂，因此她寧可穿著深色衣物，站在凜冽寒風中等候，還提早抵達，不要讓客人苦等，卻差點送掉自己寶貴性命！

老師告訴學生們，這件事讓他內疚一輩子，而當時全家人決議延後回台，親自到醫院向老闆娘賠罪。老闆娘在病榻前不但沒有為此憤怒，還不斷自責造成客人這麼大的困擾，更不好意思煩勞貴賓親自到醫院探視，她承受不起這個「恩情」，更讓老師全家人聽了愧疚萬分，也學到寶貴一課。

「**將心比心**」與「**站在對方立場設想**」，成為這位老師今世要學的課題，銘記不忘。

他再三強調，老爺爺做小本生意，誠信為上，沒有收取訂金，願意額外趕工，是因為相信學生們的良善與信用；結果我們學生毫無「將心比心」，只圖自己方便，卻傷害了老人家！這是我們造的業，能夠趕緊反省、挽救，就千萬不要等。

全體學生還沒聽完就都明白了，也哭成一片，此後十幾分鐘，沒人發言，只有低頭。

學生們表示，老師說的故事深深打動他們，從旁促成後續幫忙爺爺的行動。當然也有一、兩個社員不以為然，後來退出這個社團。

不久後，老先生在家中洗澡時滑倒，二度摔傷，這回更加嚴重，住院後疑因院內感染驟逝。這群大孩子很有效率地馬上組織，協助里長幫忙治喪。

因工作緣故，我無法及時前往老先生的告別式，直到儀式結束，學生們在收拾現場時才匆匆趕到，恰巧碰到學生們的指導老師。

我讚許他不忌諱把自己曾犯的錯誤告訴學生，他則是謙遜說明，能夠把過去的疏失提醒給下一代，告誡他們不要再犯，這並不丟臉。

學生紛紛上前與我們對話，有個大男孩高興地說：「剛才爺爺有來參加儀式喔！而且讚美我耶！」讓我眼睛一亮。

大男孩解釋道，他特別把自己做的大餅放在祭桌上，不知從哪裡來的淡粉色飛蛾進入會場，不偏不倚地停留在大餅上大約五分鐘，靜止不動，之後飛蛾緩緩起飛，在他頭上停留約十秒鐘，像是在摸他的頭似的，再緩緩飛出去，他一時之間既興奮又緊張，一動也不敢動。

「屁啦！這哪是讚美你？爺爺是在罵你做得太難吃了！」同學之間互相揶揄。「你說飛蛾停在你頭上像是摸頭肯定你？最好是啦！你待會回家就會頭痛了，那是爺爺拿棍子修理你，說你做那個什麼大餅，餵狗連狗都不理！啊！就是『狗不理大餅』嘛！哈哈哈！」

「要不然再送給老師吃好了！」不知誰冒出這麼一句，特別具有煽動力，全場爆笑，那位老師笑得最大聲，稍稍沖淡現場原本哀傷肅穆的氣氛。

話才剛說完，那隻飛蛾居然又飛進來，眾人停止對話，屏息凝視牠的飛行蹤跡。令人驚奇的是，飛蛾在每個學生頭上都停留了一會兒，像是祝福，也像告別；對那位短頭髮的總召女學生，飛蛾更是在她頭上停留長達一分鐘以上，狀似在交代什麼，又好像只是感到悠閒快樂，最後牠在一眨眼間就消失無蹤了。

「這是大餅爺爺來祝福大家吧？」那位老師肯定地說：「一定是的。」

「我也這麼認為。」我覺得滿安慰的。「同學們，我相信爺爺在天之靈會守護著大家，因為你們都是好孩子。」

這可不是在演勵志連續劇。按照我過去的經驗，這樣的場合多半都是溫馨和樂，別把它想成靈異恐怖徵兆，否則好事都被解讀成壞事，整天惶惶不安，那就太蠢了。

我和他們道別後，就此失去聯繫，等到再次搭上線時，已經是好幾年後的事。

那位短頭髮女學生剛好在我任教的學校唸碩士班，我在畢業典禮中看到她上台領獎，甚感驚訝，會後特別找她，她也高興不已。

透過她的說明，我才曉得當年為老先生「輪值」協助的這群學生，在學業或職場上都有出色成績。

「張老師，」她的口氣有些遲疑：「有件事情很奇特，我不知道該不該說？」

「說啊！妳不說，我怎會知道該不該說？」我這種回答還真不符合邏輯。

「我們不久前辦同學會，每個同學都談到某個巧合，都有著共同感應喔。就是……就是去考研究所或者教授面試，還是去應徵工作，在最緊張的一刻，都會有隻粉色大飛蛾飛進來，先在頭上盤旋，再緩緩停留在頭上約幾秒鐘之後，又悠然地飛走。」她說。

「每個人都這樣？」我睜大眼睛。「你們一共十位同學，都這樣？」她點頭。

她又說，只要出現這類會飛的蝶啊蛾的，整個過程都會很順利，而且最後皆成功。

還有一位同學去考某大企業的儲訓人員，考上機率幾乎是萬中取一。考試當天，他說題目難到連一題都不會，急得半死，都快要投降放棄了；此時，突然瞥見飛蛾在頭上舞動，還聞到大餅麵粉味！他嚇出冷汗，冥冥當中似乎爺爺來「探班」，但又不敢東張西望來確認，怕被認為是作弊；然而，他低頭再看題目時，又嚇一大跳！原本不會的題目，現在宛如「開竅」還是「顯影」一般，答案好像都在旁邊，全都會寫了！最後，他是九位錄取者之一，簡直像在作夢。

「他就是在爺爺喪禮中獻上大餅的那位同學，他滿得爺爺緣，很受疼愛的。」她繼續說：「他考上之後，特別去靈骨塔祭拜，從塔外進塔內時，一路皆有飛蛾相伴，很奇特呢！」

帶來好運的飛蛾

有位從事科普研究的友人認為，這些大孩子見到飛蛾，可能僅是幻影，也許是心理作用，或者「剛好」遇到牠飛來，卻繪聲繪影地認為是老人家亡靈來「保佑」，根本就是無稽之談。

對於女學生的說法，我認為，不管真有蝶蛾，抑或是心理幻覺，都是好事。我寧可相信確有其事，就算是心理作用，能夠受到鼓舞激勵，與求神拜佛的感受類似，那就是福氣。

我沒辦法感應到那隻飛蛾是否為老先生亡靈的化身，卻深信他始終在這群大孩子之中，不斷守護著他們成長，這些學生應該也深刻感受到了。

另一個意涵是，我認為人生在世，犯錯難免，若能悔悟，及時改正，無論天地人間，總有獲得諒解之時，也往往在不經意或巧合之間，有意料之外的機會默默賜予，只要慧根在，能夠把握住，至少對這趟人生旅程是有幫助的。

同事聽完我說的故事，問我有沒有在什麼場合中，遇到蝴蝶或飛蛾什麼的？搞不好也能受到老人家亡靈的庇蔭。

很可惜，我福報不夠，蝶蛾沒飛過來。只記得昨天把好不容易攢出來的零用錢一千元，全都拿去買「刮刮樂」公益彩券，突然來了一隻胖黑貓，不斷在我腳邊猛力磨蹭；我問店家這是「店貓」嗎？老闆娘說從沒看過，這可神奇了。於是，我看著這隻油油亮亮、一臉憨厚親人的大貓咪，牠也含情脈脈地望著我，研判這絕對是個好兆頭，於是再加碼五百元，想一次買個過癮、刮個痛快吧！

同事瞪大眼睛問我：「那……然後呢？」

「然後……」我一臉無奈地看著他。「然後全都『熱心公益』去了……」

同事哈哈大笑，直呼好玩，只留下破財的我仰頭看天花板，看還會不會有蝴蝶飛蛾什麼的飛過來。

物靈

年輕時，我嚮往翱翔天際、在高空穿梭雲朵間的快感，因此報考民航客機培訓駕駛，遺憾的是資質太差，屢戰屢敗，只好黯然面對現實，變身背包客浪跡天涯，起碼還是可以悠遊高空。

不過，我對於飛機的熱愛，從年少至今未曾稍減，也對相關知識極感興趣，其中當然包括空難事故在內。關於國外諸多空難紀錄片節目裡的個案，我除了看其呈現的背景、成因、歷程、後果與影響外，還會從中找出是否有靈異因素摻雜在內。這裡有個案例讓不少觀眾難以置信，但依通靈人的解讀，合理程度卻極高。

一九七二年十二月，一架洛克希德三星客機，從美國紐約飛往邁阿密，最後進場降落前，墜毀於機場北方大沼澤區。它是首起廣體客機失事、造成逾百名乘客死亡的事件，而其墜機主因竟然是機組員忙於檢查起落架是否放下、忽略飛行高度所致！

由於墜毀時飛機是水平飛行狀態，接觸的地面又是內陸淺水沼澤，機齡也短，機體內有不少零件在事故後判定依然可用，於是航空公司在調查結束後不久，便將這些堪用零件安裝到其他同型號的飛機上。但自此開始，其他航班機組員和旅客多次報告：「看到失事班機的機組人員鬼魂」！

靈異傳言廣泛傳開後，業者必然出面闢謠澄清，直斥無稽以安定人心，但這完全無法阻擋有人堅持深入調查並著成專書。

作者聲稱訪談過多位目擊者，他們皆指出，這些已安裝失事班機零件的其他航機上，都曾出現失事死亡的機長、副駕駛鬼魂，甚至還能與其對話！作者歸納後認為，這是導致三十架飛機出現不可思議的靈異現象主因。

相信嗎？我沒有實際驗證，無法有確切答案，倒是往昔童年時代，曾向同學借了一本《漫畫大王》週刊，但忘了還他，後來他因為白血病過世，好幾個晚上都跑到我床前，堅持要求我歸還，因為那本剛好有他最愛的單集漫畫，嚇得我大驚失色、屁滾尿流！

因此，從上述在美國發生的空難事故來看，靈魂是否會與特定物品結合，並在獲得妥善處理或滿意前不會遠離？我想不無可能。換句話說，我內心是相信的。

為什麼靈魂會「巴」著特定物品不放？就我個人感應與訪談他人的經驗，可歸納為幾種狀況：一是「**眷戀**」（或「掛念」）；二是「**不甘**」；三是「**習慣**」；最後一個則是帶有「**使命**」所致，較為特殊。這幾種因素未必會一起發生，有些是單純獨立的因素，或者彼此有近似、重疊之處，區分上不是這麼精確，有的個案歸因於甲或乙都對，沒有標準答案。

爺爺的筷子

說到靈魂對某種物體的「眷戀」，有些亡靈會根據該物體的形體、觸感、氣味等誘因而靠近。我採訪過某個外省家庭，每當家裡在製作名菜「紅燒獅子頭」時，家庭成員都說在餐桌前會有一股「燒金紙與鮮花的混合氣味」撲鼻而來，但附近根本就沒有人在燒金紙，心想「是往生的爺爺回來了，他生前最愛吃這道菜」，因而趕緊在爺爺的牌位前供奉一大碗，讓爺爺大快朵頤一番，或至少「聞香」過癮。

爺爺真的有吃到或聞到嗎？他們點頭如搗蒜，直指牌位前的供桌，只要奉放在碗上的對齊筷子，不久後有一根或一雙「忽然掉下來」，就表示「爺爺吃完了」，而且屢試不爽！旁人聽了必然覺得這是在唬爛，他們卻堅信這是彼此間的「暗號」。至於「筷子怎麼掉下來」，就不必太深究了，就算裝個攝影機拍到筷子掉落瞬間的畫面，也不會有答案。

怎麼能憑筷子掉下來就認定是「爺爺吃完了」？搞不好是他不滿意或不高興啊！這家大女兒連聲說：「不是不是……」全家人如此有把握，是因為爺爺生前每次吃完飯離桌，三次裡總有兩回不小心碰到筷子，使筷子掉到桌上或地上，害他每次都得低頭撿拾，或請孫子、孫女幫忙，然後孫女還會故作不高興地瞪爺爺說：「你看，你看，你又來了！」逗得爺爺嘿嘿笑，好不開懷。

如果爺爺覺得「吃不飽」或「味道變了」，也會透過掉筷子表達意見嗎？這家人大笑說還真的沒有，可見相當滿意，更相信爺爺沒有離開，始終護佑著全家平安。

阿嬤的收音機

另一個「眷戀」的案例很有意思，那是很久以前有間高職學校的老師告訴我的，相當離奇卻溫馨。

早年的技職教育很重視實作。這位老師具備電工機械方面專長，教導學生時也很有想法，更具創意。每逢期中考，他都會帶領學生整隊到校外附近街坊，敲鑼打鼓地宣傳：「各位親愛的鄰居們，有沒有壞掉的電器，請拿出來讓我們學生免費修理，當作期中考成績；如果需要更換零件，酌收成本費即可，拜託拜託。」此話一出，很多街坊鄰居便趕緊翻箱倒櫃，搬出電鍋、電扇、洗衣機、古早電視機、電池玩具……好像搬家似的全抬到騎樓，「恭迎」這支師生「修理隊」前來。尤其老人家還會早早準備好點心、泡一壺好茶，引頸期盼他們趕快來，可見大家都很有經驗。

針對所有要修理的電器，這位老師都會先看過及評估，然後指派特定學生限時修妥，並用碼表記錄時間。就看著學生滿頭大汗地左翻右翻、上看下看，再趕緊抓起工具盒拿出起子或扳具，手還會發抖地在那兒敲敲打打、拼拼轉轉，因為超過一定時間未修妥就會不及格，所以學生們可不敢大意。

街坊裡有位高齡九十的阿嬤，知道「修理隊」要來了，便要媳婦搬張板凳，然後自己抱著小型收音機，手握枴杖，七早八早就坐在簷下，不時詢問：「是來了沒啊？」媳婦笑說：「這麼急啊！」阿嬤卻顯得焦躁不安，彷彿將有大事發生。

其實，只是阿嬤的收音機壞了，那是古早時代不曉得哪門子構造的舊機器，她家人都笑稱是「日本時代」的玩意兒，就今日眼光來看，除非識貨的古物專家，否則連收破銅爛鐵的回收者都不會看上一眼，但它卻是阿嬤重要精神食糧，她每天晚上必聽ＡＭ調幅電台老歌時間才能入眠，等於是她的「安眠藥」。

然而，這部收音機有一天突然「失聲」，壞了兩週，阿嬤也失眠兩週！家人勸她：「哎呀！現在收音機這麼便宜，換新的不就解決了？」但眷戀且惜物的老人家固執不肯，可是拿到電器行想修理，老闆卻不想搭理，這下只能期盼「修理隊」來幫忙解決，否則她持續睡不好，這樣下去「也不想活了」。

不要說我誇大其詞。有些老人家平日和善，但對某些在意的「執著點」無可退讓，甚至扭拗到跟小孩一般發脾氣或生悶氣，只能有賴家屬理解與包容。

老師看著這「公媽級老古董」收音機，倒也沒傻眼，只是皺起眉頭告訴這家人說，這機器的怪異構造實在很「原始」，學生應該沒看過也不太會修，只好放棄。阿嬤傷心失望地頻頻拭淚，抽抽噎噎地說：「如果沒有這部收音機，我真的活不下去！」老師看了有些不忍，只好安慰她說：「好吧！學校放學後我會專程來修，請暫且忍耐。」這才讓老人家破涕為笑。

傍晚放學後，老師從器材零件庫房找到線材，依約抵達阿嬤家，在家人與鄰居共同注視下，換成老師承受壓力，滿頭大汗地拆開構造（他自己笑說：「換我嚐到業障報應了。」連學生都跑來圍觀訕笑），但他不愧是名師，敲敲打打約五分鐘後，機器便爆出如雷般連珠砲的電台賣藥廣告聲，把大家嚇到震顫發抖，老師終於鬆了口大氣，總算修好了。

這家人歡聲雷動，阿嬤還撐著枴杖吃力地站起來，嘿嘿咧嘴露出假牙，兩手高舉，用日語直呼「萬歲」，可見多麼歡喜！老師回憶說，那時他覺得身為老師是件驕傲的事，尤其能解決長輩的困擾，贏得在場學生驚嘆與佩服，實在感到無限欣慰。

然而，這部收音機彷彿在提前暗示「報喪」。

阿嬤心滿意足地讓收音機繼續陪伴不到兩個月，便在睡夢中安然離世了。

等喪事處理告一個段落後，家屬特別到學校拜訪校長與這位老師，解釋整個經過，覺得能讓阿嬤最後在世的時光過得心滿意足，身為家屬，實在萬分感激，也相當寬慰，可惜喪事期間不便致贈謝禮，以免帶穢，懇請諒解。

彼此聊著聊著，家屬講到阿嬤仙逝後發生的奇特現象。

「老師，你知道嗎？我母親房裡的那部收音機，在『做七』（人死後的祝禱儀式）期間，每天晚上都會自動『打開開關』，發出老歌的歌聲喔！」

阿嬤的大兒子話剛說完，坐在沙發上的老師嚇到身子往後仰，校長更是瞪大眼睛。

「不用怕、不用怕，」他笑著說：「那很溫馨啊！不是嗎？我們高興都來不及呢！那是媽媽準備要睡覺了，我們就把聲音調小，讓它伴著媽媽好好睡，一早再關掉，等到第二天晚上，它又自動發出歌聲。其實，我們完全不會怕，覺得媽媽就在我們身邊……連我自己那兩歲半的孫子都說，看到阿祖拄著枴杖跟他打招呼，再慢慢走進房間喔！」

校長和老師聽得瞠目結舌，這家人則是再三感謝。

只是當講到往生者「滿七」後不久，收音機不再發出老歌聲音時，氣氛顯得有些落寞哀傷。

「媽媽走了，終於走了，熟悉的老歌聲音沒了……唉！我們還是會難過啊……」阿嬤的大兒子突然掩面掉淚，一旁他的妻子也低頭，反而是校長和老師趕忙安慰。

本來家屬思考著，要不要在阿嬤火化下葬時，連這部收音機一起燒給她，但後來覺得這是老人家留給陽世子孫懷念與紀念之物，機殼上彷彿留有阿嬤手掌的痕跡與溫熱，不忍燒掉，還是留存下來。如果阿嬤要聽歌卻沒有收音機，那就到天堂再買一個好了。

番婆阿嬤的手鐲

說完「眷戀」，再來談「不甘」。就像前面所提，往生同學對於我沒歸還他的《漫畫大王》，不斷前來要求歸還，就是「不甘」的基本類型。或許你會認為往生者都一了百了啦，連這種「小鳥事」也要如此計較，可能嗎？當然可能！我講過上百遍了：請不要用陽世間人類邏輯，去度量「另一個世界的人」是怎麼想的。因此，只要真欠人家的，趕快處理就是，不要拖延，否則干擾彼此並非好事。

「不甘」的個案事蹟，很多鬼故事或靈異個案皆有談論，可見人鬼之間「相欠債」問題確實嚴重。至於今世所欠會有「業報」嗎？那當然。

有段離奇的童年往事就讓我至今不忘。

童年時，我像個野孩子，下午放學後絕不會馬上回家，就愛到處趴趴走，認識了一個常坐在飼料店前騎樓藤椅上乘涼的阿嬤。據說這位阿嬤已經失智，家人都說她是「番婆」，沒發作時脾氣很好，看到小孩會親切招呼，更會到店裡的冰箱拿出冰棒來招呼，很得小孩子的緣；可是一旦她鬧脾氣「番」起來，就會驚動左鄰右舍，堪稱災難了。

或許是我跟老人家很投緣吧，阿嬤把我當成她的孫子那樣看待。某天放學，我經過飼料店，看到一堆人圍繞著老人家頻頻安慰，湊近打探，只見阿嬤哭哭啼啼說，戴在左手、珍惜超過一甲子的玉鐲，被一個走路經過的陌生小姐看到，那位小姐上前來噓寒問暖閒聊一番，逗得她心花朵朵開，樂不可支；但等到那位小姐走了，自己準備起身洗澡時，才發現鐲子不翼而飛！

本來一大家子人都不以為意，總覺得阿嬤「一定是放在某個地方忘了，怕被罵，所以亂編故事」，於是分頭尋找，把家裡幾乎翻過一輪，依然不見鐲子；阿嬤則是呼天搶地哭喊：「真的啦！真的啦！那個小姐說鐲子漂亮，我就脫下來讓她看看，可是突然間我就是很想睡，稍稍打個盹，醒來後，小姐不見了，鐲子也不見了！」

直到當天晚上，家人越想越不對，阿嬤連那位小姐長什麼樣子、穿什麼衣服都形容得如此清楚，應該不像說謊。次日，後頭菜市場也傳出有老人家昏昏欲睡，身上值錢的戒指或項鍊，都被一個上前搭訕聊天的妙齡女子扒得精光！這下子，家人才驚覺遇上了專挑老人下迷藥偷竊的「金光黨」（早年的詐騙集團），便趕緊報案，警察也上門查訪，但隔了一天，疑犯早已逃之夭夭，不知去向；若想在茫茫人海中逮人，也不像現今有監視器畫面可以幫忙，昔日警察辦這種案子簡直像是大海撈針，還得碰碰運氣。然而，看著阿嬤傷心失落的眼神，警察也不好多說什麼，總之就是辦下去吧！此外，還有四、五個老人家，也都被用相同手法拐走了值錢物品，聽說派出所新任所長面對破案壓力傷透腦筋，頭頂都抓禿了。

阿嬤每天都在哭，哭到快瞎了，還不時哀號，家人不懂得這鐲子到底有多貴重，只知道老人家心情不佳，胃口更差，身體更衰弱，也把大家搞得萬分無奈。我曾經去安慰阿嬤，她難過地一再重複說，那個鐲子是她「阿祖」在她出嫁前親自幫她戴上的，是古董，很有紀念價值，她寶貝得很，誰想到現在竟然說不見就不見了！

大家都說阿嬤失智，但依我看，神智可清楚了，只是她在失去心愛寶貝之後，憂鬱程度超乎想像，茶不思飯不想，原本的老態更加蒼老且沉默。大約半個多月後，她竟然就皺著眉頭、哼也不哼地倒在藤椅上，完全沒了氣息。

阿嬤的媳婦專程買了一只款式類似的手鐲，想放在婆婆的棺材裡當紀念，但擲筊多次就是沒杯，可見得阿嬤不要替代品，媳婦也只好嘆氣收回，祈禱婆婆前往極樂世界一路好走。

阿嬤出殯後沒多久，我放學後照例在外頭趴趴走，回家後，鄰居玩伴跑來告訴我，阿嬤遇到的那個金光黨終於被抓到了！我一時無法置信。蛤？真的？都過了這麼久，怎麼可能抓到人？於是我趕緊跑到飼料行問個究竟，一群鄰居七嘴八舌，活靈活現地完整告知整個經過。

原來，有個小姐當天下午到飼料店，不但主動歸還那只玉鐲，而且還朝著掛在客廳的阿嬤遺像下跪懺悔，然後拜託阿嬤的兒子請警察過來，把她帶往派出所。她是「金光黨」集團一員，本來到了這個老人超多的鄉鎮，撈到油水還真不少；然而，她騙到阿嬤的鐲子，過了一段時間準備賣掉變現時，不知怎麼回事，只要找到對口門路要「看貨」，她眼前都會瞄到阿嬤拿著枴杖猛打她的頭，而且只要一打，鐵定讓她天旋地轉，半天無法回神，經過幾次皆屢試不爽，讓她驚覺「很邪門」，於是改叫同夥男友處理。她男友更慘，只要騎機車出了門，必撞電線桿、安全島，門牙被撞得不知去向，要不然就是機車像被鎖起來似的，完全無法發動，好像有某種不可思議的力量在阻擋。

這個小姐還向警方供稱，什麼騙來的值錢貨都賣了，唯獨這只鐲子，像是詛咒般「黏住」他們。更糟的是，每晚在夢中，阿嬤都會「出場」朝著她破口大罵，叫她趕快把鐲子還來，否則絕不善罷干休！她男友硬是不信邪，就跟人家借輛貨車，也談好了「看貨」地點，但才剛開出去，整輛車馬上燒起來，他則是嚴重燒燙傷，目前被送到高雄的醫院治療。她呢？也沒好到哪，左手腕（一般人戴手鐲的地方）突然「說骨折就莫名其妙骨折」，好像被人家掰斷般，痛不可當！

在這種彷彿不斷被下降頭的恐怖氛圍裡，他們被折磨好一陣子，實在無法忍受下去，只好趁早覺悟，乖乖物歸原主，順便投案去，嚇怕了，也不玩了。

阿嬤的長孫比我大一點，後來他在學校告訴我，鐲子放在阿嬤靈前時，全家人都看到了——照片裡的阿嬤竟然在微笑耶！這……這未免也太猛了。

夜半裁縫聲

靈魂與物品之間的第三個關聯「習慣」，我想就本篇起始談到的美國空難意外來說明。

因為人與飛機是共同摔落的，就某種程度上來談，也就是綁在一塊兒的「集合體」概念；加上此人生前就是機師，習慣操控飛機，因此靈魂自然與那架飛機結合，未必是「眷戀」，有可能是職務所需，時間到了，就自動「上工」。

這讓我想起早年的初級中學制服上都要繡學號與姓名，而學校附近有名婦人從事家庭洋裁和繡學號，照理說做生意應和氣生財，但這名婦人每天都是臭著臉在工作。因為婆婆嫌她「不事生產」（不是不會做事賺錢，重點在於沒生男孩，家中兩個娃兒全是女兒，被視為「賠錢貨」），而真正「不事生產」的是她丈夫，成天無所事事，在外頭花天酒地，還開「分公司」生了男娃兒，回家對著太太耀武揚威，婆婆則是歡天喜地，有意無意地「酸」媳婦趕快離婚，帶著兩個「小賠錢貨」滾回娘家去吧！

在這樣的家庭與婚姻生活中，怎麼會快樂呢？才剛唸中學的我，雖然不太懂別人的家務事，但看到婦人有時被婆婆痛罵、暗自垂淚，總會起惻隱之心，有時交送繡字的衣服沒整理好，被婦人念幾句，還不敢回嘴，只能頻頻道歉。

這名可憐的婦人最後還是病倒了，我們只能到其他村莊找店家繡學號。

婦人家隔壁的隔壁，正好是「學霸」同學家。某天，我去他家寫功課，順便拜託他教我數學，路過婦人家時，見大門深鎖，裡頭黑漆漆的，像是無人居住。我有些不解，問同學是怎麼回事，他本來不太想講，後來才忍不住，低聲告訴我：

「沒別的，就是鬧鬼啦！」

真假？剛才我還從那兒經過耶！於是，我暗暗打開同學家大門，從縫隙朝婦人家的方向望去，沒感應到什麼，只是迎來的風特別大，也很冷。

「就……就那個婦人被婆婆逼離婚逼到快精神崩潰，然後沒離成，卻累到罹患癌症住院，婆婆跟丈夫沒怎麼照顧，她的兩個小女兒更沒人理，我媽還主動去幫忙餵飯、洗澡、哄睡，免費帶了幾天呢！這裡街坊的阿婆嬸嬸全在痛罵那家的人怎麼這麼壞，居然可以這樣不管媳婦跟小孩死活……

「後來，那兩個小孩終於被婦人娘家的親屬接走，她丈夫竟然直接把小老婆和小兒子帶回來住！住沒幾天，大老婆在醫院死了，他們草草辦了後事，全家就變成老媽媽、兒子、兒子的小老婆跟他們所生的兒子，繼續快樂生活。」同學大概描述了整個背景。

「太狠了吧！這男人……還有那個『阿婆』……」我有些忿忿不平，「你該不會要告訴我，婦人的鬼魂回來報仇，然後鬧到全家人『起肖』（發瘋）吧？」

同學抓抓頭。「不！也不是這樣。但……他們家客廳不是有縫紉機和電繡機嗎？婦人死後有段時間，縫紉機跟一些機器在半夜會自動開啟耶！」

「蛤？」我一臉愕然。

「真的啦！不要懷疑！」同學看到我瞪大眼睛，趕緊解釋。他半夜起來唸書，都隔這麼遠，居然會聽到縫紉機「噠噠噠」在車縫衣服的聲音，就跟白天聽到聲音差不多；只是日間人車和街坊互動比較吵，感覺不明顯，而夜裡聽來格外清晰。

「然後啊！聽我媽講，那個『阿婆』很生氣，以為是誰在惡作劇，奇怪的是，婦人的丈夫只要起身打開客廳的電燈，就什麼聲音都沒了，什麼擺設也都沒動過，可是關燈後不久又開始，反反覆覆這樣下去，搞到都『毛』了。後來呢……可能也是害怕啦，他們家就託人把機器打包裝進箱子，看誰要買就賣掉，有插電的就把插頭拔掉。可是喔……」同學湊近我的耳朵說：「我半夜起來唸書時，還是會聽到那種聲音，而且越來越大聲！」

「連插頭拔掉、打包也……？」我滿臉驚訝又疑惑，同學噘起嘴巴對我猛點頭。

奇怪，夜裡裁縫聲音雖大，鄰居倒也沒人抗議，似乎只針對特定對象而來（我同學能聽到，大概只是「頻率」對上了）。同學問了自己的家人，大家都說夜裡安靜得很，還勸他唸書不要太累，不要胡思亂想，睡眠充足最重要。

後來，這家的新女主人也受不了「魔音穿腦」折磨，有時表面上逞強破口大罵：「老娘沒在怕啦！放馬過來！」只是後來隨著夜半裁縫聲持續不斷，機器無人操作卻能自動啟動運轉，一有人靠近或開燈就停止，讓她情緒逐漸崩潰，急著想趕緊帶孩子逃離。

離奇的是，所有擺設全都沒動，也沒有加工完成痕跡。即使死去婦人的婆婆請人把所有器材，全搬運到她老農弟弟家的穀倉暫放，但半夜時間一到，家裡「那個」聲音依舊持續！儘管這個現象自始至終並未傷及任何人，仍讓這家人驚嚇不已，最後只好決定搬離，火速覓房租屋，順便請了道士快快招魂，等晦氣散去一段時間後，再看狀況搬回。

事情一傳開，他們家周邊可沒人敢靠近。那家的門前剛好有一支客運站牌，知情者若要搭車，寧可走遠路到上一站或下一站；不知情者到站牌等車，可能還覺得這地方有樹、有風「超涼快」，烈日炎炎等車，根本不會汗流浹背，可舒服了。

我和同學聊開，把數學不會的事全拋在腦後。

此時，有個做殯葬生意的大叔來敲門，要借搭棚子用的折疊梯。

在同學到工具間去找時，這大叔看了我一眼，主動告知他自己會通靈，剛才聽到我們在談那位婦人的事，便在門外先抽根菸再進來，「順便」跟我聊聊，畢竟他在這兒混了五十多年，有什麼鳥事閒事沒聽過？而且會通靈，看到或知道的還更多。

我沒答腔，大叔則是感嘆，那個婦人心地善良，只是嫁到這戶人家算她倒楣，每天又煮又洗又帶孩子又要洋裁，婆婆和老公對她這麼惡劣，老公又在外跟其他女人生孩子，家裡的女人脾氣再好，忍耐久了還是會爆發。

「那晚上裁縫的聲音，是她回來示威報仇嗎？」我問。

「不是啦！」大叔笑了出來。「我們街坊鄰居都知道，她生前就是個很單純儉樸的人，時間一到，習慣上就是要工作。你會疑惑『不都是白天工作嗎？』，但有些亡靈的作息不同於在世時，『她』會自訂時間，覺得還沒做完的，就要把它完成，所以在什麼時間做並不重要，重要的是習慣或使命感。」

「有這種事？」我和剛返回客廳的同學異口同聲地回應。

我想，那位婦人晚上才「動工」，或許是想著陽氣漸散，比較不會打擾人，算是貼心舉動，卻吵到了另一批人，還意外被我誤以為是「復仇」。

離不開古堡旅館的老爺爺

曾聽某位僧侶說，亡靈在往生後某段期間內，仍會習慣做生前的某些事務。比方說看報、蒔花澆水，或者剛才說的裁縫刺繡，當「上路」的時間到了（各人情況不同，大致上不會太久），這些事就不會再出現。雖說我遇過的狀況大部分皆如此，但在歐洲某座古堡旅館體驗到的狀況，可不是那麼回事！因為亡靈的某種特定「習慣」始終都沒有改變，更是跨越世紀仍然存在。

二十二歲那年，我獨自當個背包客浪跡天涯旅行，心血來潮地嚮往起歷史風情，特別在冬季時挑了相對不太貴的古堡旅館想體驗看看。據說這座古堡年代悠久，古色古香，不只外牆磚瓦，就連裡頭的陳設、每張牆上的畫作都頗有來頭，但地處偏僻遙遠，交通不便，或許因此住宿價格才不至於太貴。

而且，看旅遊評鑑雜誌擷取的某些旅客意見，都指稱這家旅館有「特別的貼心服務」，還「可遇不可求」……喔？怎麼個貼心？怎樣才能遇到？雜誌上沒有明講，只說親自去體驗或許能發現。

其實我住進古堡旅館時，服務就跟一般旅宿差不多。我很期待有什麼「特別的貼心服務」，又不便直接問櫃檯人員，以免被誤解這種「奧客」是來撈本的。不過，我感覺到這座古堡面積大又深，若無特別描述，容易讓人誤以為這是舊世紀時期的監獄；但房間溫暖，設備現代化卻古意盎然，彷彿時光交錯，讓人有「來去博物館住一晚」的感覺。

這座古堡旅館大概是怕旅客住進來後太無聊，房內除了電視、收音廣播、音響之外，餐廳另有晚間小型派對，還安排戶外星空導覽、夜遊行程等，雖然很周到但不特別，而且旅遊書上都有寫，顯然這些都屬於例行活動，而非「特別的貼心服務」。

我一時以為書上所寫是之前旅客留下的唬爛字句，有些失落。

那天夜裡，只有我一人在寬敞無比的大房間內就寢。換成是你，會覺得恐怖，還是快活至極？我是屬於後者，心想這簡直就是我的皇宮啊！太奢華了。

梳洗完畢，我把書桌前椅子搬到另一頭的床邊，坐著拿吹風機吹頭髮，順便把腳擱在床上，讓走了整天山路的雙腳休息，也準備就寢。

然而，我才關上吹風機，就聽到外頭長廊傳來有節奏的「扣扣扣」聲音，還來回不斷，越聽越像是緩慢走動及枴杖敲地的聲音，由遠而近，又由近漸遠。我聽到有點煩，打開房門望著長長的走廊，除了通明燈火，什麼都沒有，聲音也嘎然停止。我想，大概是古堡年代已久，有些老舊設備難免會發出奇怪聲響，應該沒什麼事。

但門剛鎖上，我一轉頭，卻驚見搬到床邊的椅子竟然「自動歸位」到書桌前！乖乖！這下精彩了。我剛剛才把椅子移到床前，坐著拿吹風機吹頭髮，椅子怎麼可能自行瞬間移動到數公尺外放置妥當？不可能啊！

我心裡馬上有數，於是按照往例，用中文對著房間大聲「心戰喊話」：「這位朋友，我只是來古堡住宿體驗，不想跟你耗，也沒力氣跟你耗，讓我安心舒適住一個晚上，這要求不過分吧？請不要來捉弄我，拜託你！謝謝。」

約莫過了十來分鐘，沒任何動靜，也沒有「扣扣扣」的聲音，是「對方」聽懂了嗎？不曉得。我還是說服自己，沒鬼，沒鬼，不要心裡有鬼，趕快睡……

這種自我安慰只是在騙自己，怎麼可能不怕嘛！我本來「龜縮」進床單裡矇著頭，眼不見為淨就好，可是外頭冷颼颼，裡頭暖氣開得超強，我又看不懂空調設備怎麼操作（全都是非英文的麵條字體，有看沒懂），反而悶熱起來，最後熱到難受，決定不當「縮頭烏龜」了，乾脆整個人呈「大」字型躺在床上，什麼被子、被單都不蓋最舒服，加上這床墊不曉得哪來的魔力，軟趴趴帶著彈性，催眠功夫超強，於是什麼鬼啊妖啊立即被我拋到九霄雲外，好好睡個覺才是王道。

第二天一早醒來，我發現身上居然裹著一條之前沒看過的被單！而且空調變得舒適宜人。奇怪啊！明明昨晚熱個半死，不曉得這被單打哪兒來，難不成是我「夢遊」找來的？又是誰幫我調整房內空調？我丈二金剛摸不著腦袋，糊裡糊塗盥洗整裝完畢，然後下樓吃早餐。

當天住客不多，我意外在斜對角桌看見四個年輕的東方男性面孔，還講粵語，像是香港或馬來西亞遊客，頓時感覺親切，於是主動打招呼，他們四人也熱情邀我入座，用生硬華語跟我交談。原來這些大男孩從香港過來，興奮聊著住進這家旅館所見所聞，結果跟我所遇到的狀況有些雷同。

他們說，老早就打聽過這家古堡有「不尋常」之處，又怕又想體驗，最後還是鼓起勇氣試試看，反正四個男人窩一間，就算有什麼狀況還可以壯壯膽；而且跟我一樣，昨晚都聽到了「扣扣扣」的聲音，並有奇怪狀況發生。他們剛剛問了餐廳服務員，他笑笑回應，因為是老旅館，這很正常，不要怕，習慣就好。

「怎麼可以這樣講？」我有些不高興。「旅客都快嚇死了呢！」

「是啊！」裡頭有個大男孩解釋道：「可是咧，這餐廳另外有人私下告訴我，我們聽到的『扣扣扣』，可能是百多年前第一代老闆來巡房，而且會主動幫忙旅客解決問題喔！」

「難不成他會入侵人家房間？這不就是侵犯隱私？」我問。

「喔！我也這麼想啊。對方說，『老老闆』知道什麼時候該進來，什麼時候不可以。如果旅客住進來發生問題，他好像都猜得出來，而且會馬上想辦法解決。」男孩用他所知道的華語詞彙向我解釋。

這麼一說，我房裡空調、被子的事，好像可以說得通了。

「我昨晚睡覺的時候，」另一位男孩回應我，「半夢半醒之間，感覺有個白鬍子老人幫我蓋被子呢！因為我覺得熱，把被子都踢光光。剛才餐廳的人說，那應該就是『老老闆』沒錯，而且還有他的畫像掛在大廳耶！」

第三個男孩也舉手，表示他有感覺「有個白鬍子老人來幫他蓋被子」，不信都不行。真的假的？我們隨即離開餐桌，飛奔到大廳看個究竟，果然在櫃檯側邊看到一個有白色翹鬍子的慈祥老人畫像。他們的眼睛睜得好大，馬上點頭說：「就是這位啦！」而且老人的左臉靠近太陽穴處，有一整塊老人斑非常明顯，在畫像中也都忠實呈現。櫃檯服務人員沒多說，只是望著我們微笑，想必已見怪不怪，相當清楚「這些旅客到底遇見誰了」。

這算是「老老闆」亡靈的「習慣」還是「使命」？我想應該都有吧！不過，都已經過百年了，這「老老闆」亡靈怎麼還待在旅館，幫旅客巡房、蓋被子？怎麼不輪迴投胎去啊？我始終想不透，難道都沒人來接他上天堂嗎？

然而，我再追問幾個旅館工作人員，他們說第一代老闆簡直就是這裡的守護神，沒有他還真的不行耶！他還是待在這裡比較好。這種答案聽了讓人傻眼，居然會有人希望「鬼」留下來！

他們看我露出錯愕的表情，提出解釋說明：幾個月前某個旅客偷竊其他客房內的物品，警方來旅館搜查卻一無所獲，正在一籌莫展時，那個賊居然當著大家的面「不自主」地掏口袋，然後把偷來的貴重金飾自動放在桌上，恐慌地直說有個白鬍子老頭「逼」他交出來，他傻眼到像是中邪似的乖乖就範，但此時再往四周打量，那老人也不見了。

真的很玄，但也說不出個道理來，倒是旅館的人幾乎都看過或知道「老老闆來上班了」，把他當朋友、守護神，而不是來監督的，心裡會覺得踏實且溫暖，工作格外愉快有勁。

因此，那位白鬍子「老老闆」的行為，或可稱為是每天上班的「習慣」，也可能帶著永續經營旅館的任務而行，說是「使命」其實也不為過，旅客更知道什麼是「特別的貼心服務」了。

萬物皆有靈

我堅信很多地方的特殊器物、形體，都會有守護神或靈，所以祂們都是身懷靈性，帶著任務而行，為了保護特定對象，抵禦外力干擾或破壞而堅守不退。諸如你可能聽過刀劍武器有武士之靈看守、礦工亡靈捍衛重要礦產；更甭說像是全球古蹟裡帝王陵墓的泥石雕像、陪葬兵馬……其中所感受到的磁場與能力，自然和一般環境不同。

我不想誇耀這些「靈」所身懷的「使命」或能量有多偉大，而是要提醒諸位，「**萬物皆有靈**」確有其事，且「物」並非指「動物」而已，哪怕一根草、一朵花的「植物」，或者不會動的「器物」，盡皆涵蓋。不要以為「不會講話或不會動，所以是死的」，建議你要改變觀念——既然有「靈」，必有思考及其存在價值，也牽涉到是否帶有任務與使命，值得我們探究。

鞠躬盡瘁的後勤士官

昔日在台灣服義務兵役，都是兩年起跳，每個退伍返鄉的年輕人，幾乎都有說不完的英勇故事。尤其在女友面前，習慣上總要吹牛膨風個幾百回！明明沒打仗，日子舒服得很，都養成「變形米蟲」，也要講得好像被凌虐到體無完膚，滿肚苦悶無處傾訴，歷經艱辛挺了過來，以求騙得異性憐惜；還有不少退伍男兒，當兵時連個鬼魂妖怪影子都沒見著，硬要掰得好像危機四伏，鬼影幢幢，把女友唬得驚聲尖叫，再趁機將她擁入懷中，呵呵呵地奸笑得逞。各位好女孩，可千萬別被男伴用這招給拐了。

我的軍中鬼話

猶記得三、四十年前，街市各大書店甚至還陳列「軍中鬼故事」之類的閒書，據說賣得挺好，只是看來看去，人鬼之間鬥法鬥智的招式都差不多——不是阿兵哥遇到鬼打牆、女鬼索命或報恩，就是在營房死去的學長跑來捉弄菜鳥、點名少了一個人或多一把槍、士官兵廁所裡有「人」會摸阿兵哥屁股……

坦白說，我這個人天生崇尚自由自在，提到當兵這件事厭惡得很，可是當年「保家衛國」的帽子一扣，也只好腦袋放空，那些什麼紀律規矩，就悶著頭忍耐遵守，只求把義務盡完、數完饅頭，能全身而退返回「死老百姓」身分才是王道。由於軍中忌諱講什麼鬼不鬼的，因此即使服役過程中，我的確看過不少「飄兵」、「飄官」，甚至「飄死老百姓」，大部分也只是「路過」，沒啥惡意，因此我一律不說，以免給自己添麻煩。

兩年歲月裡，我遇過的狀況不少，其中有回真實互動，至今無法忘懷。那是冬季某個大白天，我在營區大門旁收發室忙碌，探頭瞧見穿藍棉襖的老太太，站在一旁會客室門口，於是主動上前查看。這位老人家自稱是某某某的祖母，早就辦好會客登記，也等了很久，請我幫忙再傳達一下。我也沒想太多，直接撥了內線電話給這位弟兄的長官，轉告有個老人家外找，人家長輩等很久了，在傳達上是否有疏漏？他的長官回應：「沒有得到訊息呀！」順便把電話轉給當事人接聽，但他驚訝地聽完我的描述後，崩潰大哭說：「我祖母上個月才剛過世啊！」我這才驚覺，老太太掛念不下，在準備升天之前，趕緊來營區探探寶貝金孫；但我一轉頭，整個會客室裡空蕩蕩的，只剩我一個人抓著電話聽筒。

另一回是更早在新訓時，我的頭部意外受到重創，被送到軍醫院治療。到了晚間熄燈時間，似乎有個穿著軍服的黑臉老頭子站在我旁邊，一直猛踹病床床腳！起先我嚴重頭暈到沒空理會，之後病況稍有好轉，但夜裡遇到病床被踹被敲被搖，怎能休息啊？於是我勉強將床頭燈打亮一看，是個操著外省鄉音的黑臉老士官長，滿臉怒火地吼我，叫我起來：「不要睡在我的床上！你他媽的趕快去給我站衛兵！」定神再瞧，嘿，原來這老士官長稍早時日已經過世，而且是死在我躺的病床上；可能亡靈未離，不斷對著躺在這病床的人來個下馬威，凶上一頓，看能不能趕走，畢竟「他」認為這是「他」的地盤，誰都甭想占用。

我體諒「他」生前為國辛勞、奉獻一輩子在軍旅生涯，不好抱怨什麼，但這樣鬧我，病怎能好得起來？於是想了個辦法。次日一早，我請護理人員幫個忙，在病房區找找看有沒有國旗可以借一下。對方覺得納悶，住院治療幹嘛要國旗？我沒多說，僅回應小事一樁，有需要就是。剛好有位醫院工作人員的小孩，先前去參加該縣市的升旗典禮活動，每人發一面小國旗，後來他跑來找爸媽時，忘了把國旗帶走，就一直放在護理站裡，於是問我可不可以？我說：「當然可以，請幫我插在病床腳邊好嗎？」對方雖感納悶，還是照做了。

我原本是打算藉由國旗的威力，讓這位士官長亡靈「知難而退」，問題在於這招對「忠貞軍魂」似乎沒有太大效用。到了當天下午「他」又來了，一見國旗，馬上站得筆直，開始行軍禮、唱國歌，一遍又一遍，還越唱越大聲！

整個病房區，就只有我「聽」得到這位可愛老士官長亡靈那五音不全的宏亮歌聲，再夾雜著同病房受傷弟兄的鼾聲、夢囈、咆哮，以及醫護人員走動聲，我被搞得身心俱疲，哭笑不得，昏昏沉沉到連上長官前來探視時，都憂心我是不是病情加重、正處於彌留階段？

夜裡亮起的黃燈泡

軍中鬼故事太多，但雷同相似度高，就來說個離奇故事吧。

話說在我退伍前的幾個月，有一回休榮譽假走在路上閒逛，巧遇受訓同梯、服務於另一個營區的弟兄好友，正在小店裡吃冰兼「哈管」（抽菸）。我們寒暄幾句，話匣子一開，興頭來了，決定找個地方吃頓飯；他說，他們部隊曾經發生一樁靈異事件，大家沒怕，卻難過不已。

「難過？」我納悶靈異事件怎麼會是難過？應該嚇都嚇飽了（也嚇跑了）才對。

他說，某次年度裝備檢查，有個性格木訥、沉默寡言的士官，奉命擔任後勤部分器材設備管理。那段緊鑼密鼓的準備期間，剛好有兩個學長退伍，新人還未補上，只能全靠他一個人，待在庫房裡幾乎不眠不休；除了逐一檢查、保修每個細節，夜裡還要站「安全士官」。操勞了將近一個半月沒真正休假，就在裝檢當天、上級長官前來視察評分的那一刻倒下，送醫急救無效，年輕性命就這樣猝死了。

此後，三、四十坪大的後勤庫房，每個夜裡，吊在主梁上方的大燈泡都會自動亮起，連長命令關掉節電，更把庫房門鎖上，但過了十來分鐘，庫房那盞泛黃燈泡又再度亮起，從玻璃窗穿透出來非常明顯，而且裡頭傳來陣陣「咔啦咔啦」機械聲，以及扭動齒輪的沉重聲音，相當清楚！好幾次「安全士官」巡邏，探頭看窗裡無人，繼而開鎖進去查看，僅有一堆機具，根本不見人影；即使照例把燈關好、門上鎖，不久燈又亮起，再度傳出機械和搬動物品的聲音，搞得一堆弟兄心裡直發毛。

在新人尚未報到銜接業務的空窗期，都是連上阿兵哥和士官輪流接手管理，大家都只敢在清晨結伴進庫房，而且通常拿了東西就趕緊將亮一整夜的燈關上、門上鎖，飛也似地火速飆離，不敢多逗留片刻。

你以為阿兵哥都是膽大無懼的男子漢嗎？別愛說笑了，一堆傢伙全都怕鬼，只是不敢說出口而已。

好啦，還是有不怕鬼的傢伙。話說有個好奇心超重的阿兵哥，不揭開謎底就心裡不舒服，夜裡站完衛兵下哨，跟著幾個睡不著覺的無聊弟兄，說是上廁所，順便兜個彎「路過」來瞧瞧；從窗外往裡頭看，什麼人影都沒有，但燈就是亮的，也聽得到裡頭聲響，嚇得幾個傢伙頭皮發麻，差點閃尿。

之後，新人終於報到。這位菜鳥士官被分配到庫房來，原以為這水泥蓋的庫房會西曬，應該悶熱得半死，沒想到一進門，沒裝冷氣還挺「蔭涼」的，內心感到高興，還愉快地哼著歌，轉身卻冷不防被一個從櫃上掉下來的工具盒砸中腦袋！雖然不痛，但他突然警覺到「不要太得意忘形」。可是這裡只有他一人，身為革命軍人，什麼大風大浪沒見過？區區小狀況有啥好怕？他也就不怎麼在意了。

這位菜鳥士官開始盤點庫房，逐漸上手。只是他有個壞習慣，反正這麼大的工作場域，歸他一個人管，工具、器材、零件隨意亂丟也無所謂，自己知道在哪裡就好；然而，就是有離奇怪事——前一晚整個庫房的工作區域散亂得一塌胡塗，像是被槍掃射過一般狼狽，但第二天他打開庫房，卻見所有物品排列得整整齊齊，彷彿有專人打掃清理過，甚至某些鐵製工具還被精心上過油，磨得發光發亮，簡直唯有專業級好手才幹得出來！

一天、兩天過去，他感到不太自在，心裡一毛起來，不寒而慄，趕緊請教其他排上士官，還有誰擁有庫房鑰匙？大家都說，現在只剩副連長保管另一把，不過副連長是官校畢業，打仗很行，打靶超準，但對後勤保養維修是個大外行兼草包，所有機器設備落到他手上鐵定弄壞，是個十足「帶賽」（意指帶來楣運）傢伙，所以壓根不會到這兒來。

「放心，他不會來查勤啦！」

菜鳥士官實在沒辦法，藏不住祕密，只好把在庫房的見聞告訴其他人。

所有弟兄本來都三緘其口，後來還是有人忍不住告知，直言：「不久前啊，這裡頭死了個士官，然後……」

這下可好，菜鳥士官嚇出一身冷汗，原來他亂放的所有庫房器材用具，居然「有人」專程來幫忙收拾？他命令兩個倒楣菜鳥兵陪著他一起回庫房，門都不敢開，趕緊朝裡頭拜了又拜，請「老鳥前輩」原諒，接著嘮出一長串顫抖的祈禱文……「拜託拜託，大哥啊，大爺啊，學長啊，別鬧了，不要出來嚇人好嗎？我也只是個義務役的，跟你無冤無仇……」

我不知道前士官有沒有原諒，只知道次日清晨，菜鳥士官硬著頭皮進庫房，照樣一切整整齊齊，而且彷彿大掃除過似的，連窗子都擦得乾乾淨淨。

這號可憐蟲追著其他人問，大家都說：「沒人會進庫房啦！」可是幾個昨晚站哨的小兵說：「遠遠看過去，庫房燈還是亮的喔！」

天啊！既然查不出是誰每天夜裡都到庫房來，那不是人，就是鬼了嘛！

同意亮一下，不同意亮兩下

這件事很快就傳到新任連長耳裡。他大概知道之前發生的事，但篤信宗教的他，認為大家怕東怕西、影響軍心像什麼樣子？於是打算獨自到庫房住一晚，查個清楚，趁此機會教育，別再讓大家心神不寧。

不過，連上其他幹部擔心連長一個人去，可能不太安全，於是幾個排長、班長爭相舉手，大家要求陪同一起去。連長拗不過「盛情」，只好挑了六個人「來去庫房住一晚」，我這位同梯好友也被挑中。

「晚點名之後，連長就叫我們一行人拿著棉被、枕頭和軍毯一起去。」好友說：「我本來以為庫房裡會有跳蚤什麼的，連長還帶了殺蟲劑，後來一打開庫房門，裡頭乾淨到叫人感動——當然，燈照例又是亮的！」

好友強調，從一行人打開軍毯鋪在地上，攤開棉被準備就寢，庫房內始終安靜無聲，等到把燈關上，大家等了半個多小時，燈沒亮，也沒動靜。

是人太多了，導致鬼不出來「見客」嗎？其實大家白天忙碌一整天，也累了，當打呼聲開始從四面八方傳出時，**燈泡忽然自動亮起！**

連長、副連長和兩位排長的警覺性很高，馬上翻開被褥起身，但一起身，什麼都沒見著，燈又突然熄滅，再度一片漆黑。連長下意識認為行動可能太過魯莽，恐怕查不到任何東西，於是又回被褥裡假裝呼呼大睡，順便輕聲告知其他還醒著的人，要是還有動靜，先躲在被窩裡，從小縫觀察。

這次等得可久了。從晚上十點半等到凌晨一點多，燈沒亮，除了鼾聲，什麼動靜都沒有。好友透過翻身，從棉被縫隙和外頭透進的微光，發現連長還沒睡，仍然很有耐性地等著；既然長官沒睡，他自己也不敢闔上眼皮，就靜靜地等吧。

他才剛想完，燈泡突然亮了！

好友說，他緩緩地用手指將棉被掀開一點點縫隙，竟然看到一個裝了修車用扳手工具的鐵盒，在地上「自個兒」移動！

簡直嚇死人了！沒有人去動那個盒子，它怎麼可能自己會動？

接下來的聲音可多了。他聽到拿出工具的聲響，又聽到敲敲打打及擦拭聲音，甚至庫房內椅子有被移動，但真的看不到有人站在那兒。

此時，連長和幾位長官都慢慢地掀開棉被，接著所有「來住一晚」的弟兄也探頭起身，這才發現，剛剛乾淨整齊的庫房地板，現在略「被」攤開少量零件及工具，可是完全不見人影出沒。

燈突然又熄滅，好友趕緊伸手去按下開關，但燈偏偏不亮。還好連長和幾位長官早有準備，拿出好幾盞超大號手電筒，把整座庫房照得通徹透亮。

「XXX（死去的士官名字）！是你嗎？我是新任連長OOO，你不認識我，但我是你的主官，瞭解吧？」連長面對著四周，大聲地說：「如果你是XXX的話……嗯，那麼麻煩請你亮一下燈，讓我們知道就是你，好嗎？我們現在先把手電筒全關上，等你。」

手電筒的燈全部關上，室內再度漆黑。果然，五分鐘後，上頭的泛黃燈泡真的閃了一下，讓所有人目瞪口呆。

「好！」連長靈機一動，繼續說：「連長要特別告訴你，你這次裝檢真的辛苦了！所有連上弟兄以你為榮，因為你不眠不休，盡全力為本連爭取最高榮譽。如果你知道了，請再閃一下燈！」

燈再度閃了一次。

「很好！」連長眼見閃燈有效，連上線了，情勢逐漸明朗，聲音也慢慢緩和。「從現在開始，該是你休息的時候到了，如果你同意，閃一次燈，不同意，閃兩次。」

結果這回，等了差不多快兩分鐘，出現燈泡閃爍兩次的訊號。

這下子連長納悶了。「為什麼不同意？任務都完成了啊！」

副連長開口說，要不要逐一詢問到底是怎麼回事，只要「是」，就請「他」閃一下燈，連長點頭示意，於是換副連長接續詢問；因為怕「他」聽不清楚，講得特別慢：

「有家庭問題需要協助？……有感情問題需要長官幫忙？……還是……你覺得想跟連上的誰聯絡？……或者，你覺得有什麼事情還沒做完？」

副連長問到「有什麼事情還沒做完？」時，燈閃了一下，眾人小小驚呼。

「好，換連長問你。」連長接續詢問：「是什麼事？私事就亮一下，公務上的事亮兩下。」

亮兩下。

如此這般抽絲剝繭，連長終於慢慢找到答案——原來是這位士官一直以為，這次裝檢項目還在持續，沒有收到正式停止命令，所以他無法放下「業務」休息，更不要說休假了。

在場所有人，就算是正港鐵錚錚漢子，內在鐵石心腸，也不禁鼻酸或啜泣，因為他已經非常盡力，真的是鞠躬盡瘁，死而後已。但人都死了，還在執著「未完成的工作」，難怪這段時間以來，夜裡庫房的燈還亮著，裡頭器具光亮如新、保養得非常完善，還「幫忙」收拾菜鳥士官散落一地的物品！

「你的心聲，連長知道了。」連長嘆氣，因為竟然沒有人「告訴他」，難怪他還在當苦力，周而復始、日復一日地忙，因此再次大聲對著「他」說：

「從現在開始，XXX，你的任務已經及格，甚至超越總部標準，為連上爭取光榮！你現在聽好，連長交代以下任務：一、自即刻起，你圓滿完成，任務正式解除，可以永久放榮譽假；二、你退伍相關文件會寄到你家，請你回家查收；三、連長命令你好好快樂過日子，不准你再碰這裡的所有東西，這是命令。你聽清楚的話，就一直閃燈吧，讓連長和連上弟兄們都明白你已經知道了。」

這次，等了快半個小時，天都開始由黑轉藍，進而曚曚亮，所有人抬頭凝視著燈泡，彷彿過了一世紀，燈泡才慢慢地發出閃爍「訊號」，連續一分鐘之久，這代表著告訴大家——「他」已經知道了！

連長不停地點頭，表情相當欣慰。

最後，大家眼眶含著淚光，心情沉重地緩緩走出庫房，那是個令人心酸難過的溝通過程。據說懂得民間信仰的連長，私下找了懂通靈法術的朋友前來——另有一說是，連長有個當法師的舅舅，他可以遠端

「溝通處理」亡靈最後去向。從此之後，後勤庫房燈泡真的不再於夜間亮起，也聽不到奇怪聲響，一切回歸寧靜，聞者嘖嘖稱奇；到底是真是假，就留給讀者研判。

同梯好友講到這邊，眼眶泛紅，覺得不過就是義務役，幹嘛想不開「當傻兵」折磨自己？我搖搖頭說，這不是折磨，而是「他」或許不知道，也沒有人通知，所以即使守護靈體脫離肉身，依然沒有走，責任感十足地留在原地，認分地執行業務；加上在我們老一輩當兵年代，軍營裡要是出了人命，印象中鮮少會請什麼法師道士前來招靈招魂，因而離不開的可能性就大增了，這是我的粗淺判斷。

至今想起這段故事，覺得這位新任連長真有智慧，居然想到用燈泡作為與亡靈溝通的橋梁！要是換成了一般軍官，可能「喂喂喂」個半天，也沒辦法讓亡靈出面與之「另類對話」。

順道一提，陽世鄉野傳說幾乎篤信著：到了七七四十九天，再頑抗的亡靈，管你天魂跟著靈升天、地魂入土、人魂進牌位，「不走也得走」，然而，就我個人的觀察並非絕對，每個往生者狀況其實不盡相同，否則我也不會在大馬路上，看過清朝官員或日據時代藝伎亡靈（不是唱大戲的演員），表情納悶地飄浮在大氣中，無法理解眼前所見時代怎麼變得如此奇怪。

我也納悶亡靈輕飄飄的，怎麼有力氣握得住工具箱或移動桌椅？不可思議啊！直至國外友人傳來一些靈異影片，有些亡靈確實能讓物品移動，連重物都有被搬動的可能性；這麼說來，如果有「阿飄」記恨來向你復仇，在你睡夢時打你十個巴掌，搞不好臉真的會腫起來。

像這種亡靈搬得動各種物品的說法很多：一是受亡靈本身意念而成；二是藉由陰間神明或其他靈魄等

外力；最後則是「召喚」陽間人類協助，可能「受召喚者」本身也搞不清楚發生什麼狀況，事後沒有任何記憶也說不定。

當兵平安最好

在往昔那個自嘲「兩年有期徒刑」起跳的義務役年代，猶記自己接到兵單那一刻，心中五味雜陳，腦海浮現「去了不知是生是死」的莫名恐懼。

到了當兵要上火車那天，每家父母通常都會耳提面命，叫自家小孩眼睛放亮，保護自己，千萬別冒險，不要招惹長官同袍，不要衝撞禁忌，不要這樣那樣……；我家也如此，但父母再三叮嚀，我沒有一件聽得進去，因為當下情緒低落到極點。

更何況軍中槍砲不長眼，加上往昔很多設施都相當簡陋，更甭說某些武器簡直是「公媽級」古董貨，還有什麼「合理要求是訓練，不合理要求是磨練」這類鬼話，很多「磨練」都成了「凌虐」，想想就不寒而慄！我能夠毫髮無傷地拿到退伍令，安然地返回家中，一直都非常感謝祖宗積德，以及上蒼神明保佑。

另有同輩友人認為，這些都還算輕鬆啦！軍中更多鬼故事，絕大多數都是從營區生活中衍生的悲劇。例如往昔有阿兵哥為情所困上吊自殺、七孔噴血嚇歪一堆人；也聽過有的遭不當管教凌虐折磨致死（包括被同性長官或同袍變態性侵霸凌），每天都在軍營裡帶著怨念復仇惡整；更有的是出操演習被砲彈子彈誤射，有些連屍塊都找不齊，還每天回到營區搖著學弟的床，拜託將「他」找齊後整塊送回家，「他」現在就跟缺角拼圖一樣「湊不起來」，更痛得要死……

唉！最慘的不僅在軍營裡發生憾事，少數期盼兒子光榮退伍返家的父母，最後只換得一張遺像、一罐骨灰罈，外加一紙軍中簽發的證明還是什麼狀來著，讓兩老悲慟哭到肝腸寸斷。偏偏我以前就在殯儀館看過——家人哭，親友哭，亡靈也站在棺材旁邊哭！讓我的心揪痛到無法言喻。

然而，保家衛國依然是我們責無旁貸的義務，也就沒什麼好逃避了。

希望現在的孩子能在軍中平安順利。除了遵守軍紀命令，關於靈異，最好別亂講話，不隨意招惹，起碼與「另一個世界的朋友」彼此相安無事，最後順利退伍返家，那就堪稱圓滿。

老天爺的安排

你是「宿命論」的支持者嗎？我看過不少相信「宿命論」的朋友，當遇到挫折與狀況時，情緒波動在所難免，但在「**一切都是老天爺最好的安排**」堅定信念為前提下，仍會積極想辦法解決眼前問題，絕不是擺爛等死、坐以待斃，或者逃避遠走，等著有誰可以來搶救挽回。

我相信，絕大多數情境與狀況，都是老天爺特意協助、指引，等到一切就緒底定、排列妥當，便造就美善或不祥之事發生，等你事後回想，才會發現這是個「特別安排」，而且過程蘊含了甚多巧合。

養殖大戶起落

昔日有個小學同學，家族家財萬貫。他父親因專注鰻魚等養殖產業發跡賺大錢，家宅豪奢闊氣不說，寶貝兒子出門必有司機專車接送，身上行頭貴氣驕人。如果說他身上的一件小飾品，就足以超越我渾身上下價值數倍，根本就不誇張。

記得那時他父親在商場上手腕靈活，很會招攬生意，出手又闊氣，常傳聞他與前來接洽養殖漁產生意的日本貿易商出入聲色場所，一飯千金，光聽同學自己形容那奢華程度，就令我們這群未見過世面的毛頭小子瞠目結舌，羨慕得要死。

一九七〇年代，這位同學的家裡宛如皇宮，有進口冷氣、冰箱、地毯、電視、電唱機、洗衣機、烘碗機、套裝流理台、臥房精品樣樣不缺，傭人更有傭人房，每天把家裡打掃得一塵不染。印象最深的，是我對他家超大台的「第二部電視機」很感興趣，不明白為什麼「畫面」只有一個燈泡、一個盤子在裡頭轉呀轉？原來，人家從國外帶回當年最新式又罕見的微波爐，把生肉、生菜放進去，幾分鐘就可以搞定一道菜，神奇啊！

可能是當年水產養殖的錢太好賺了，我這位同學跟著他老爸有樣學樣。當年省政府補助學童喝鮮奶，他嫌難喝沒味道，趁著老師不注意，就整瓶往水溝裡倒！中午的飯菜吃了幾口，嫌難吃，直接倒在垃圾桶裡就外出玩耍……

這些不珍惜的舉動，經老師告誡多次仍然無效，他母親還曾經來學校溝通（嗆聲），「拜託」老師別再多管，反正這孩子將來要送往日本深造並繼承父業，台灣的教育方式對他們家而言，只是個「打發時間的過程」，就「懇請」不用多費心，更不要插手。

那時他不愛寫作業，對寒暑假作業更是沒在理會，習慣拿錢和玩具或零食出來「招標」，看誰「標到」就由誰幫忙寫！

老師當然嚴厲制止，而其他老師在驚訝之餘也說，這孩子聰明，但前途堪慮啊！

那時，有位地方知名的命相師，在一次飲宴場合看到那個同窗的父親，搖頭直稱此人累世帶來數以億計財富，明明吃喝享福不盡，倘若用度得宜，日子必定舒舒服服，真是難得的好命格；況且，在錢財之外，老天爺另有任務設定，他應該可以擴張事業版圖，可惜他不懂造福惜福，揮霍浪費成性，福分正在快速流失中！

最糟的是，他不知謹守家庭分寸，在外開了「分公司」，擁有三妻四妾。這些小老婆各有心眼，都是來添災難、增業障，順便瓜分福氣的；再加上這個一家之主過於海派，對人毫無防備心，最終鐵定會成為致命傷。

儘管命相師曾當面出言勸誡，但人在意氣風發、滿面春風時，怎會把這種刺耳忠言放在心上？

果然，「太太們」要「分」一個老公，爭權、爭寵怎麼擺都不平，日久嫌隙深、摩擦多，彼此相處極不和睦，孩子一個接一個生，紛擾一個比一個多。

另一方面，水產資源日漸變少，成本驟升，他的事業開始被鄰近國家同行取代，只好轉投資其他產業，從引進泰國蝦、福壽螺到諾麗果都有，此時又慘遇損友結合老千詐，公司的業務經理還裡應外合、捲款潛逃，他家財富就這樣完全被掏空了。

落魄富家子弟重燃希望

十多年後，我再度與這位同窗聯繫上時，幾乎認不出他來！

他原本不願出來會面，只是看在我不會到處宣揚嚷嚷，才跟我碰面，苦笑著自嘲當年揮霍成性，又不好好唸書，如今只好從頭開始學起，吃盡苦頭。

他說，當年父親的公司倒閉後，母親大受刺激而上吊輕生，父親也突然中風，幾個「小媽」帶著弟弟妹妹，先撈光家裡值錢東西，再像逃難似地四處飛散，老死不相往來！當時他在日本唸書，接到通知後連忙回國，驚見家中巨變，傻了也慌了，親戚們和父親的客戶像是早就聯手說好，全都躲起來不願見客、不伸出援手，甚至把他們當瘟神一般無情驅離。

他孤立無助，但本性還算良善、有孝心，面對生病的父親，他硬著頭皮扛起責任來照顧。慶幸的是，父親頭腦還清醒。父子經常坐在租來的狹窄陋室裡，聊聊往日經營榮景來打發時間，他也慢慢學習去打工賺錢。

這個過程當然很辛苦，也曾被嘲笑「跟智障一樣什麼都不會」！畢竟他過去飯來張口，被人伺候慣了，從萬人欽羨的富家子弟，掉落到人間谷底煉獄，他終於明白那種吃盡人間現實之苦的痛，然而，不知何時方能緩解或脫離，卻是更深的痛。

某天，我同學買了一個三十元的排骨便當（一九九〇年代鄉下物價），坐在騎樓前的木頭椅子上，一邊餵著父親吃，自己也吃一點；父子回想起過去的奢華生活，如今卻是兩人各吃半顆滷蛋，感慨甚深，彼此相視，忍不住哭了起來。

那位命相師路過，剛好看到這一幕，便走過去關心。他與我同學的父親有幾面之緣，彼此認識，這個父親想起命相師當年勸誡，不停地嘆氣，深感對不起孩子，只讓他們優渥生活了十幾年，之後就遭逢變局；他自己認栽也就算了，但孩子還有數十年的人生，陪著他一起受苦，讓他很慚愧！

命相師對他直言「**禍福自召**」，也皆在老天爺的掌握中；正因為老天爺對每個人早有任務設定，依其表現再考量如何協助，才會有「**天無絕人之路**」一說。奮力再起，假以時日，仍有一片天等著。

這位中風的企業家苦笑說：「我都殘了半邊身，口歪眼斜，已無價值，哪來一片天？」命相師微笑回道：「你還有一些福報，況且老天爺設定給你的任務還未了，因此還另外賜予幫手……總之，請好好珍惜這一切，你以後會曉得，而且容我勸你，你務必要相信神明安排，我沒騙你。」原來，命相師說的「福報」，指的是我這位同學；至於「幫手」，則留於後段解說，兩者都是命相師口中的重要助力。

以青農之姿再起

這位命相師經靈視與排算後，直指這位父親曾有一世樂善好施，施捨過這個被債務逼到走投無路的兒子。這個兒子當時是種穀農家，因大旱歉收，家徒四壁，很感謝他施捨及時雨，並經由輪迴因緣際會，時至今世結成父子，且有報恩情緣。

當時，我同學回憶命相師的敘述時，說：「我完全沒什麼概念，只覺得前途茫茫，走一步算一步，也對著命相師苦笑說，瞧，我和我爸爸只能共同吃一個便當，滷蛋還要分一半，家中也沒什麼恆產，都光了，空了，哪來東山再起的機會？」

命相師微笑地告訴他，老天爺都幫你把路預先鋪好、設定好了，只要你願意相信老天爺，也努力打拚，自然就會知道該怎麼做，而且左右逢源，不愁沒本錢。父子倆聽了，雖然覺得命相師說的一切很遙遠，還是受到鼓舞，相約重頭開始，也願意相信會有「神助」，只是不曉得在哪兒就是。

你可能會猜想後頭的「劇情」，以為新一代「水產大王」就此崛起？當然不是。

上次見面時，我同學轉述命相師的話，指他本命為「土」，與「水」較疏離；而他自己也不想再看到養殖池，憶起過往傷痛，但對務農卻產生莫大興趣。我聽了大笑說：「你這麼貴氣逼人，細皮嫩肉的，手無縛雞之力，哪來手勁兒和體能，去應付眾多的農忙負荷？」他也說不上來，就是有一股奇特力量在驅動。只是他擔心自己都二十幾歲了，想回頭考農校的念頭，是否太過幼稚了些？

我們這一分別又隔了多年。後來，我在電視上看到以種植小番茄獲得成功的青農報導時，又發現了這位同學，便透過同業記者幫忙，再度聯繫上他。有趣的是，我原以為他結婚對象會是個富家女或嬌貴千金，但從報導中得知她是位吃苦耐勞的優秀公務員子女。

同學在訪談裡不停地感謝妻子，特別強調她宛如老天爺賜給他的貴人。妻子沒有嫌棄他，願意同甘共苦，有時像個教練，更像個老師，在他最失意絕望之時，鼓勵他重新再起；偶爾他興起偷懶撒嬌的念頭，妻子也沒責備他，而是二話不說，以身作則地凌晨起床巡農園，認真面對大片田地上做不完的農活，耐著性子逐一處理，讓他沒有理由「耍廢」。久而久之，他褪除年輕時僅存的嬌貴氣息，搖身一變為「正港」農家漢子。他的孩子也在妻子親和而不失嚴謹的教育理念下，個個乖巧成器，表現優異。

同學的妻子賢慧又奮發，照顧久病的公公從無怨言，而公公也看開許多，學著放下身段，不再有往昔那種自以為是的海派性格，更加謙虛低調，除了努力復健，也把許多經營訣竅與觀念，逐一傳授給兒子和媳婦，並盡力從旁指導。

對照現今多數人不願意辛苦務農，這家人反而在農業領域綻放光彩。

命相師說得沒錯，老天爺眷顧，我同學的父親、這位「水產大王」福報盈滿，並未斷了生路，只要願意相信「神助」並盡力去做，絕處仍可逢生。

至於前段所說的「幫手」，或許你以為只是他家媳婦，錯！不僅是媳婦，過去我同學「小媽」所生的弟弟妹妹，有好幾個失聯多年後再度傳來音訊，竟然表達願意追隨大哥和大嫂、一起從頭開始習農的堅定心意，並慢慢消除彼此間甚久歧見與隔閡，同心協力。

同學的父親眼見兒女歸隊、多出這麼多「幫手」，萬分寬慰，最後安心離世，所有兒女隨侍在側。接下來，則是兄弟姊妹共同研發有機、水耕、溫室栽植，在蔬果領域持續精進，相信必然有更上一層樓的成就，讓美善故事延續不絕。我更堅信，老天爺與他們的父親，必然在天上眷顧著，讓這「一片天」終能撥雲見日，陽光普照。

怨天之前先自省

年輕時曾有段時間，我原以為老天爺待我不公、鬼魅作弄，日日憤恨有加，直到後來遇見高人，藉由分析與冷靜檢討，恍然覺悟問題就出在自己身上！自以為是的解讀，兼以不切實際的想像，即使各方助力不斷湧入，卻認為「什麼事都要等人家來救」，當然會與神明、冥界與陽間等各方面的好意越離越遠。**沒有付出，又不肯改變，試問：怎能得到助力與收穫？總要學習找出問題癥結，方知推敲及分析答案。**

除非去拜了邪神歪教，或許能快速得到「另類神力」，只是日後要付出多少代價，恐怕就無人能回答這個問題。若你有這種念頭，勸你三思。

不過，在獲得正神的「神助」之前，必須先思考「你信不信有神明存在？」與「你信不信祂？」撇去傳教層面，我跌跌撞撞這麼多年，從逃避、懷疑、憎恨，到接納與信服，固然沒資格逼著別人必須相信，不過，歷經各種體驗後，我相信確實有神明存在，更相信神力始終圍繞身邊，在協助之外，也有指引、提示和督促的意味。

人與神之間的互動是很有意思的，未必非得要你實際看到不可。不管從靈動、感應，還是籤詩或入夢等等，我個人實際感知的看法是：**神明始終都在眷顧與看護著我們，只要堅信你所信仰的神明存在，並且崇敬祈禱及問候，神明真的會保佑你，在你遇到危難時拉抬一把，化險為夷。**

只是人類對於與神明的互動，有四個錯誤認知，第一個是「學習態度」。

很多人總覺得「神既然這麼『神』，那麼凡事就請祂包辦，不就好啦？」有這種想法的民眾還真不少。但身為「人」，怎能不學習？怎能不體驗？懶到什麼事都要請神代勞，那麼你活在世上的意義為何？我們可以請神明指引方向或請求助力，但不能凡事都要求神明代勞，這是我們自己的人生功課，豈有找「槍手」代寫的道理？

如果你願意把艱難的功課寫完，在過程中也確實執行，老天爺不會讓你孤立無援；在你面對檢驗、遭遇痛苦折磨的過程中，祂會從旁幫忙、協助你。只是一般人無暇感受這麼多，而是會放大自己所受的磨難。我不敢否認，因為自己難免也會抱怨咒罵，所以無法通過神明考驗，只能乖乖繼續接受挑戰。

第二個錯誤認知，是很多人平順當頭時，會將神明拋諸腦後，總要等到哪天吃癟了、踢到鐵板了、受挫折了，才會想到「找」神明保佑一番，且要求「立即見效」，否則就覺得這神明「不夠力」。這是人的本性沒錯，卻是「劣根性」！想一想，你平日不與神明互動，不尊敬祂，將祂擱在一邊，等到出事才急著前來相求，還要速成，未免也太現實無理了吧？

第三個錯誤認知則是不要以為「我只要每天認真唸經」、「我只要三餐認真燒香」，就一定會獲得神明庇佑。有這種想法很浪漫，卻是痴人妄想。若是你坐不直、行不正，滿腦子邪門歪道，表面上整天阿彌陀佛、引經據典，私下做人行事卻缺德無良，以為背後有個「大哥」當靠山就可以跋扈自恣，那就無可救藥了。

最後的錯誤認知，則是「如何理解神的旨意？」這是很多凡人的埋怨所在。總有人不滿：「我誠心誠意祈求指示，哪知神明說的意思是什麼？指引就指引，明講就明講，為何要用暗示的？講得『曖昧不明』或『模稜兩可』，誰有這麼高的慧根和才智，去懂這些深奧道理啊？」

我說過，請不要用人的思維與邏輯，去度量「神明該怎麼配合」。記得：**神沒有義務配合你，只有考驗你！但會留解方給你去找。**因此，看不懂籤詩，為何不多唸點書呢？如果你實在又急又無助，需要有人趕快來解惑，至少還有解籤者，或是找到看得懂、能解釋的人，這並不困難。又有人頻頻抱怨：「我感覺不到神明對我的眷顧！」那麼請你捫心自問：你是否認真過好自己的生活？有沒有比較當下與之前日子的差異？你是否為現在與將來預做了規劃？

人生功課何其多，稍有不慎就落入萬丈深淵，因此這輩子要圓滿還真是高難度，只是，若能真誠祈求神明引導同行，心中就會踏實得多。在無神論者眼裡，這一切可能都是不切實際的虛幻；至少在我心裡，神始終存在，雖然不斷考驗我，也不曾將我放棄，使得我這輩子的人生確實驚險，卻也精彩。

亡靈氣味

一九七九年，政府開放台灣民眾出國旅遊，家中長輩省吃儉用，有幸成為初期前往國外大開眼界的觀光客。當時赴歐美團費簡直是天文數字，最經濟省錢做法，就是到鄰近東南亞或東北亞日韓等地；長輩再三精打細算，決定選擇前往日韓。

旅程第五天，大隊人馬抵達日本某個曾被原子彈狠狠轟炸的城市。遊覽車都還沒進城，長輩說：「老早就聞到一股夾雜汽油味、熱氣、屍臭與消毒水的刺鼻氣味，而且越靠近市區，那種感覺越強烈！」

同團團員毫無感覺，只是默默聽著導遊講解，認為一顆炸彈就能把整座城轟炸到寸草不生，威力太不可思議了。長輩回憶當時，那個氣味實在難以形容，但他東張西望，仍不曉得是從哪兒冒出來的，只能忍耐到這段行程結束；儘管眼前出現整齊街道，以及安詳繁華的市容景象，但在他內在感受上，幾乎是毫不搭軋的兩個世界。

這到底是什麼原理，能夠讓一個人身在當下，鼻子卻可以重新回到西元一九四五年八月？

問過通靈人士後，我才發現，原來具有這種本領的人還不少，不過，大多是「聞到」往生者亡靈或年代已久的遊靈氣味居多。靈體也會有「氣味」？我認為有。那麼，如果聞到這類氣味，又代表什麼意義呢？依我個人經驗來解讀，通常以「**呈現某特定時間點所發生的某個事件**」為主，其用意從「**要讓陽世人類知道當時情況**」，到亡靈鎖定某特別對象，提出「**需要幫忙解決問題**」的請求，狀況百百種；你一定聽過有遇害亡者的冤靈重返陽間「索命」，讓加害者時時都聞到刺鼻難聞的不明血腥味，加上亡靈緊迫盯人、纏繞跟隨，天天製造怪異現象，直至加害者起疑、心虛、恐懼乃至發瘋投降為止才肯罷休。

有位退休老刑警，生前曾在某次媒體餐敘時提及，他時常在抵達某些刑案現場之前或在現場，可以聞到一股與當下環境毫無關係的氣味，通常很像是「暗示」或者「引導」，讓他自然跟隨那股氣味，循線去找某些跡證，也往往能夠得到關鍵收穫，有利於破案——諸如浴室水缸裡明明浸著渾身是血的駭人女屍，氣味隨著時間拉長而令人作嘔，但他在現場卻能聞到不搭軋的化妝品香味，便一路跟隨著那股「味」走，結果在數公尺外主臥房梳妝檯上，找到關鍵凶器或證物。

能與亡靈溝通的好鼻獅

懂得通靈的人士中，過去有位被大家戲稱「好鼻獅」、與我同齡的男性朋友，也具有這種特殊嗅覺能力，而且可以辨識「好」或「壞」的情境，只可惜他英年早逝，否則必有可能成為當代通靈大師。他不用睜眼看，矇住雙眼，光憑著「鼻功」，就曉得「誰」來了，而且還會告知是哪尊神明前來或經過。若是在幫人通靈過程，事先聞過往生者昔日衣服氣味，他就會憑著那宛如雷達般的靈敏鼻子，嗅出亡靈是否就在附近，再加上耳朵傾聽與心靈互動，通靈更無往不利。

朋友都笑他鼻子太靈了，而且臉型有點像狗狗，不想叫他「好鼻獅」，改叫「黃金『劣』犬」比較貼切，氣得他火冒三丈。

以前，好鼻獅偶爾受邀去幫人看房子，只見他站在門外，深呼吸一口氣，就能告訴想買這間房子的人「可」或「不可」，而且他不必進屋看，就會告訴你，屋裡是否藏了哪些一般人看不見的「各路英雄好漢」，甚至連這房子以前出過什麼事、死過哪些人、怎麼死的，全都逃不過他的「鼻功」，簡直成了「凶宅鑑定師」。

他說，曾有專門收購中古屋的商人，過去是個放浪江湖的「兄弟級」人物，在道上吃得很開，近年來熱衷房地產事業，賺了不少。這商人經朋友介紹而認識好鼻獅，才見沒兩次面，就想測試他的「鼻功」到底有多神，故意帶他去某間曾因大火燒死一家人的二樓凶宅。好鼻獅在事前完全不知情，而且出發前還被要求用布巾緊緊矇住雙眼，擺明了不想讓他知道自己身在何方，令他有些不爽，但也心知對方有意要秤看看他「斤兩有多重」，只好按捺住滿肚子怒氣。

好鼻獅不愧經驗老到，就算頭被包得像是木乃伊，只露出個鼻子呼吸，照樣氣定神閒。抵達凶宅後，好鼻獅站在屋子的大門外，鼻子一吸，馬上皺眉，接著開始狂咳，嚇傻所有旁人。他咳了一分多鐘才停下來，直說：「這大火的濃煙好嗆啊！」商人聽了睜大眼睛，啞口無言，不敢相信都已經是重新裝修好的屋子，竟然還能讓他「聞到」當年火場氣味。

接著，好鼻獅在門口停住大約三分多鐘，沉默不語，只是一隻手靠著牆，身子直挺，不斷點頭搖頭，隨行者納悶這到底在幹嘛？亡靈上身嗎？肚子痛？後來，好鼻獅恢復站立，嘆了口氣，直指這裡頭曾經燒死五個人，就一對年輕夫婦加上三個小孩，當年全家人被燒成黑炭，氣味超級難聞，可是……那時怎麼沒有家屬前來招魂，辦法事呢？

商人在驚愕之餘，拿出剪報資料質問好鼻獅：「你沒搞錯吧？是兩大兩小啦！」好鼻獅沒有把布巾拿下來，只是淡淡地回應：「信不信由你，確實是五個，女主人肚子裡還有一個剛成形的胎兒，所以是四屍五命。」

不管有幾個人曾經死在這裡，起碼好鼻獅能「聞出」這個凶宅大有內情，讓商人佩服得五體投地。只是好鼻獅後來在跟我們閒聊時，搖搖頭說：「那個商人實在夭壽啊！偏要帶我去這種慘絕人寰的煉獄。」他光聞氣味，心裡就有數了，但仍泫然欲泣。當年的現場實在很慘，特別是對兩個小孩與一個胎兒來說，還來不及長大就被自己的媽媽連累，太不公平了。

什麼？被自己的媽媽連累？原來，那把大火是被女主人在外頭的「小王」（外遇對象）所放！本來「小王」只是想拿著小火把和一小罐油，意圖恐嚇這家男主人，沒想到手一滑，一發不可收拾，悲劇就此發生。我查了過去的新聞資料，果然找到相關報導，那個「小王」在闖下大禍後趕緊逃亡，剛好在死者「頭七」當天被逮，之後被判重刑，但服刑數年後突然意外猝死在獄中，原因為何不得而知。

往生親友的氣味

有時亡靈或遊靈出現的方式，未必是以「看得到」為主，也可以用聲音讓人聽到，或是氣味指引或告知，多半用在「**我來了**」（告知熟識者或向特定對象打招呼）、「**指引答案**」（通常是申冤協助破案、解決在世時無法處理完畢之事）這兩種情況居多。

有些往生者靈魄還是挺善解人意的。他們深知如果出現，恐怕會嚇著仍在陽世的家人或友人，因此無「形」也無「聲」，而改用「味」來表達，不失為一種很好的替代方式。

但在我的朋友中，好多人經常埋怨：「父母走了，不曾在我面前出現，又不託夢，真令人傷心啊！」但搞不好他們常回來看你，只是未必讓你「看」（或化身為動物形象），或用聲音嚇你，而是讓你「聞」作為暗示，有什麼不好？

我不是開玩笑。多數往生的直系長者，多少仍會掛念陽世伴侶或後輩，固然一般都不能再過問，但曾聽聞仍有極少數亡靈擁有特殊因緣和際遇，經過陰間冥界程序申請後，獲准延後輪迴或其他應得際遇所發生的時間，暫時重返陽間，陪伴在特定對象身旁，細心呵護或嚴密監視，直至時限期滿為止。只可惜陰陽兩界溝通總有障礙、約束及規則，導致往生長輩的「回頭好意」，可能讓後代子孫「毫無感受」或「不夠清楚」，若有機緣獲得靈媒或通靈者解說，得知真相，常讓這些後輩心生遺憾。

因此，許多宗教家在講經開示時，總會提醒孝道的重要——與其在長輩死後才燒了滿坑滿谷紙錢，外加華麗壯觀紙紮，遠不如在他生前多陪伴、多關懷，還來得更實際些。

同理，旁系血親、遠親或摯友離開人世時，部分也具有產生這類現象的能力。**只要他生前對某人、某事、某物有著強烈牽絆記憶，我們就無法完全排除發生氣味飄散的可能性**。

或許你會問，如果是往生親人或友人，他們最常出現的「味」是什麼？在我的個人經驗裡，這要分成兩種情境來說明：

一、**剛往生不久到幾個月內，氣味或許依往生當時所處周遭環境為主**。我曾教過一個二十多歲的女學生，因罹患感冒而就醫，卻突然遭遇不明原因，病況急轉直下，轉送至加護病房後，次日就宣告不治。我去參加她的告別式，看到她躺在周遭滿是百合花的棺木中，心中萬分悲慟；當晚，她的靈就來找我，傳達「老師來看我，實在不敢當，我萬分感恩」的致謝訊息。在「她」到達之前數十秒鐘，我坐在書房裡，已經聞到百合花香味，心想這應該是「先行預告」，轉身一看，眼前果然呈現出她的形象輪廓，深深向我鞠躬表達感謝，又逐漸消逝。

二、如果距離往生已經有一段不算短（超過數個月）的時間，那麼就可能會以昔日曾讓在陽世相關者感覺「熟悉的味道」為主。例如，家族中長輩離世數年後，我偶爾還是會聞到特定的專屬味道，像是藥品味、茶葉味、衣服布料味、髮香味、身上發出的頭皮濃厚臊味（「老人臭」居多）、口臭味，絕不會搞錯，很快就能辨識出是哪位長輩來了。

我的恩師在罹癌過世前，歷經八個月漫長的痛苦療程，每回去探望他，都可以聞到陣陣令人作嘔的奇怪氣味！你可以想見，那是融合藥臭味、燒焦味、汗臭味、身上新陳代謝不良氣味、口中散發腐臭味等等，這幾種味道集結在一塊兒，非常難聞。在恩師逝世後一年左右，有時在學校或家中，我仍會突然聞到這股特殊的專屬氣味，馬上就知道「他來了」，不過多半只是感應到「探望」或「打個招呼」，看看我近期過得好不好而已，來得快，消失得也快，再過一段時間後，就永遠不再出現了。

神明來探望的氣味

除了親人，傳說也有神明或神明使者、分身，不時來探視自家靈子靈女（意指神明所化下、投胎到凡間的靈）。

據說其目的包括體驗陽間、死後返回報告人生經歷；或許還有些人因任務需求，身負特殊使命。像是擔綱某種職業的頂尖人士，例如農業種植、商業經營、工業電機、娛樂事業、政治統籌……等等，依我來看，應該也算是親人，而且彼此之間互動不乏以「氣味」作為識別，滿有意思的。

我有一位很特別的女同學，大概是前輩子燒好香，從出生到初老，人生經歷幾乎沒什麼困擾。外型慈眉善目、如同平凡人的她，除了家境優渥、一身健康毫無病痛、脾氣超好之外，任何鳥事衰事到她身上都可以逢凶化吉，每天快樂地晃晃晃像去旅行，也沒見到她在唸什麼書，考試卻都能拿前三名。

甚至當年大學聯考前一天還打電話給我，說無聊到突發奇想，希望我陪她去看電影。

那時的我雖然唸五專，逃過聯考惡夢，但仍滿肚子怒火地罵她：「都什麼時候了，妳打仗都打到最後關頭了，還叫我陪妳去看電影？不怕名落孫山？」結果還是給她撈到第一志願，我只能羨慕嫉妒，外加無解疑惑。

她真的是一路順利，不愁吃穿，但不想結婚，只想專注於扶助弱勢，心地善良不說，還拗她爸爸成立基金會，專門輔導亟待援助的兒童或青少年，這幾年還把觸角伸向邊緣少年，拯救中輟生不致走歪路，廣獲社會肯定。

我曾有機會到她的基金會採訪她，順便欽羨地抱怨：「為什麼妳的命如此之好？」她也滿腦子問號，直說不曉得，倒是從小到大，只要遇到困難時，很快就會聞到一股**濃郁的檀香氣味**，不曉得從哪兒來，因為她從不使用檀香，也沒有燃香炷，更不會弄什麼精油按摩，因而對這股熟悉氣味感到困惑不已。

後來我請教專家，高人讚歎這女孩子除了深受其主神明眷顧庇佑之外，來到人世的任務就僅有「**助**

弱」，而且左右逢源，不愁無法解決困難。其主神明經常派神將前往陽間相助或排除障礙，唯一接觸的辨識信號就是檀香味，只要一聞到就表示「神來了」，不過長久以來，她並不曉得這個氣味所代表的意涵。

當疑惑解開後，她突然有「豁然開朗」的神清氣爽感受，也對她的主神明愛護眷顧感恩再三，做起事來也就更帶勁了。

通靈人也是凡人

扯個題外話：通靈人很厲害嗎？不少讀友對通靈人感到好奇，不乏敬重、崇拜，甚至到「說什麼就信什麼」的地步，原因無他，就是其「特異功能」令人著迷。

但通靈人也是人，只是這類本領或功能較少人具備，才會常被塑造成「神的代言」或「化身」，這是極大誤解。再者，盲目迷信與追隨後果，往往容易讓詐騙者有機可乘，等到受害者覺醒，原本「通靈」良善二字，卻蒙受不白之冤，變成鬼怪、神棍、妖魔、邪術等，一竿子打翻一條船，實無必要。

儘管我籲請大家以平常心看待通靈人，但「不是大好就是大壞」的評價特質，讓這個領域又蒙上一層距離感與神秘面紗，幸好絕大多數通靈人都能抱持平靜低調的情緒，默默助人，關懷社會，不刻意彰顯通靈威力，謗譽由人，相當難得。

不過，對於「相信通靈確有其事」者，我曾提出問題：「**不管能看、能聽或能感應，你覺得當個通靈人好不好？**」問了十個人，竟然逾半都持正面態度，甚至羨慕得不得了！我聽到有人直言「能夠跨越時空，穿梭陰陽界是何等帥事」，都差點要噴飯了。倘若你具備通靈本領，除了未必快樂，若亂講話或無法守口如瓶，還可能招惹甚多麻煩及懲罰，承受的壓力超乎想像，有時更要面對篤信科學者與酸民揶揄。許多人無法理解箇中的複雜與繁瑣規矩，以為此乃「帥事」一樁，實在單純天真。

相信每個人來到世上，必有上天指派你該從事的任務。我常被誤解是「以通靈為生」，實際上完全不是；我只是多了一點點「能通」際遇，但本業仍以傳播業、教育為重心，更不希望把「通靈」兩字老掛在嘴上，因為自己並非專家。

再從另一個層面觀之，許多人對自己毫無自信，甚至悲觀覺得「我活在這世上有什麼用？」、「別人會的東西與才能比我更多，我好像是個廢物！」謹此懇切奉勸你，**凡事莫羨慕，你能低調平靜過日子，就已經是件最奢侈的美事！**其實你必然具有別人所沒有的能力，至少有潛力，只是你沒發現而已。

哪怕你七老八十還覺得一事無成，天地運行必然都有「輔導單位」，只要你願意相信，神界冥界都會運用各種方式，或者藉由陽間某些人的力量，協助你發揮潛能，投身於開發人生的另一段新光彩，鋪出一條新道路。

就像日本的速食店或企業總部裡，都還有九十幾歲老員工每天輪班，樂在工作不畏苦，就是個好例子。

不管你年紀多大、多小，只要你相信，只要你願意，除了靠自身努力及旁人輔助，甚至神鬼可能在最關鍵一刻，適時引導克服難關。

每個人都有自身強項，不必羨慕什麼「特異功能」的通靈本事；或許你無法「第一」，但有機會成為「唯一」。

動物有靈

在網路影音平台裡，可以看到許多有趣的影片——像是貓狗學講人話、牛兒會點頭算算術、鳥兒當幫手啣籤算命；或者某些動物的思考及動作，智商恐怕不輸給幾歲小孩子。

摒除一些刻意作假，或利用剪輯、動畫、深偽技術（Deepfake）、ＡＩ人工智慧所產製出來的畫面，以不少動物聰穎伶俐的行為來看，就有高人直接透過靈視指出，有些動物的前輩子都是「人」，並殘存前世身為「人」時極少量記憶或邏輯，或者保留前世職業的微淡專業，到了這一世，這些殘存記憶所導致的行為，意外成為人們驚訝及讚賞焦點。

為何前輩子當「人」，這輩子卻墮入進了「畜生道」？某些修道或倡德人士都說是「惡業」、「宿債」，所以這輩子必須來還債。若為「物債」（前輩子欠人財物），這輩子就要以勞力償還為主；如為「命債」，那麼這輩子註定要拿命來償還，任人宰割，不值得同情。

另有高人則有不同見解，認為這類說詞是舊世紀輪迴規則，目前二十一世紀新的天界靈界規範，已逐漸有打破趨勢。講白一點，不見得全都按照「**人做壞事，來世成畜**」規矩，而是「機動運作」居多。你看，就是有人前世犯錯，來世還是人，可是過得未必比動物好，命運更坎坷；而某些家中寵物，吃的、用的比人還高貴，還備受寵愛呵護，甚至傳出國外有貓狗繼承主人大筆遺產的趣聞，難怪很多朋友感嘆「人不如貓狗」，下輩子想去當寵物還更快活。

老奶奶與「咪將」的前世今生

日本有位通靈庶人的專長很有意思，不是「通人」而是「通動物」，嚴格來說算是「動物通靈師」，不過，她謙虛地說自己功力不夠深厚，未具資格。之前我在台北出書時，她曾來簽書會並私下互動，其論點及觀念和大多數高人一致，認為「畜生道」這種輪迴，過去通常用於宗教界對人類行為的警戒勸語，也確實有這種冥界機制，只是隨著陽間社會的互動與結構漸趨複雜，她認為，**神明也瞭解到單純二分「人」與「畜」，未必能客觀評斷某人死後輪迴該赴歸所，因此在新的世紀做出不少調整**；不管是人類靈，還是動物靈，相互之間的階級高低可能僅是某種形式，最重要還是看這一世要從事的「任務」。

她提到往昔所接觸過的個案，是在日本九州鄉下某個偏僻村落裡，有位八十二歲獨居老奶奶，養了一隻可愛胖橘貓「咪將」，十三年來共同度過非常美好的人貓互動時光。後來，老奶奶生病，住進鄰近小鎮醫院，非常想念這隻愛貓，於是打電話拜託從福岡趕來探視的獨生女兒，先返家帶咪將（當時由鄰居代為照料）再來隔窗探視，以解對愛貓思念之情。

這隻僅到過醫院一次的貓咪，此後竟然記得這條複雜路線。牠每日從家中溜出去，走到四百公尺外的車站，搭乘早上七點四十八分北上電車，經過六站抵達「XX病院站」後下車，自行前往醫院，還知道病房是二〇三號，乖乖蹲在家屬休息廳窗檯，隔著玻璃眺望老奶奶病床，意外也讓其他住院病患與家屬驚喜一下；有時老奶奶睡著，牠也依然安靜「堅守崗位」。醫院護士及病患都很喜歡咪將，儘管醫院禁止寵物進入，但連副院長及護理長都睜眼閉眼放過，僅要求確實隔離，可見牠多有人氣。

直到中午，眾人把牠餵飽後，牠睡個午覺，知道也該回家了，於是循著來路搭下午十四點十七分的南下電車回家，乖乖抓開玄關門，進入客廳窩裡睡覺，等候傍晚前來餵食的鄰居阿嬤。

長達近兩個月，咪將天天如此，晴雨無阻，女兒因工作關係，只能每兩週返鄉探視一次，而且很快就要返回福岡，因此咪將陪伴老奶奶的時間反而更多。另外，某些鄉下地方的「一人服務電車」，偶見貓狗前來搭霸王車時，乘客多半不會通報站務員或攔阻，反而當成自家人一樣親切互動；也由於地方過於偏僻，主流媒體會聞風前來報導者極少，故能讓這隻胖貓咪幸運地來去自如。更有乘客在牠項圈上綁了一張假月票，塗掉日期區間，改為「只有俺可以終生搭乘霸王車」，眾人看了大笑不止。

最後，老奶奶終究還是病逝了。咪將在她臨終前的最後兩天，家也不回了，始終遠眺凝視著主人，不吃不喝。醫護人員覺得奇怪，因為病患的病況雖然不樂觀，但離死亡應該還有段時日，就連醫師也認為這隻貓舉止不尋常。然而，很奇怪，病患整個生理功能突然就快速衰微並停止，所有人在協助處理後事的過程中，對於咪將竟能預知死亡，皆感到不可思議。

老奶奶的女兒在辦妥喪事後，多請了一週長假整理老家，順便要帶這隻胖橘貓前往福岡居住。咪將在無人指引下，居然有能力自行前往村外的寺內墓園，找到老奶奶墓碑，一待就是半天；如果下雨，則在家中凝視老奶奶的照片，文風不動，像是在追思懷念，引發老奶奶的女兒好奇，於是她把咪將帶到福岡之後，聯繫上這位通靈庶人，想知道咪將跟她母親之間，到底有什麼樣的關聯或牽絆？

這位通靈庶人與咪將彼此凝視好一陣子，咪將的守護靈也傳達不少訊息。原來，咪將與老奶奶之間，前世就是主僕關係，有趣的是，老奶奶前世是隻獵犬，而咪將是個獵人，彼此相依，合作無間，獵捕不少山野珍味。到了這一世，雙方仍能保持緊密關係，只是人與動物界線打破，彼此角色互換，但絲毫無損這輩子的任務。至於咪將為何不是變狗而是貓？而角色互換又是依據什麼標準？通靈庶人老實回應，她的功力無法確定怎麼回事，只知道前世主僕緣分一共是十三年，不多不少。

通靈庶人話鋒一轉，詢問老奶奶是否為咽喉鼻腔病變而死？這個女兒驚訝地回應，老奶奶確實是因鼻咽癌過世，可是她既不菸不酒，生活規律，又日日勞動，會得這種病還真是奇怪。通靈庶人回答，這很正常——老奶奶前世身為獵犬，當年老體衰、鼻子不靈敏、感到痛苦時，也就是即將告別陽間的訊號，轉化成為人類的靈也會如此；而前世身為主人的咪將，自然哀慟逾恆。

老奶奶的女兒越聽越覺得有意思，再問到她自己與這隻橘貓，前世又有何關聯時，通靈庶人一臉嚴肅地告知，雙方並沒有任何關聯，若將牠束縛在大城市的屋內，還不如將之送回老家，請鄰人代養為宜；畢竟咪將已是老貓，長期習慣於鄉下既有生活模式，住在福岡這種大城市等於坐苦牢，如果不趕緊送牠回去，趁隙逃脫是遲早的事，之後你再也找不到牠。

可惜，對方並未依照通靈庶人的話做，覺得送回老家太麻煩，而且也不確定鄰居肯不肯收留，更何況這隻胖橘貓很可愛，留在身邊也無妨。但過了大約四天後，咪將果真從住處的二樓窗台上跳出去，從此無影無蹤，老奶奶的女兒利用網路協尋、張貼告示，或央求警察幫忙找，完全無用；後來，她詢問通靈庶人是否有方法可以找到，只獲得「無緣」兩字回應，只能悵然而歸。

另一位擅長動物通靈的已故友人，生前有次在中國大陸某邊疆地區旅行，巧遇公安武警這類人員牽著犬隻巡邏，其中一隻朝著他搖尾吠叫，但並非不友善，似乎是希望引起他的注意，進而靠近；於是他真的靠近，這隻狗就安靜地蹲坐下來。

他說，他突然聽到一個奇特的娃娃音，像是從這隻狗軀體裡傳出的，原來是來自牠守護靈的靈動溝通。守護靈說，這隻狗狗其實是天界兵將，但因守護不力，犯下大錯，以致被懲罰，化下成為動物靈，轉世來到人間成為軍警犬，負責戍守邊疆地帶，須視這一世表現如何，待回天界後再進行評估考核，看能否重返原職。

守衛人員高興地說，這隻狗聽話盡職，破獲不少邊境販毒和槍械走私案件，戰功彪炳，非常賣力。

這位友人淡然笑說：「那當然，畢竟牠知道自己身負重任，以便未來才有好日子過。」

對方聽不懂友人的意思，要求解釋，但友人只是笑笑，未再多言。

前世就是豬

數十年前，小學同學的弟弟在眉頭上有特殊黑毛胎記，長得超胖，而且愛吃愛睡。在那個「老師打罵學生絕對不會被家長告上教育局，還會感謝老師」的年代，老師經常痛斥他：「你簡直是豬投胎！懶得個要死！作業不做，教一百遍也不懂！」還好這位弟弟性情溫和樂觀，任憑別人怎麼罵，都只會「嘿嘿」傻笑，甚得人緣。

他家務農，也有養豬。同學說，弟弟在家都很正常，唯獨不敢吃豬，一咬肉塊就會立刻吐出來，甚至狂嘔；還有豬販前來收購豬隻，準備把成豬倒吊抬上三輪拼裝貨車時，他看了就會大聲狂叫，一路哭著跑到田間躲著，不敢回家，家人習以為常，當他只是個愛豬的小孩。

某日神明遶境，家戶擺香案及供品，他弟弟竟然就在神轎抵達時，很自然地抓起供品開始吃起來。母親怒斥並痛揍他，還逼他朝著神轎下跪請求原諒；此時，神轎人員突然前來告知，指稱神明法旨並不在意，因為那位小弟弟還保留投胎前的習性，慢慢就會適應陽間人類生活，毋須喝斥打罵，順著他即可，讓他快樂長大，往後必有成就。

他母親好驚訝，可是他前世到底是……？神轎人員沒有多說，微笑離開。此後，他母親真的聽進神明的指示，放任這個家中次子自由發展。奇特的是，他就算性情超愛吃、體格壯碩龐大，卻是人見人愛，一路長大的考運也不錯，離開校園後似乎佛性大發，嚴謹自律地不再吃葷，致力從事素食研發，針對使用豬肉加工所製成的貢丸、臘肉、香腸，他都努力研究，全心全意要達到口感相同、但全部改為素料製作！後來他更擴大範圍，舉凡使用牛豬雞鴨等食材做出的食品，都改成特殊素料來取代，成果還算不錯，大幅提升素食的口感層次，且極力減少使用化學調味。

他將業務拓展至海外，並將部分研究成果製成即時調理包產品，銷路奇佳。有一回，有位高僧與之搭乘同班機前往上海，座位相鄰，相談愉快。高僧直指此人的前數世皆是豬。為何是豬？原來在更早之前，他本無屠夫之命，卻硬要擔任屠夫之職，每日習慣並宰割肉品為樂，導致罪孽加深。之後輪迴，被罰數世為豬，任人活宰，飽嚐苦痛。時至今世，罪已回報兌現，上天盼其勿再碰肉葷，但又無宗教緣分，故改為設定從事素食研發，造福陽間，功德一樁，且於眉頭留有黑毛胎記，要求謹記不要再犯。

人貓再續前緣

或許有讀友思索，**人與動物的今世情緣，有可能延續至來世嗎？**我求證過幾位專家說法，確實發生過這類案例，只是不多，裁量權在老天爺，以及視投胎狀況而定。若老天爺權衡判斷雙方真有緣分，或因特殊情況（例如救治、照料所產生的業障或福報），說不定還真有這麼一天。

我有位「貓奴」前同事，曾養了一隻老是把房裡吉他當玩具的胖三毛（白、棕黑、橘色）母貓，牠只要一進房間，必定坐在吉他旁邊，用爪子拚命撥動吉他弦，發出「咚咚咚」怪聲，玩上半小時、一小時都不厭煩。後來，這隻貓咪疑因飼料成分問題導致腎病而衰亡，他傷心至極，發誓不要再養貓；數個月後，他看見網友貼文，指出有隻被遺棄的三毛小貓請求認養，他看了既心軟又感覺眼熟，思考許久，於是請對方把貓送來看看。

結果這隻陌生的「小三毛」一進門，竟然熟門熟路，大方走進他的房間裡，眾多物品都不碰，偏偏開始玩起吉他弦，讓他感動到痛哭流涕，直呼：「這貓咪回來了！」

最後，這位前同事當然無條件接收了小貓，樂意繼續擔任「剷屎官」。這隻貓咪也不負「奴」望，幾個月後宛如吹氣球般胖得像圓潤飽滿的肉球，跟以前那隻一模一樣，性格也完全一致，每天照樣跑到他房裡玩吉他弦，樂此不疲。

網路上也傳出不少寵物的飼主，面對其愛貓、愛狗因年老或生病死亡前一刻，痛哭失聲，祈求老天爺，盼望以後這個毛小孩「回來當我的小孩」，而且「要留記號以資識別」。之後，飼主結婚生子，果然在嬰兒身上發現特殊印記，認定就是昔日寵物投胎回到身邊，且彼此互動良好，嬰兒各種習性也與昔日寵物的某些行為極為類似……

這是真的嗎？專家認為不無可能，就如同前述案例中，那位日本九州老奶奶與貓咪「咪將」的關係是相同道理。不過，專家還是呼籲某些飼主不要過度迷信，因為有部分嬰兒身上的胎記或特殊印記，大多乃自然天成。

來送終的貓狗們

我自己跟街坊貓狗的關係向來不錯，往往出門上班時常有貓狗上前打招呼，導致褲管常沾滿毛屑。至於靈異相關經歷，則以昔日曾一同擔任動物志工、因車禍死亡的空服員小娟之事，印象最為深刻。

小娟對街貓浪犬的照顧真的無微不至，深受貓狗喜愛與信賴。從她往生後第二天起，所有她照顧過的貓狗，居然都能嗅到不尋常情緒，而且原本每日必打架爭食的毛孩子，開始低調禮讓，不吵不鬧。後來，和我一樣有靈異體質的志工阿滿認為，應該是小娟亡靈回來，貓狗可以看到人們無法見到的另一時空影像，立刻就有感知。

最驚人的是，小娟出殯日當天，明訂上午九點鐘辦告別式，志工一大早去各街區巡查，卻遍尋不著任何一隻貓狗，原來牠們居然一批批地前往殯儀館外，送小娟最後一程！牠們怎麼知道是在哪個廳？幾點鐘開始？莫非看得懂訃聞，還曉得要躲到不明顯之處，以防被人追趕驅離？這未免聰明到令人瞠目結舌。

事後，阿滿在閒聊中提到，比較合理的解釋是：小娟亡靈在告別式當天一早，先到街道巷弄召喚這些貓狗集合，於是貓狗們循著她的引導，分批前往幾公里遠的殯儀館外隱蔽處，靜靜地參加她最後一程送行聚會。除此之外，阿滿也想不出更合理的解釋了。

不只是小娟，其實阿滿與動物之間也有難以理解的故事，稍後再告訴你。

狗靈復仇

另一次印象深刻的動物靈異體驗，是多年前在台灣中南部某個偏山鄉鎮，主角是個開三輪柴油拼裝車、專逮野狗野貓的殘忍傢伙。他把貓狗抓回住處後，直接在車上屠宰並烹煮成湯。有時鄉內的無業遊民也會聞香前來分享，宛如自成一國。

當時，我在山區徒步旅行，他的車子從旁呼嘯而過，車後不只是排出味道濃烈的柴油臭黑煙，還有一群「看不見」的野狗亡靈也在後頭狂吠追趕！依我目測大約有四、五十隻。這群狗（夾雜著幾隻脫毛的貓兒）亡靈全都肢體殘缺、渾身是血傷，其中一、兩隻還變成骷髏，表情特別憤怒，呲牙裂嘴地暴怒奔跑、咆哮，隨後就慢慢消失，只剩這輛拼裝車吃力的「咔噠咔噠」引擎嘶吼聲，迴盪於整個山頭。

過了個把鐘頭，我遇到岔路小徑，覺得應該可以抄近路，卻意外經過這傢伙的住所——那是一座破爛鐵皮屋，四周全是撿來的破銅爛鐵。當時他已經酒足飯飽，躺在長板凳上袒腹休息，還歪著頭主動跟我攀談，說剛才看到我，本來想載我一程，更不諱言自己剛宰殺了一條黑狗，「喔，這肉真他媽的香啊！當午飯再好不過。」他覺得我沒能一起分享實在太可惜了。旁邊還有一個遊民之類的人物，整張臉埋在湯鍋裡大快朵頤。

在那個毫無保護動物概念的年代裡，甭說立什麼法保護動物福利與權利。我按捺住激動情緒，冷靜告訴他說：「我剛才看到一群貓狗亡靈沿途跟在你車後頭，應該是來跟你討命！拜託你不要這麼殘忍地傷害狗貓。」他大概是喝醉了，傻笑告訴我說：「貓？貓肉當點心可以啦！但分量不夠，還是狗比較好，而且要吃就吃黑狗！」

雞同鴨講，勸說無效，我只好嘆氣離去。離開後，我過橋轉個大彎再上坡，走了大約二十分鐘，眼見午後烏雲漸增，便趕緊找了一個樹叢較密的地方準備躲雨，剛好看見那傢伙的住所就在對面山坡，中間隔著溪谷……我凝視著那棟破屋，只覺得生氣又無奈，沒辦法為這些狗兒、貓兒盡點心力。

此時，山頭突然迴盪著狗群的怒吼，而且越吼越大聲，我始終找不到發聲源頭，只覺得整座山好像都有狗群在狂吠。不久後，山區天空被整片烏雲所覆，一陣傾盆大雨像是用灌的，而且是狂風暴雨等級，讓人措手不及，只能趕緊穿上雨衣，等候這場午後雷陣雨快快過去。

就在這一剎那，我又聽到不尋常的「山鳴」與「地鳴」聲，依個人經驗解讀，這應該不是地理或物理現象，通常屬於遊靈孤魂預告將有大事發生。不過，聲音很快就停了，接著雨停，陽光露臉，這一切好像

「畫面快轉」感覺；山區的天氣固然多變化，但速度如此之快，氣氛更有些詭異，似有不祥之事降臨。

是我想太多了嗎？眼見陽光灑落雨後大地，彷彿洗過一般清新，哪來不祥之事？我深呼吸一口氣，決定繼續走，不到一分鐘，我就聽到「喀啦」與「轟隆」巨響，驚見對面山頭立刻崩下一大塊！崩落面積目測約「台北小巨蛋」大小，而那傢伙的破屋子剛好就在崩落範圍內。由於崩落速度很快，破屋子和所有亂七八糟的破爛玩意兒，就如瀑布飛降，一股腦兒全往溪谷底下直衝。

我心想，那傢伙和遊民根本來不及逃出，在劫難逃，而且其住處與溪谷的直線落差應該有近百公尺，這樣被沖刷下去，人還有得救嗎？

我剛才走過的路，應該有部分段落被崩落土石掩埋了，我等於沒有回頭路可走。此時眼前剛好有輛小貨車開過來，我連忙攔住，告知車主前方的路已經崩塌，並說明有民宅被大量土石推向溪谷，得趕快報案。車主一聽便朝遠方眺望，同樣也嚇壞了。當時手機並不普及，車主儘管驚魂未定，還是決定載著我回頭，到山區唯一的派出所報案，兩個小時後，大隊人馬才挺進崩塌地點與溪谷搜救，我也跟著去幫忙。

最後得到的訊息是，那個吃狗肉的傢伙與遊民，雙雙被土石活埋在溪谷底端，早就氣絕多時。另外，山頂上還有個在種植作物的原住民老農，也隨著土石掉落，幸運的是，他竟然卡在半山腰的樹上沒被掩埋，僅受一點輕傷與驚嚇，救難人員皆稱不可思議。

警消等相關人員收拾器材、休息片刻後準備後續交接。此時，有個救難隊員主動跟我攀談，他無法解釋為什麼要找我講話，只覺得他這種通靈體質，當下想找個磁場相近的人交談；我驚訝他怎麼知道我也懂通靈，他說不上來，只表示是一股直覺，而且告訴我說，剛才用擔架把三人送上救護車時，其中兩人一抬上車，他就發現瞬間「有很多隻殘缺不全的狗」突然聚集並嘶吼著，甚至作勢要撲上前攻擊，令他相當錯愕。他問其他隊員，大家完全沒有感覺，看不出周邊環境有什麼不對，更別說是狗群聚集了。

我拍拍他的肩膀說：「他們剛才在吃黑狗肉，之前遇害的貓狗亡靈都來了，是要找他們索命吧？」

他恍然大悟地回答說：「難怪！我感應到這群狗兒亡靈所要傳達的意思，似乎是要這兩人交出牠們『頭頭』的感覺。」我點點頭，推斷這兩個吃狗肉的傢伙，可能吃到狗群中的「狗王」，也無法想像這兩人進了陰曹地府後，會是個什麼光景和結局。

提醒所有讀友，請建立起「**動物有靈性，眾生皆平等**」觀念，就算不為保育，起碼要友善對待，不去傷害。至於動物與人之間的「靈」溝通，不少讀友提供的故事或經驗，大多鎖定在逝去動物與飼主情誼延續，或是往生飼主與活著的動物還能互動。其實，活著的人與動物之間，早就連起一道「看不見的感應線」，只要對牠們夠好，這群動物必定友善地默默助人，還常預知大災難，提前示警而化解。

出不了門的阿滿

先前提到的流浪動物志工阿滿，也具有靈異體質，她曾提及親身經歷的某件奇特往事。

這位六十多歲的阿嬤級獨居人物，平常一早起來就先禮佛祈禱，再靜心抄經，信仰極其虔誠，接下來是騎著腳踏車，滿載已經整理好的一袋袋飼料，天都還沒全亮，就沿著熟悉巷弄，餵食一隻隻等待已久的街貓浪犬，然後晚上十點多再來一回。獨居的她並不富裕，還好老伴生前留下遺產還算夠用，讓她無後顧之憂。

她知道很多居民討厭這種愛心媽媽，覺得就是這種人多管閒事，搞到街頭巷尾一堆動物全來了，只會製造髒亂環境，什麼好處都沒有，因此她在餵食的同時，也協助清理環境，並把貓狗留下殘羹剩餚收拾妥當，不給人家有抓到把柄的機會，深獲好評。

由於她發自內心的善意及熱忱，日子一久，流浪動物們當然能夠體會與親近，連帶打動一些街坊鄰居愛心，也加入餵食與照料的行列。有時這群動物被車輾過或打架，身上一堆傷，甚至被置於山坡的捕獸鋏「咔嗒」斷腿，奄奄一息，大家都會主動出資分攤動物的手術與醫療費，從來不用挨家挨戶募款，眾多街坊鄰居只要知道訊息，反射動作就是馬上掏腰包或跑回家拿錢，義不容辭地慷慨解囊，在現代社會中極其難得。

阿滿得意地笑說，她自己就是「超級巨星」，每回出場，不用鎂光燈及聚光燈，馬上有滿坑滿谷的貓狗粉絲簇擁（難怪她叫「阿滿」）——搖著尾巴也好，來磨蹭也好，動物們眼神都是良善溫柔的。有時候遠遠望去，阿滿好像被團團毛球包圍，可用「壯觀」稱之，但更像置身「毛海」，可愛極了。

我問阿滿說：「如果哪天有事不能來餵，請人來代班，動物們會買帳嗎？」阿滿說：「還是會啦！

動物們都知道這些人跟我是一掛的，不會害牠們。」當然，只有阿滿出場才能享有這種巨星級待遇，若是其他好心志工來餵，這些傢伙搖尾巴、磨蹭兩下就算交代過去，不過還算是有規矩。

這個星期六早上，阿滿餵完了流浪動物後，回家接到在遠地婆家坐月子的小女兒打來電話，說目前母子均安，不用擔心。但老人家就是愛操煩，明明女兒打電話來就是告訴母親不必牽腸掛肚，哪知女兒的電話一掛上，卻誘發阿滿想前往探視女兒與外孫的高昂情緒。

阿滿趕緊訂火車票，也沒有事先通知，偷偷想給女兒一個驚喜。但星期六旅客多，根本訂不到位子，只能訂到次日星期天下午有位子的車次。阿滿起先有點懊惱，繼而一想，「好吧，或許是我太急躁了。」她乾脆先做家事，整理一下行李，還有訂星期天晚上當地旅館的房間，因為她不想住在親家打擾。喔，差點忘了，要趕緊跟其他志工友人聯絡，她要請假兩天，拜託大家星期天晚上到星期一全天，記得幫忙餵食，別讓這群毛小孩餓著了。

星期天，搞定交通旅宿的阿滿，匆匆在家裡吃過午飯，再梳洗一番後，便拖著小行李箱，愉快悠閒地出門。

她會經過平常餵食小動物的巷弄，中午時刻，動物們通常都會窩在牆角或屋簷遮蔭處午睡，或是遛到哪兒晃晃，但此時竟然一一出現在她眼前，大約有六、七隻貓狗，讓她感到詫異。

更不尋常的是，平常和善的動物們，在這一刻竟然對著阿滿憤怒吠叫，而且不讓她過街，整個擋住她的去路。阿滿覺得怪異，心想：「平常你們都不會這樣對我啊！奇怪耶，我是對不起誰啦？」

阿滿趕緊蹲下來安撫這群小動物，但牠們卻是集合起來對著她發出怒吼，不讓她撫摸，甚至有狗兒咬住阿滿的手肘，更有貓咪跳上她的行李箱，這些異常舉動把阿滿給嚇壞了。

「你們是怎麼搞的？」阿滿受到驚嚇，滿臉問號，「我每天都來餵你們，今天早上不也餵了？大家都好端端的，怎麼現在全變了個樣子？見鬼了嗎？」

動物們沒有退縮，硬是不讓她通過，阿滿覺得荒謬，卻也暗暗覺得這個現象恐怕不單純。更奇怪的是，就算中午大太陽下，較少有人車通過，但在此當下，整條長巷只有她一個人，而且貓狗發出巨大怒吼聲，難道沒有鄰居開門窗查看嗎？咦，還真的沒有。

阿滿嘆口氣，決定換條巷子走，可是無論她怎麼轉來轉去，動物們就是死命跟著，似乎要她退回家去，而且態度變得更加凶狠，甚至幾隻狗兒露出牙齦，眼神看來就不太對；貓呢，也是，兩隻貓兒輪番抓咬她的行李箱，簡直想把它撕裂了！

阿滿眼看著會來不及搭車，僵在原地不是辦法，於是乾脆用跑的！然而，動物們硬是讓她沒辦法跑，因為三隻狗兒緊咬著她的長褲和腿，兩隻貓咪瘋狂怒啃她的行李箱，其他貓狗則是在她眼前惡瞪著嘶吼助陣，你看過這種動物奇觀嗎？

阿滿很無奈，只好投降，慢慢地拖著行李回家。奇怪，她一轉頭回去，貓狗也不追上來，只是眼神相當肅殺，默默地瞪著像在監視，讓她內心滿是問號、畏懼，卻也擔心這些毛孩子是不是出了什麼事？

滿臉困惑的她回到家，進房間後，本來想上網看看要怎麼退票，還有旅館得退訂……但她被貓狗這麼折騰，嚇到有些神智不清，也好累，便仰頭一睡，睡到晚上九點多，直到肚子餓才醒來。她懶得大費周章下廚，就煮碗泡麵打個蛋，端到客廳，打開電視邊吃邊看。

不看還好，一看就嚇一大跳，頭條新聞竟是鐵路大車禍！讓她塞滿嘴的麵條全噴出來，還不斷地咳咳咳，盯著電視看傻了眼。

事故原因不多說，反正就是阿滿要搭的那班車出事了。她隱隱覺得，**莫非是這群貓狗要來救她，提前示警？**於是她衣服也不換了，趕緊衝出去，朝著下午經過的那條巷弄，剛好遇到其他前來代班的志工，已經開始餵食。貓狗們一改下午狠勁，看到阿滿來了，全都好高興，一如往常地快步向前搖尾巴或磨蹭，反而令她覺得莫名其妙。

阿滿把下午的事說了一遍，志工聽完後不敢置信，直說阿滿平常就是愛開玩笑。阿滿急著解釋，手一插進長褲口袋裡，突然摸到車票，於是拿出來告訴志工，她本來今天下午就是要搭這班出事列車，志工接過後仔細看了又看，愣著直呼：「天啊！真的就是這班！」

滿臉複雜情緒的阿滿點點頭，兩人再看著低頭享用晚餐的貓狗，氣氛一如往常，最後得出「**牠們真的是來示警救人**」的結論。可是，貓狗們怎麼曉得阿滿將有大難？連哪班車都曉得？未免也太神奇了吧！

聽完阿滿的敘述，我告訴她，按照過去所遇過的類似經驗，我認為兩種情況較有可能：

一、神明預知阿滿有劫難，但大限未至，可以躲過，因此透過不明機制——也許是阿滿信仰的主神明或守護靈，引領這群貓狗擔任執行角色，目的在於阻止阿滿到車站去。

二、也有可能是阿滿身上被不乾淨的無形物質沾染，剛好在那個當下被貓狗所感應到了，於是趕緊聚集，對著阿滿狂吠吼叫，希望將「那個」趕走，屬於巧合的機率較大。

貓狗來報恩

後來，這群街坊志工們在聚會時，得知整件事的來龍去脈，一致認為是貓狗救了阿滿，也覺得她很有福報，連動物們都會主動來幫忙，不讓她遭到不測意外。

話匣子一開，大家紛紛把自己跟動物之間的「靈」互動，好好地描述一番。

有個大嬸說，她以前照顧過轉角有隻剛生完小貓的三花母貓，心想這母貓應該跟人一樣要補身，但不知道貓咪能不能吃麻油雞或薑母鴨，所以買了肥嫩的雞肉與魚肉食材稍做調理，不亂加調味料，然後拿來餵牠，結果「月子」做得滿好的，母貓和小貓們毛色油亮，健健康康，每天都會自動自發地待在她家門前，像是站衛兵似的顧門口，半天都不動；一有人來就喵喵大叫，提醒屋裡的人注意。

另一個阿伯說，上回有個年輕「猴死囝仔」（屁孩）拿棍子打狗狗「小黑」，他趕緊奪下棍子反擊，之後小黑看到他，尾巴搖得跟什麼一樣……喔，像電動馬達咧！而且，自從他跟小黑成為「麻吉」，現在只要買彩券，五次裡會中三次以上，雖然都是小獎，但不無小補，這小黑比招財貓更犀利。

我則是講到一段「貓的報恩」趣聞。

有位住在南投深山裡的文學界女性友人，她說，有回看到院子裡有隻沒人養的花貓在覓食，模樣甚是可愛，於是她拿了一條沒調味過的小魚乾餵牠；可能是太對味了，此後貓咪經常來討魚乾吃，而且還懂得「禮尚往來」。

某天早上，她在院子裡曬衣服，花貓來了，一臉神氣，嘴裡拖著一條長長、像是管子還是皮帶的玩意兒，直到花貓靠近，她定神一看，「天哪！竟然是一條雨傘節啊！」嚇得她大驚失色，就看著被花貓咬到快斷氣的可憐大蛇，翻白眼似的吐舌，渾身糾結倒在她面前。

她眼前一片空白，傻到叫不出聲，不曉得該怎麼處理這條蛇；只見花貓悠然地蹲在蛇旁邊，一臉「來！貓奴領賞，好好享口福吧！」的瞇眼表情，簡直叫人哭笑不得。

後來，她定神回魂，蹲下來委婉告訴花貓：「你的好意我心領了，但這東西我不敢要，你以後可別再叼來了，好嗎？」

花貓歪著頭，似懂非懂，然後就丟下蛇，自己先離開，留下驚魂未定的她，以及這條快死掉的倒楣毒蛇。無奈之下，她只好拜託百公尺外的鄰居先生前來，看要怎麼收拾比較好。

第二天，花貓又來了，而且帶著同伴。她原以為花貓聽懂她的話，但顯然不是這麼回事，因為這回花貓跟牠的夥伴，總共叼來兩條毒蛇！

天哪！這位友人驚聲尖叫，但花貓和牠的夥伴顯然不為所動，乖乖地把差不多快歸西的蛇「卸貨」在她面前，而且種類跟昨天的雨傘節不同，顯然每天給予不同「菜色」，是貓咪們考量送禮的必要條件，多有誠意啊！

這位友人自此不敢再住老家，搶搭客運宛如逃難，驚魂未定地跑到台北的弟弟家避難。一週之後，弟弟嫌煩了，要把她趕回來，她又不敢回去，只好央求弟弟一起回家瞧瞧；結果兩人回去一看，院子裡已經排了七、八條奄奄一息的毒蛇，還有幾隻翻肚子的麻雀和老鼠。那景象很像刑事警察局破獲什麼贓物還是毒品集團，所有證物一字排開供記者拍照的感覺差不多。

故事講到這裡，阿滿和這些餵貓狗的志工們笑得前仰後合，直說有趣，也終於瞭解，野貓對付蛇類自有獨門方法，且常居於上風。

皮貓占領公媽廳

有一位網友提到，她養到一隻「皮貓」，這隻虎斑貓長相可愛討喜，卻調皮得不得了。話說這隻貓自近期開始，對祭祀祖先的「公媽廳」很感興趣，某日，她發現牌位前每天供奉的三杯清水，竟被貓跳上去悠閒地喝個精光。更糟糕的是，有時供桌上的鮮花被搞得一團亂，或者東西被牠撥弄掉滿地，甚至連香爐都疑似成了貓砂盆！最常見的就是家中成員一同拜拜時，貓咪大搖大擺地跳上去，蹲坐在祖先牌位前，變成眾人在拜牠似的，令人又氣又好笑。她三番兩次對著貓好言相勸，貓好像也聽懂了，但過不久又故態復萌，讓她苦惱不已，更擔心祖先（甚至神明）會不會因此興師問罪、禍延子孫？

印象中，我養過的貓雖然皮，卻也沒這麼撒野，這隻貓的確有些特立獨行。如果說貓咪這種行為會讓祖先不高興的話，我認為倒還不至於；祖先應該會以寬容態度，對待這個調皮搗蛋的「毛孫」，甚至一笑置之，或者歡迎牠的到來。

只是，「公媽廳」畢竟是個莊嚴場所，攸關助家運、護子孫（當然包括護這隻貓孫子），因此還是建議除了多教導貓咪不要靠近這個區域，同時最好有防堵機制，讓貓沒機會進入「公媽廳」，至少可減少爭議或疑慮。

PART 2

神靈

塗鴉屁孩

頭一回看到這個屁孩，大概就是他從國中升高中這個階段，滿臉稚嫩但「欠扁」模樣。之後幾年，偶爾在我家附近的超商裡碰到他，才慢慢瞭解，原來他算是學校附近區域的「知名人物」。

店員偷偷告訴我，他住在不遠處的市中心豪宅，又唸貴族學校，有司機接送上下學，想必家境優渥。而且每次出校門來店裡，身旁必定圍繞著一群同學，他通常會大聲吆喝，叫同學們「想吃什麼就拿什麼」；他給錢更爽快，從不找零，開的發票就揉成一團丟在櫃檯上，相當不屑，一副「全天下必須圍繞著我轉」神情，目中無人，沒有禮貌，霸氣中帶著耍幼稚及無賴味道，讓來買東西的長者看了直搖頭。

後來才曉得，他老爸是常勝軍律師，在業界有頭有臉，媽媽乃是知名會計師，受眾多企業倚重，因此夫妻倆收入超級豐厚，直到中年才生出這個寶貝獨子，當然寵愛有加。據說這傢伙從小被養成「呼風喚雨」的傲人姿態，要是惹出什麼事端，毋須動用到爺爺奶奶（據說這家「老長輩級」人物來頭也不小），僅需爸媽出面，大多用錢擺平就好，沒聽說這小霸王捅出什麼麻煩後被關或被罰，只知道他調皮搗蛋，把老師氣哭，還結了一群狐群狗黨，時常領著大家翹課胡鬧，吃香喝辣；然而，用大把鈔票堆砌出的友誼，到底穩不穩固？你用膝蓋想就知道。

憤怒的老者遊靈

這天，烈日高溫，我汗流浹背地來到超商繳費，聽到外頭喧鬧，轉頭一看，果然這屁孩又領著同學們進來買冰和冷飲，他照樣當個大爺霸氣買單，沒把錢當錢看。這回比較不一樣的地方，是我看到在屁孩身邊，多了個老者遊靈跟前跟後，狀似憤怒；這讓我有些驚訝，透過感應，老者語氣不滿地再三重複，叫他準備「拿雙手來換」！

雙手？換什麼？我完全不懂老者遊靈的意思。對方先讓我看到一面古牆映像，上頭有一堆「鬼畫符」似的塗鴉，再憤怒地解釋，「他」是那面牆所屬古宅的老總管，生前在那兒工作長達四十五年，死也死在裡頭；可惜古宅主人一家不成器，未能延續豐厚家業，整個宅邸逐漸衰敗頹圮，慢慢成了廢墟。不知為何，「他」死後沒有輪迴，滯留宅內守護數十年；就在半年前，這個混蛋後輩竟然吆喝一群不知天高地厚的年輕囝仔，前來古宅「探險」，還在老爺最珍惜的整面牆上亂塗亂畫，犯了大忌諱，讓「他」無法忍受，必須捍衛到底，找機會「剁掉他的手」！

「他」苦於無人可以轉達告知，當我出現時，讓「他」眼睛一亮。

「那要怎麼告訴他，又要怎麼做，才不用『拿雙手來換』呢？」我愣著看老者遊靈。

對方大怒。「什麼『怎麼做』？這小混蛋連問都不問，霸道至極！塗得這麼難看，老牆要怎麼復原？我不接受這種冒犯！你去告訴那個小混蛋，我會剁掉他的雙手，讓他知道『不能沒有是非』！」

這聽了叫人頭皮發麻，而且……這該怎麼轉達啊？我雖然很討厭這個屁孩，但身為一個「人」，起碼具備基本善念，不希望看到太多紛擾衝突，若有轉圜餘地，就別搞到如此雞毛鴨血。

我趕緊勸那位老者遊靈，人總有懵懂無知、犯錯之時，別這麼狠，拜託給這個不懂事的年輕人一個贖罪機會。

對方想了想，再看我一臉誠懇，稍微消了怒氣，但言明只要一次不肯認錯、不願意復原牆面，絕對會叫他斷手來贖！

於是，我把這個屁孩叫住。「請問你，你是不是在三個月前有去某某地方？而且還在人家老房子的牆上塗鴉？」

這傢伙轉頭斜眼瞪我，讓我生起「先痛扁再說」的念頭。「X小啊？怎樣？你怎麼會知道？」

「我怎麼會知道？」我喃喃自語地覆誦一遍，瞪著他。「有個老人家要我轉達給你，那是人家的產業，你問都不問就闖進去破壞，還把人家的牆面亂塗，現在人家要追究你的責任，還準備剁掉你的雙手，瞭解嗎？趕快回去清理乾淨吧！或許一雙手還能保住。」

「蛤？」他突然叫了很大一聲，露出滿口蛀牙，夾雜菸味，哈氣臭不可聞。

「X！那你去告訴那老頭，叫他去呷屎啦！」

說完，一窩「人不像人、鬼不像鬼」的學生們繼續嬉鬧，簇擁著他離去，同時好像在討論這個屁孩要買哪款重機的事，我眼前彷彿看到一坨金毛紅毛外加銅環耳環在移動。

有個染髮女學生好像不小心踩到這屁孩的腳，他竟然用手指去戳人家的胸部示警！讓我大吃一驚。更令人吃驚的是，那女孩覺得無所謂，用手大力朝他下體「進攻」，被他擋開，女孩笑罵一句：「老娘的胸部要付出代價才能碰啦！XX咧！」

我、店員和其他在超商裡的客人全都傻眼，不敢置信地看著這群大孩子離去，不久後，這堆孩子裡又有人跑回來，拿了「擱在用餐區桌上的菸盒」後，又匆匆飛奔去集合。

回過神來，我遍尋不著老者遊靈，等到一走出超商大門，馬上就看到「他」瞪著我，嚇我一跳。

他只撂下一句：「看吧！我就知道這個小混蛋根本不認錯。我會讓你親眼看到這傢伙斷手！」說罷隨即無影無蹤。

說真的，通靈歸通靈，那屁孩討厭歸討厭，但一個好好的年輕人如果被剁掉雙手……我內心仍隱隱覺得不忍。

我很清楚，對於陰間冥界或遊靈警告，只要不悔改，報應絕對會兌現，那是陽間人類所無法理解的「承諾」。

山路車禍

兩個多月後，進入秋高氣爽的節氣，白天「秋老虎」太陽依舊炙熱，但因為有風，反而很舒爽。酷愛大自然的前同事邀我搭順風車到山區，走幽徑去溯溪賞魚，這是他的神秘景點。我一聽便答應，還提議溯完溪後，從山區公路開車到海邊吃海鮮，午餐我請客。

才近午時分，我們在山區就不巧遇到大雷雨。我心想，都秋天了，哪來這種怪雨？這種雨不是午後才會下嗎？前同事回應，山區天氣本來就變幻莫測，他曾有過一早在大太陽底下竟然淋得一身濕的狼狽經歷，惹得我哈哈大笑。

至於賞魚呢？連一片魚鱗都沒見著。我們才剛離開前同事所稱的私房神秘景點，天氣又突然好得不像話。他問：「要不要再掉頭回去？」我看到遠方山頭仍有烏雲，覺得這天氣太難捉摸，不怎麼保險，還是到海邊吃海鮮比較實在。

那陣子正開始流行「壓車」活動，假日時常有年輕人騎重機，或跨上拔掉消音管的機車、改裝車，耍帥呼嘯對尬，完全不把規矩放在眼裡。屢屢看到這款「用路奇葩」的「猴子」（又被戲稱為「山猴仔」或「山道猴子」等等怪名），老愛超越雙黃線，差點跟對向來車相撞，或者在過彎處高速壓車，讓人不禁捏把冷汗，更深怕前同事的車會無辜遭殃，被「神風特攻隊」似的「重機砲彈」撞個正著！這種玩命似的飆速競駛，簡直是在賭命嘛！

難怪極少數瘋狂飆車手沒有在當天回家，而是「七天後才回家」（亡靈「頭七」返家之意）。

前同事熟門熟路地說：「待會兒過兩個彎之後有路邊行動咖啡車，我們就在那裡歇會兒如何？」我當然同意，因為一早醒來沒多久就上車，腦袋幾乎沒有咖啡因，已經開始「沒電」了。當我們快要靠近行動咖啡車時，發現前頭不遠處有警車停下，接著是一輛救護車駛近，不用問也知道，前方應該是有事故，路旁也有一群人在議論紛紛。

前同事生性比我更具好奇心，如果「好奇心殺死貓」，他應該死掉六、七回，加上也有相同癖好的我，二話不說，聯袂下車瞧瞧到底怎麼回事。

原來真的是警方在處理車禍，勸我們別靠近。光是看著道路上長長的煞車痕和變形重機零件，就知道是嚴重車禍。此時，我發現一個穿著暴露、濃妝豔抹比舞台劇裝扮還誇張的女孩，顧不了腿部擦挫傷疼痛，也不管衣服撕裂有些暴露走光，就啜泣地坐在路旁的石子地上又搖又跺，氣急敗壞，而警察在一旁守護，等待救護車來把她接走。我一眼就認出，耶！這不就是之前在超商……被那個屁孩戳胸部的女學生嗎？她的臉和下巴也腫了一塊，想必痛得半死。

接著，有警察走進路旁的雜草堆，往下方險坡慢慢前進，看起來應該是有人「掉下去了」。

警察要求我們離開，不要妨礙他們處理，而救護車也開進現場，我們只好回到咖啡車那裡喝咖啡。

路旁圍觀車友逐漸增加。有人說發生事故的車主是個年輕男生，在玩壓車過彎啦，但壓不成就直衝「犁田」，可能還掉下山崖，超級瘋狂的！這地方以前也有個瘋子掉下去，脖子都被扭斷了！

有個大貨車司機來買咖啡，猛搖頭說騎重機的這傢伙實在大膽，還載人壓車咧！那個女孩子應該是被甩飛出去，擦撞到渾身是傷；如果這男的沒死，就該把人家女孩子娶回家負責，要不然搞成這樣，人家那個家長一定氣到吐血……

旁人聊得起勁兒，我看前同事準備買咖啡，於是搶先一步低頭拿出錢包掏錢，沒想到咖啡車老闆叫了一聲「看這裡」，我抬頭一看……

哇啊！那個咖啡車老闆的臉龐，竟然就是那天在超商看到的老者遊靈！

我大叫一聲跳了開來！那位老人衝著我微笑，舉起兩隻血淋淋的手掌，「嘿嘿」地得意笑個兩聲，嚇得我目瞪口呆。

可是，等到我回神過後再看，咦？是我老花看走眼嗎？這咖啡車老闆明明是個年輕男子，舉起來的是兩杯熱咖啡，可不是沾血手掌。

老闆大概覺得我這位「歐吉桑」行為舉止怪異，還頻頻問我發生什麼事，我則是不曉得該說什麼才好。倒是老闆告訴我，這條公路本來就充滿濃厚的靈異色彩，若客人遇到什麼怪異之事，他都會建議去某某宮廟，那個壇主是他叔公，解事能力一流……

我連忙打住他的「工商服務時間」。

「謝謝！我知道，但我沒事，請放心！」只是我仍無法解釋剛才為何看走眼。由於這種經驗太多了，有時我常懷疑到底是幻影干擾，還是真的「鬼打牆」，不過最後多半就是亡靈來告知事情。

這麼推理下去，掉下山崖的重機車主，應該就是那位塗鴉屁孩囉？

我不敢多想，更不敢多看老闆一眼，以免又看到「不該看的」，於是匆匆大口喝下滾燙的濃烈咖啡；可不是咖啡因把我喚醒，而是燙口加上被嚇到，我催促前同事快快上路，速速離開吧！

當晚回到台北之後，我打開電視新聞頻道，聽到報導說，某條山路上因壓車過彎而掉下山崖的年輕車主已經找到，儘管重傷加上幾處骨折，居然大難不死，簡直是奇蹟。因為畫面打上馬賽克，我無從辨識他是否就是那個屁孩。

另外，報導中提到了「兩手也骨折」就沒再多說，卻引起我的注意，於是忙著找網路新聞，第二天還特別去圖書館看報紙，但報導內容都差不多。

不過，我發現某家媒體的報導中多了一句「警察持續在現場搜索」，搜索啥？沒多加描述。

我在圖書館裡抓著報紙，漫無目的地翻來翻去，一抬頭，對面的老先生放下擋住臉部的報紙，我一看……怎麼又是這個老者亡靈啊！為什麼纏著我不放？還好我沒叫出聲來，否則鐵定被圖書館員轟出去。

「他」得意地再次舉起兩手，捏著兩只血淋淋的手掌向我「炫耀」，我不想看，噘嘴把頭撇過去，「他」只撂下一句話：「警察不必搜索了啦！浪費時間，他的手掌在我這裡！」說罷，老者亡靈像一縷輕煙再度消逝無蹤。

自此之後，我再也沒有見過老者亡靈，總算鬆了口氣，只是那血淋淋的影像還在我腦海中揮之不去，根本就是惡夢。

找不到的手掌

後來，我問了幾位跑社會警政線的記者同業，有關當天公路壓車意外的事。有位同業經由打探後回覆，那個出車禍的年輕人受傷沒死，但奇怪的是，兩隻手掌「很整齊地」被不明外力「切」過去，斷啦！警方前去附近的路上、草叢、山崖陡坡搜尋手掌，但找了半天完全無所獲；據說傷者家屬也雇人去找，依然毫無結果；更詭異的是，這傢伙竟然也沒有失血過多，諸多疑點難以解釋。

我一聽就寒毛直豎！果然跟自己原先所想的差不多——手掌被那位老者亡靈帶走了！

同業說：「很奇怪，車禍現場是固定區域，雖然說延伸得有些遠，但斷掉的手掌硬是找不著耶。」我直率地告訴同業說：「絕對找不到啦！它有可能還留在現場，但是以人的肉眼或靠著警犬這類動物協助，尋獲機率幾近於零。」同業皺眉看著我，不解我怎麼如此篤定，頻頻追問原因，我也老實告知。這位老兄是跑社會警政新聞的資深記者，馬上就可以理解，不再多問，畢竟有些怪事無法以科學驗證，難以置信，卻不得不信。只是我回家後不知為何腹瀉兩週，恐怕是別亂說亂傳比較妥當。

之後，這個屁孩像是從人間蒸發似的，再也沒看到他帶著大群同學，到超商「蝗蟲過境」般吃喝喧鬧的景象，「呼風喚雨」時代應該已結束。

之後，過了大約一年，場景換成在桃園機場。

我和妻子準備搭機前往日本，靠著累積里程數升等到商務艙，也攢了兩張航空公司的邀請券，可以前往機場貴賓室休息，體驗當大爺的滋味，心情很愉快。不過，我在貴賓室裡大快朵頤之際，意外看到那個屁孩出現在貴賓室裡！

我暗暗打量，發現他不怎麼開心，神情落寞地坐在輪椅上。

我看不到他兩手的手掌狀況，因為他胸前擋了一條小被單，兩手蜷曲在被單裡；一旁稍有年紀的夫婦，應該就是屁孩的父母，先是小聲抱怨同行傭人臨時要忙自家親屬喪事，無法隨行，找不到幫手，然後聲音越來越大，開始討論到美國之後要拜會哪個外科醫師，又繼續談到肢體輔具的事、不滿廠商報價離譜之類話題……應該是跟屁孩有關沒錯。

比較讓我驚訝的是，不久之後有個打扮時髦的女孩，腳上穿著超高高跟鞋，發出「扣囉扣囉」聲響（簡直當木屐在穿），端著餐盤走過來，大聲抱怨貴賓室裡的餐難吃到爆。我斜眼看過去……咦？居然是之前那位被屁孩狠狠戳胸的女孩！

這……這是怎樣？受傷之後，她跟屁孩結了婚嗎？我看著那個年紀稍長的女士體貼呵護，示意要她趕快坐下，她則是愛鳥不鳥地嘟嘴，我才發現她的肚子有些弧度，應該是懷孕了，難怪長輩如此體貼。

席間，兩個老夫婦繼續討論，屁孩則是眼神渙散，看著正邊吃邊滑手機的老婆，一口都不幫忙餵。後來，大概是屁孩有些火大，吼叫老婆趕快來餵他吃幾口，他餓死了！老婆心不甘情不願地甩開叉子，把手機放下，彷彿肚子裡滿格怒火地瞪著屁孩，大叫：「你沒手啊！自己不會吃喔！還要我餵？」

這一叫，全場都聽到了，年長女士趕緊過來打圓場。「不要講他沒有手嘛！這樣會傷到他的……」

連年長的先生也站了起來，好聲好氣地低聲勸這女孩……應該稱之「媳婦」吧？反正兩個老夫婦卑躬屈膝地勸年輕女孩，場面有些滑稽。我本來還想繼續看好戲，但服務人員過來提醒我們該登機了，只好「忍痛」錯過。但離開之前，我聽到那屁孩火力全開，對著老婆狂吼，接著又有一來一往的反擊聲：

「XX！妳還不是看上我家的錢！」、「看你X小啦！」、「X子！」、「X廢！」

這貴賓室彷彿遇到爆炸案，驚動場內所有中外旅客，機場與航空公司人員趕緊出面安撫，妻子則在一旁催促我別再看了，但我偏偏就愛看；直到兩個小夫妻互相怒瞪不講話，兩個老夫婦忙著向服務人員解釋兼賠不是，我才心滿意足地快樂登機去。妻子笑我「變態」，我反駁說，愛看吵架，其實是在觀察人性；可以從爭執中分析當事人脫口而出的詞彙，到底有多精準或幼稚，進而判斷他的智慧與性格。

最後，我在登機室裡，透過玻璃窗看到屁孩小夫妻倆搭著「愛心服務車」，在長廊上呼嘯而過，狀似甜蜜（剛才不是對罵得拳拳到肉嗎？），在職場呼風喚雨的兩個老夫婦，到機場則氣喘吁吁地提著大包小包，推著空輪椅緩步前進。看到這一切，只能用「荒謬」來形容心中感受，真是好奇特的社會縮影。

陰陽罰則大不同

提醒大家，不要隨意破壞別人家的環境和文物，哪怕看來不起眼，只要不是你的物品，就別想擅自改變它，畢竟你沒有任何權利。無奈亂世當頭，霸道的人一多，愛怎樣就怎樣，即使衍生出一堆困擾麻煩，根本不痛不癢；只是，並非所有受害者都是真正弱者，加害者一旦逾越紅線，未必安然過關，屆時所遭受的懲治，也不是一句「抱歉！」、「不好意思！」就能了結。

再次警示，請不要用人的觀點去度量神鬼，彼此的「度量衡」制度未必相同。有時候，我無聊去翻一些國內法條來讀，就驚覺陽律對於某些罪狀所判刑罰，與陰間冥界的認定簡直天差地遠！

以塗鴉在古牆上為例，按陽間律法，如果它被列為歷史建物或遺跡，有文資法令可處罰，算是比較嚴重之外，一般而言，不起眼的牆遭損害，雖有法可辦，但刑度並不重，更重要的是，有多少人曾被罰過？你看滿街牆壁和鐵門，被塗得鬼畫符又毫無美感，就會知道法令歸法令，但實際執行的嚇阻效果卻是力道貧弱。然而，這個牆面若對某些對象或擁有者而言，具有特殊價值和意義，又有「冥界人士」罩著，那麼你敢在上頭污損、破壞，等於是在自尋死路！別以為「只是塗塗」，最後「他」可能也會把你在戶口名簿上的名字「順便塗塗」。

我深知，大多數塗鴉客對這番話相當無感，唯有自己踢到鐵板，順便被不知名力量惡整之後，才會曉得這背後醞釀的怨念有多強大，卻也後悔莫及了。

神明不見了！

有個陳年舊事，是我過去為了拍攝紀錄片做田野調查時，意外探訪得來。遺憾的是，由於當年發生的整個過程並不光彩，受訪者多半有所保留或選擇性告知，另外也為了避免惹來不必要的爭議，只好將之改編，若有雷同或近似之處，心裡有數者請毋須張揚。

宮廟土霸王潘仔

在台灣，閩南語中的「潘仔」（也有人寫成「盼仔」或「盤子」），帶有貶抑與嘲弄低智商、好欺負的意味，但故事主角潘仔可是個聰明人，還會欺負人。

話說多年前，潘仔是沿海地區某宮廟的廟公級名人，簡單說就是個「頭頭」。

他早期從乩童、靈媒這類身分開始發跡，一路升格，如今貴為地方信仰的關鍵主導人物，在架勢與性格上自然不凡。

然而，他最被地方人士詬病之處，就是不斷涉入斂財、賭博利益、討債、詐財，以及陣頭暴力、宮廟帳目不清、挪用善款等，這些算是比較「大條」的；至於稍微「小條」的像是酒駕肇事、任意停車、亂丟垃圾、亂吐檳榔汁、夜半喧譁，那就不勝枚舉了。大多數純樸善良的信徒與鄉民，表面上礙於情面，不好多說什麼，私下卻議論紛紛，認為潘仔把這座宮廟帶到有些「莫名其妙」境界去，有辱原本純樸良善的鄉里信仰文化。

由於潘仔形象始終爭議不斷，搞到有地方耆老曾破口大罵：「你怎麼還有資格管理這宮廟的香火？整座廟被你搞到烏煙瘴氣！」因而建議換人，但他始終不為所動，仗著自己是「高級靈媒」，還能「上達天聽」，可以和孤魂野鬼對話互動，而且與某些「有頭有臉」的人士私下交情不錯，又跟地緣角頭勢力掛鉤，黑白通吃，橫行無阻；他底下還有一群陣頭少年（參與廟會活動的年輕人）也令人頭疼。

潘仔吸收的國中在學或輟學生，才十來歲就檳榔菸酒樣樣來，多數染髮剃半眉，既不像人更不像鬼，殺氣騰騰，不管討債、勒索，還是揪人鬧事，這群孩子哪怕還在上課，竟然可以隨傳隨到，不僅好用，還能幫忙壯大自身聲勢（不是所有陣頭少年都這樣，一定要先聲明）。

潘仔就像個土霸王，無人能撼動，就連在縣長、縣議員、鄉鎮長、村里長選舉過程中，他都成了各方亟欲拉攏的大樁腳，更讓他囂張跋扈，彷彿什麼天大之事都能被他擺平。

被「教訓」的老校長

當地小學的老校長，眼見地方風氣和學生品德漸趨敗壞，幼兒還學得有模有樣，實在看不下去，曾在廟埕前痛斥他「教歹囝仔大細」（教壞了孩子），讓腦滿腸肥、滿嘴檳榔、脖子上掛粗金鍊條的潘仔，在眾人面前非常難堪，因而懷恨在心。

老校長算是德高望重者，潘仔不好當面回嗆，乾脆來暗的。

半夜在宿舍獨自忙於公務的老校長，竟然被以前唸過自家學校的陣頭孩子騙出家門，一夥人突然將他押往鄉外公墓邊，雖然留下情面沒有痛揍狂踢，但總要有個交代，於是拿起理髮推子將他「鬼剃頭」，順便削掉一邊眉毛，嚇得老校長差點心臟病發！結果，他頭上的一邊白髮被「推」得乾乾淨淨，像理了個當代流行的「龐克頭」，所有人嬉笑怒罵到飽，便將他丟在現場一哄而散，還恐嚇他不得報警，讓他狼狽地連滾帶爬回家去。

經過這一夜的羞辱，老校長被嚇出病來，請假臥床數日，還不敢吐露當晚實情，心知就算報警也不能怎樣，警方不可能全天候保護他，硬要纏鬥下去，根本毫無勝算，只能將委屈往肚裡吞。他痛心大嘆教育失敗，地方上儘管有風聲傳出「老校長好像被修理」，卻幾乎一片靜默，學校老師就算略知一二，也沒人敢出面聲援，更令他難堪，只能整天戴著帽子遮醜，連吃飯、接待賓客都不敢拿下，讓更多不知內情者跟著議論紛紛。

之後老校長勉強上班月餘，苦思解方仍無果，在學校裡又無人敢搭理多問，所有人彷彿遭惡勢力挾持、霸凌一番，「被」乖乖靜默，當作沒事發生。最後，他心一橫，自行剃了光頭，決意以死明志。死前，他特別到這座宮廟外，手持香炷，含淚凝視廟內大殿神像，先懺悔自己教導無方，竟然讓這款地痞流氓橫行得逞；他更祈求老天爺一定要睜開眼瞧瞧，務必把魚肉鄉民的地方惡霸繩之以法，否則這裡必然更烏煙瘴氣！只要沒有王法，這裡孩子的未來絕無前途可言。

又過了一段時間，老校長在傍晚主持完各年級導師會議後，突然在宿舍裡上吊身亡。次日晨間朝會上，校長沒有現身，總務主任親自到宿舍一探，才知道出了人命，整座校園一陣慌亂，師生痛哭，震驚地方。可惜老校長沒有留下遺書，只在記事簿裡留下隻字片語，真實死因無人能懂；也因為這樣，無人敢質疑潘仔先前到底做了什麼，這件事很快落幕，不了了之。

潘仔乍聞死訊時，先是心頭一驚，但很快就恢復情緒，在廟埕上晃來晃去，宛如聽到野貓野狗死去的訊息一般稀鬆平常，冷血無情。

正神和守護神接連離開

接下來，鄰近地區的黑道勢力聞風而來，想邀潘仔結盟，順便幹更大一票的白粉（毒品）買賣，但潘仔不肯，倒不是他良知發現，而是掐指一算後，認為在這種窮鄉僻壤裡，鄉民多半靠年金或是務農辛苦過活，老小都不夠用，哪來閒錢吸食毒品？市場不大啦！對方眼見好說歹說沒用，從好聲相勸到一言不合，買賣不成就算了，又因為牽涉其他勢力恩怨，演變成「敬酒不吃就吃罰酒」，兩派人馬相約數日後再談判；豈料時間一到，對方集結更多人手前來，將潘仔這股囂張勢力打到元氣大傷，連近半數陣頭少年都一拐一拐進了醫院，再次轟動在地人，驚擾到警方前來關注。

慶幸的是，利益當頭，潘仔尚有利用價值，對方仍想繼續談判溝通，因此手下留情。潘仔則是一心只想大事化小、小事化無，但警方還是逮捕多名涉案嫌犯來偵辦，地方議論紛紛，最後該罰的罰，該辦的辦，倒也很快就落幕了。

但地方父老真正聚焦之處，並非打架一事，而是宮廟的天公爐，事發後不久，接連三天出現「發爐」跡象，但火焰顏色似乎不太對。潘仔則對外宣稱，這是老天爺在暗示否極泰來，象徵這裡即將「發了」；可是，老人家望著爐火，那不是正常的紅橘暖色，而是偏冷色調，相當詭異，擔心這是老天爺示警，恐怕有大事發生……

兩個多月後的某一天，每天凌晨固定騎著腳踏車到附近「巡田水」、並到廟裡上香兼打掃的宮廟前主委，赫然發現正殿與兩旁的神明「不見了！真的空了！」廟內場地空曠到讓他瞪大雙眼，愕然發抖得說不出話來，之後陸續有其他香客與鄉民前來，看到老主委宛如中邪一般，百思不解；等他回神後，便大聲指著正殿嘶吼道：「神明不見了！神明不見了！」

這可讓大家一頭霧水——神像不就好端端地立在正殿與兩旁？跟平常完全相同呀！這老人家是吃錯藥嗎？還是眼花呢？或者遭「魔神仔」戲弄？

後來趕到的潘仔，兩眼一看，也瞪直了！他心裡有數，宮廟內正神的神像雖在，但由於他壞事幹盡，以致感應不到神威，神明已先遠離此地。

這件事早有徵兆。先前在潘仔的大隊人馬吃癟挨打、抬進醫院療傷時，他站在急診室外小花園抽菸解悶，遇到一個身穿白袍、白鬍鬚長到胸前的「老人」——正是那位死去的老校長。「他」拄著枴杖「扣扣扣」頓地走來，告誡潘仔歹路不可行，趁早收手，把宮廟交給有德之士掌理，否則等到神明死心，離開返回天界，這座廟等同於空城，任憑蒼生如何祈求，皆已不再靈驗，如果你還要辜負地方父老期待，讓地方年輕子弟繼續被你操弄差遣，這造孽罪過必然難以計數。

在那當頭，潘仔看著急診室裡，一堆手下被對方惡勢力搞到元氣大傷、痛苦哀號地接受包紮治療，受到震撼，有些魂不守舍。老校長亡靈在勸過他之後，一瞬間就消失不見，潘仔神情茫然地凝視遠方，冥冥中感應到神明在後示警，猶有一絲反省與悔悟。

然而，等到潘仔情緒漸趨緩和，那股邪惡與不理性的陰暗面再度湧上心頭。他內心糾結一陣子之後，仍然覺得：若是這筆「仇帳」不報，以後我潘仔的面子要往哪裡擺？在地方上如何呼風喚雨？什麼利益全都憑空消失，到嘴肥肉沒了，那還得了？

於是，一根菸的工夫，就此註定宮廟前途，也先預判了潘仔的生死。

昔日這座宮廟，即以正廟自居，小有名氣。除了靠海吃飯的漁民，住附近區域靠山的、沿岸的，各式各樣不同年紀的善男信女，全都倚賴這個信仰中心，偶有外地進香團來到，遊覽車、香客從沒斷過，攤販笑得合不攏嘴，感恩老天爺讓他們有生意可做、掙碗飯吃。

如今交到潘仔的手裡，沒幾年工夫，人煙與香火逐漸蕭條，還惹出一堆是是非非，地方上早已怨聲載道，現在搞到老校長「可能」間接被他害死，廟裡前主委還驚慌地指著大殿說：「神明不見了！」簡直要命又不吉祥啊！這廟裡一旦無神明坐鎮，還能稱之為「廟」嗎？

潘仔深知，宮廟裡的正神走了，但除非是高段行家，一般人不可能知道，便繼續死命瞞著。之後，地方有傳聞指出，老校長亡靈在過了一段時日後再次來找他，特別帶來訊息：正神尚且留有一線生機給此地，主因在於這座宮廟往昔幸曾累積功德，無論救助貧病、獎助就學方面，貢獻地方良多；現在正神雖已離去，仍有守護神未撤，以防無形之輩入侵，日後若復原至往昔狀況，正神還有返回機會。然而，若他這個主事者再不悔改，屆時連守護神都將撤離，那麼這座宮廟如同死城，就不可能再挽回了。

可惜，當時潘仔聽完後，良知「照例」只被喚回幾分鐘，經過一番天人交戰，他還是放不下手中緊握的龐大利益，依舊故態復萌，正神當然不買帳！他的復仇心太重，加上貪求執念，以及後來爆發其陣頭有兩、三個混混在酒後犯色戒，竟在廟旁公廁對補習後返家途中的國二女學生伸出狼爪，讓新任派出所長怒不可遏，不吃地方人情世故和情面關說這套，堅持把一干人等全逮了帶回嚴辦，因而間接重創這座宮廟的形象。

潘仔一時亂了腳步，面容死灰，接下來更感應到廟中的守護神，竟然隨著正神消逝無蹤了！這下子，這座廟等於全空，什麼神明都不在，以後該怎麼辦？

還能怎麼辦？能騙就繼續騙，能瞞就瞞下去吧。

猜中明牌，宮廟香火再度興旺

不知道是潘仔運氣太好，或是有其他不明原因庇佑，當時正逢某些地方城鄉，開始風靡香港六合彩和海外某些彩金博弈，偶有賭客或開地下賭盤的莊家，跑來宮廟央求「算牌」，彷彿回到之前一九八〇年代風靡全台的「大家樂」明牌賭風，居然意外又開始帶旺這家宮廟。

神奇的是，潘仔藉由其通靈功力，某期挑出的三個號碼竟然全中！這下不得了，消息像是炸鍋般傳開，各地貪婪賭客蜂擁而至，堅信潘仔的功力「威震海內外」，爭相跪求明牌；第二回他開明牌，再度呈現佳績！同樣讓賭客嘖嘖稱奇，只差沒五體投地，趴在地板猛磕頭膜拜。宮廟的「賽錢箱」（功德箱）突然滿到鈔票掉出來了！有趣的是，無人敢偷，好心人撿拾後，都會全數乖乖塞回去，樂得潘仔趕緊叫人換個大箱子，以便裝進更多鈔票。

這回，潘仔從原本滿臉鐵青、要死不活的模樣，變得走路有風、神氣臭跩，每遇地方鄉親就自誇「天無絕人之路」，必定是我潘某人行事良善，老天爺不忍見我受苦受難；再加上地方警界人事大換血，在他眼裡那個「歹剃頭」的難搞主管已被調離當地，他似乎起死回生「活」了過來，又是一尾活龍……

從某個角度來看，潘仔實在天真幼稚。他以為在這個窮鄉僻壤，只要打好與警界和民代議員的關係，就算把國家法令擱到一邊都不打緊，反正什麼事用「喬」的，皆能無往不利。

宮廟從冷清蕭條又開始起死回生，香火再度暢旺，國外地下賭盤多種玩法，都成了他出示明牌的新目標，不僅吸引香港賭客專程求見，甚至有遠自美國加州來的華僑，帶著外國人飛渡重洋，問他能否開出美國當地「樂透」號碼？當然，這一切都必須在宮廟的密室裡進行，所有人進出皆守口如瓶，沒管道、沒預約的人甭想見上一面，以免警方聞風找上門。不過，就算警察來了，潘仔也有反制的一招，就是乾脆「吟詩作對解籤詩」，叫賭客自個兒回家好好用功「參透」，結果居然意外帶旺賭客研究古書和歷史文學的奇特風潮，太好笑了！

然而，潘仔自知心虛，不曉得哪來的靈感在他耳朵旁不斷提示，每期出的明牌號碼，至少都有「六裡中三」以上水準，就算最差也有兩個號碼矇中；有一回，他酒後加感冒，腦袋昏昏沉沉，隨便亂開出明牌，居然來了個「六中五」而轟動地方！難怪連八卦狗仔週刊和專登明牌的報紙，都爭相想來採訪，但他深知「見不得的光」要是曝了，禍福難料，因此明明心癢想大肆宣揚，卻只能一次次忍痛婉拒。

不過，成群死忠賭徒願意追隨捐獻，早就夠潘仔吃穿一輩子，還被捧為「賭神」，比周潤發演的電影還更早問世耶！只是這些貪婪客人奉上的，不是周潤發在劇中愛吃的巧克力，而是祭出陳年名酒，灌到潘仔醉醺醺地「發功」，據說準頭更高。這令他的態度更不可一世，利益不斷滾滾而來，當然，那副臭跩臉也就更臭跩了。

很快的，他將家屋改建成透天別墅，還買了名貴轎車，奢華度日。因為羨慕而追隨他的鄉民不是沒有，但更多堅守仁義道德的耆老仕紳，在再三勸誡無效之後，彼此漸行漸遠，潘仔還奚落人家「老番顛該退休了」。潘仔唯一吃癟的事，在於他想再度壯大自身宮廟勢力，並把陣頭和幫派那套重新組織起來，無奈之前的形象太差，是非過多，還有少子化因素開始浮現，「招募」不到適合角色，只好雙手一攤，當個閒人也不錯。

又經過一段時間，潘仔像公務員上班打卡一般，每天挺個肥肚腩、如常懶散進廟，習慣見到成群貪婪賭客及莊家人士，照老規矩恭敬等候在旁，還有在密室外自動輪值「把風」的人，大家宛如見到超級巨星，只差沒鋪紅地毯相迎，乞求「天師」惠賜明牌。

此時，宮廟裡所獲得的香油錢，比以前更多更滿；然而，地方有德有守的鄉親，早已察覺事態有異，不再前來宮廟上香。

這個時候，還有個不合常理的奇特現象——儘管人潮匯聚湧入，這裡的攤販卻根本賺不到什麼錢，冥冥中似乎有什麼力量在阻礙，導致攤販逐漸消失。

對潘仔來說，那都不重要啦！反正每天跩個二五八萬，噘起歪嘴，氣定神閒地坐在他那張「董仔級」太師椅上，望著一張張巴望他開出明牌的貪婪（又卑微）臉孔，輕蔑一笑，日子照樣爽爽地過。

準頭不再，連夜跑路

這天，潘仔正準備找靈感「開明牌」，順便把籤詩桶放在桌旁當幌子，以便用障眼法欺騙來找碴的警察，但他一抬頭，居然驚見正殿神明的雕像，大半臉部竟然扭曲、猙獰，還泛出淡綠色！令他瞬間大為吃驚，一時動作凝結，半晌說不出話來。

他再往窗外四周瞧，天啊！長久以來，他完全沒注意到這座宮廟附近，已經被大量「奇異人士」所包圍！看看裡頭，猛然察覺這間廟也被陰邪入侵占據，而且前來求明牌的陌生民眾，幾乎都卡到陰妖邪魔！

他終於恍然大悟，本來還納悶為何前一陣子盛夏溽暑，外頭幾近三十八度高溫，宮廟裡沒冷氣，只有側窗，密室裡風又透不進來；既然香煙繚繞，照理說應該悶熱難耐才對，怎麼會有不知哪裡來的陰風，冷得叫人直發抖呢？

再者，他算出明牌的靈感來源，每次皆來自不明且不同聲音，但都告知他，只要選哪個號碼就是，不必多問，這也與傳統正神、冥界禁賭禁斂財的作風完全不同，顯然——這必定是來自陰邪之聲！

其實他心裡明白，呼風喚雨、吃香喝辣僅是一時，日後該還的業債絕對跑不掉。怎麼辦？想也無用，能多撈點就盡量撈，就算真的有事……那就等事情發生時再說吧！

當天，是某款海外彩券「槓龜」超過二十期、累積彩金多達十多億元的開獎日前夕，各方高額押注於地下賭盤的個人與單位不在少數。不過，原本一臉神氣的他，由於突然被宮廟的陰邪環境嚇到而失去準頭，一陣搖搖晃晃，頭昏腦脹，胡亂報出幾個號碼，眾人趕緊抄下後驅車離去，他則累得趴在桌上，雙手揉眼，不曉得該怎麼面對接下來的狀況。

隔天開出號碼，海外傳來再度「槓龜」訊息。這下不好了，潘仔開的明牌全軍覆沒，一個都沒開出！好多本地和外來賭客血本無歸，還不乏黑白兩道集資高額投注，卻弄到什麼都沒有，氣得要來找潘仔算帳，叫他把賭資全吐出來。

幸運的是，潘仔早就感應到「有人」通報他趕快撈光香油錢跑路，他也乖乖照做，趕緊收拾包袱，帶著妻女，趁鄉下夜裡無人外出的時段，開著豪華轎車加速飛奔，沒命地逃離家鄉。家人一頭霧水，不明白好端端的幹嘛「跑路」？他也說不出個所以然，「別多問，跑就對了！」就這樣，他繞了大半個山頭，連夜翻山越嶺開到數百里遠的某個偏鄉小村，租屋避避風頭，能避多久就多久。

潘仔躲了快一個月，連當時剛流行、活像吸管水壺造型的「黑金剛大哥大」手機和 B.B. Call（傳呼機）都不敢打開，怕被人家鎖定方位，只敢戴著帽子與口罩，跑到鎮上旅社大廳，厚著臉皮偷翻報紙，才知道家鄉這座廟已經人煙稀少，連報紙都有報導「廟公疑似捲款跑路」，令他面子盡失，火冒三丈。

之後某夜，他實在沉不住氣，又獨自開車，在凌晨偷偷回到家鄉宮廟，才發現這座廟已經跟個「鬼城」沒兩樣，外頭「天公爐」久無香煙，地面雜草叢生，辦公室像是被砸過，廟旁公廁臭不可聞，看來這裡似乎被「棄守」了。

但進入正殿後，他驚訝發現裡頭「人聲鼎沸」——原來全被靈異邪魔擠得水洩不通，令他瞠目結舌。

他一陣作嘔，沒辦法再待下去，便迅速轉頭離開，回到車上急著發動，沒想到車子竟然毫無反應。此時，大殿裡傳來陣陣陰笑聲，在裡頭鎮守的已非正神，而是妖魔鬼怪盤據。潘仔還不知道自己大難臨頭，滿腦子只想著：「好吧！雖然你們占了廟，起碼我還是個堂堂廟公吧！」潘仔意圖「交涉」，期盼彼此談談條件，說不定陰陽兩界合作，還可以把這座廟的榮景「做起來」。

但是，裡頭妖魔鬼怪勢力龐大，誰要跟他談條件？只傳來了更驚天動地的奸笑聲，並飄散出「你已沒有利用價值，快快下地獄去」的恐怖訊息！潘仔聽聞後臉色大驚，此時廟裡一股黑煙妖氣逐漸向外逸散，他只好運用自己的符法本能與之抗衡。

此時，那位習慣半夜起床出門「巡田水」的前主委，剛好又騎腳踏車路過，突然眼見潘仔與不知名的「奇異形體」竟然在大鬥法，驚嚇到不慎摔下來，癱軟坐在地上，無法置信地看著眼前一切。

具有靈異體質的前主委，前一回感應到「神明不見了」，這次又看到如此嚇人情境，心臟都快麻痺了！沒多久，他感覺到旁邊多站了一個「人」——老校長亡靈再度現身。

「唉！正派宮廟搞到現在變成什麼樣子！糟蹋啊！」老校長亡靈凝視潘仔，看他對著空氣比手劃腳、喃喃唸咒，然後再看著前主委，把先前狀況，及潘仔偷偷回來後發生之事描述一遍。「那時他的一堆手下被打傷，在醫院哀號時，我就勸過他，回頭是岸，他偏不聽，權力跟面子有這麼重要嗎？好啦，搞到現在遭陰邪所迫，被趕出廟，那就怨不得人了！」

前主委愕然聽著老校長訴說這一路以來的無奈、冤屈和死亡，然後看見潘仔死命發動車子，終於發動成功後，車子卻像砲彈一樣衝出廟埕，一路急速衝撞，結果在數百公尺外的鄉立第二公墓前，狠狠地撞擊電線桿，然後翻車、漏油、起火，潘仔頭下腳上想撞開車門，可惜完全鎖死了；即使前主委死命撐著身體、連滾帶爬地趕過來救他，還是只能眼睜睜地看著四輪朝天的名貴好車陷入火海，潘仔的手貼在車窗玻璃上掙扎，但輪廓已逐漸消逝，最後燒成焦屍……

此後，這間宮廟就成了人煙罕至、荒煙蔓草包覆的「歷史遺跡」，日子一久更像廢墟。不僅鄉民避開不願靠近，就連廟埕前的馬路，也被野花雜草藤蔓盤繞，不復當年榮景；加上跟宮廟有關的耆老凋零逝去，這間廟到底該怎麼處置，無人引領主導，像成了無頭公案似的拿不定主意。

據說，曾有建商相中這塊地，想要建蓋特定廠房，也有他鄉廟壇的壇主前來，覺得此地只要好好整理，迎進新的神明進廟入厝，日後應有一番新氣象。但詭異的是，只要是對這塊地、這間廟有「興趣」的壇主或企業人士，即使僅傳出風聲，幾乎都會莫名其妙地出意外或突發病症，要不然就是被倒帳跳票，下場淒慘，無一例外！

地方繪聲繪影，盛傳這間廟已被強力邪魔詛咒，只要敢打主意之人必有厄運！也有人的看法迥異，認為是老校長回頭報復；更有法師指證歷歷，說其實是潘仔亡靈被冥間惡魔關在此廟裡頭，永世不得超生，怨念深重。眾說紛紜，無人能印證答案，也無法改變這座宮廟衰敗事實，更沒人敢靠近。隨著草長得比人還高、藤蔓攀附著牆壁與雕梁畫棟生長；以及宮廟屋瓦毀損、內部漏雨，年輕一輩早忘了村裡往昔曾有如此香火鼎盛的大廟。

在得知這段往事時，我不曉得自己哪來好大的膽子，竟然央求村民指引，到該廟附近遠眺，不過我在試圖接近時，突然感到陣陣頭暈目眩，當下立即深知，該地磁場「確實與眾不同」，為求安全起見，最後還是敬而遠之。

宮廟跟你「合不合」？

這些年來，不少人在網路論壇平台留言質疑「聽說ＸＸ地〇〇宮廟，神明是否不見了？」底下回應的內容不乏一堆離譜誑語，諸如臆測「因為這地方窮鄉僻壤，沒有拜香燒金，香火沒旺，神明的心情怎麼會爽快？」、「〇〇廟祝手腳不乾淨啦！」、「你想想看，在這裡拜神求了這麼多次，哪次應驗過？」……

如果宮廟本身行事風格嚴謹、樂善好施、宗旨勸人為善，且成員品德受人敬重，多年來始終如一，基本上就毋須疑神疑鬼。再者，網路一堆酸民「練肖話、話唬爛」，假訊息一大堆，若照單全收，深信不疑，那你未免也太好騙了吧？

在任何國家、任何地方，難免出現極少數宮廟或教堂「神明回天庭，不再返人間」景況，成因各有不同，但請不要把極少數繪聲繪影的個案，渲染成「到處都是」，那是對諸多神明的大不敬，也在抹煞絕大多數廟方執事人員辛勞。

總之，你只要對信仰的神明夠虔誠、有信心，毋須擔憂「神明落跑」問題，祂永遠守護在你心中，並在你習慣前往的宮廟、教會或祈禱場所看顧著你。

另一個常見問題是：我怎麼知道某宮廟、神壇或教堂「跟我合不合」？

在詢問各方說法綜合後，謹此提供幾項參考原則：

一、如果你前往特定場所之前或之後，短時間內感覺頭暈目眩、噁心想吐、頻冒冷汗、身體發寒等狀況，除去生理上病症因素之外，這個場所當時的氣場和磁場，可能暫時與你體質不相合，或者你過度敏感，建議你短期內暫時少去，且該場所之飲水、供品，也暫勿飲用或食用，原因無他，僅避免讓你聯想過多，而非一口咬定「不好」；倘若日後再去並無上述不適症狀，那就可以安心，或許只是前次你的身體狀況剛好出了一點問題，故請勿疑神疑鬼。

不過，若多次依然出現相同的不適狀況，那麼就請用理智判斷。另外也須提醒：不要把你遭遇狀況硬套在別人身上類比，也不宜誇大渲染。

二、在進入特定場所時，若聞得花香或檀香味，注意先感受一下——那味道是令你覺得清新愉快、平靜祥和，還是出現異常噁心、血腥或不太舒服的味道（特別是難以言喻的腥味或臭味，且與周遭環境因素無關）？

三、見到特定場所內的神像或畫像，是否為你所熟悉的莊嚴容貌？還是整個走樣、扭曲、怪異、猙獰；甚至輪廓或容貌可見淡綠、淡藍等冷色調（注意此狀況與該處環境彩繪色調、光源或燈光效果無關）？

四、若在特定場所中，當你面對神像時，出現額頭微脹、手掌微隆、身體微熱，身體似乎有微麻輕飄，或皮膚類似被輕衣覆蓋的舒適感受，代表你的肉身和守護靈與正神間有產生正向感應，相當難得！若你面見神像時泫然欲泣，甚至是無法控制地號啕大哭，可能是與你真正的主神明「相見歡」，也就是「你找到在天上的原神父母」，值得高興。

五、正派宗教信仰，特別在廟壇、教會、禮拜祈禱場所等，絕對不會主辦或協助簽賭、斂財、強硬推銷、仇視或報復特定團體或個人、催促某些悖離社會常軌的奉獻等。如果是一般行政勸募、修繕、購置或慈善用途，這很常見，且多為隨緣隨喜，帳目一清二楚，活動公開且有紀錄，不會強迫要求捐助，自己就能判斷合理金額多寡，毋須贅言。

六、特定信仰場所裡的工作人員也很重要。不妨打聽主事者或整個團體，過去至今的各種行政、計畫、活動，還有各執事者理念、行為、態度、修持作為等。網路上或市井間各種留言批評，不管正面或負面，參考就好，不能照單全收，自己要多思考判斷。

以上幾項原則，盼有助於解答疑惑，謹供參考，但不能視為絕對！更重要的是，凡事切勿流於迷信，且對內在判斷要有信心，否則再三多疑，惶恐不安，只會讓你日子過得勉強且不快樂，並非信仰本意，希望你能理解。

日本別莊夜驚魂

日本某座知名山岳，其山麓名勝景點是個詩情畫意、充滿湖光山色的好地方，即使在凜冽寒冬中、皚皚白雪下，仍散發清爽樸實的北國風情，令人印象深刻。尤其若遇天氣晴朗，雄偉大山就在眼前，壯觀景色令人驚歎不已。

早年我在旅遊業服務時，曾有幾次機會帶團到當地旅遊，雖有工作目的，但無論什麼時間到這座山邊，都會覺得渾身壓力被徹底釋放，滿腦子只想待得更久一點。

那次，全日天氣晴朗，雪景詩情畫意，大家玩得非常愉快。不過，當晚我帶著團員抵達當地旅館安頓時，卻收到讓人非常不愉快的訊息：旅館因為新手疏失，一時不察超收客人，我們部分團員恐怕沒房間可入住。

這下還得了！我們可是做過了「保證住房」手續。

旅館訂房主任的語調近乎哭泣，向我表達最誠摯歉意，只差沒下跪來個「土下座」磕頭再磕頭。因為這幾天此地有重要的觀光活動，遊客大爆滿，偏偏旅館新人經驗不足，忙到犯下大錯，導致原本不該銷售的房間，全都賣了出去，希望我能夠原諒他們失誤。

拜託，這叫我怎麼諒解呢？但眼前問題擺著，總不能叫團員睡雪地搭帳棚吧？只好趕快來解決。

這一「喬」下去，「喬」了快兩個小時，好不容易才把十多名團員住宿問題都安排好，不過其中有五名團員必須商請其他飯店支援，到另一邊住宿；幸好團員體諒我和當地導遊皆已盡力，沒有什麼抱怨，讓我鬆了一口氣。

好啦！都安排妥當了。但是……我這個領隊該住哪裡咧？

這位中年訂房主任，敲著禿頭思考，因為真的沒房間可以騰出來了！而且當地各個旅館幾乎塞爆，連備用房間都拿來充數，更甭說有旅館開始調度睡袋，說不定要睡大廳啦！我猜。

我也不是那種仗著有理就咄咄逼人的「奧客」（惡劣的顧客），就算委屈睡在大廳的沙發上又如何？反正混個一夜也就過了，只是我仍然盯著旅館主任給點壓力，想知道他怎麼解決我的問題。

看他在櫃檯後頭的辦公室裡打了半天電話、忙個滿頭大汗，職員跑進跑出，最後帶著有些「心虛」表情走出來，拿著一串鑰匙，向我再三道歉，要「委屈」我去另一家旅館的某間獨棟「別莊套房」住，還好離這家旅館不遠。

照理說，訂房主任應該很欣慰才對，但他表情有點奇怪。但我也累了，不管這麼多，拿著鑰匙，按照指示，就朝套房走去，中途必須經過一段爬坡山徑，雖不陡，但人只要疲倦，再平的路都會步履蹣跚。

牆上的人頭

那是獨棟「別莊套房」沒錯，很有貴賓房的味道，距離旅館主建築大約僅幾百公尺遠，蓋得挺雅致的，可是整個建築物和周遭環境，卻讓我感覺特別陰森詭異，而且只有一盞路燈立在旁邊，三面被茂密樹林給包住，更顯得孤獨而恐怖！我納悶著，怎麼如此不被干擾的獨棟雅房，卻沒租給旅客呢？還是旅館特別「暗藏」，要給我一個「驚喜」不成？

不過，我才剛把鑰匙插入孔中，突然被「啪」一聲電了一下，孔上還冒出靜電的青絲，跟電影裡特效畫面相同。我心想，哇塞！這裡冬天環境奇特，靜電也未免太強了。可是當我打開房門時，一股奇怪力量夾雜著強風，似乎是有人要從裡頭將我推向戶外！

這個感覺實在難以形容，況且裡頭應該是無風向外吹啊！我不信邪，硬是前行入內，開了燈，拖著行李往裡面走，畢竟我累了，不想管裡頭藏著什麼珍奇異寶還是妖魔鬼怪。

乖乖！這裡頭西式裝潢基調還挺不賴的，各種豪華內裝幾乎都有，還帶點日式風味。我邊整理行李邊咕噥著：唉！這群日本旅館生意人就是這樣，要不是施加點壓力，才不會有這麼好的待遇，而且，如果我太軟弱，搞不好今晚不是睡大廳而是睡雪地，明天一早就被狐狸給叼走了……

可是，興奮心情過不了多久，馬上轉換成瞪大眼睛的驚嚇心情！

怎麼回事？我一抬頭，看到主臥房內有片雪白牆上，隱隱浮現出一顆大大的人頭，面無表情地盯著我看！起初我還以為是哪個「普普藝術大師」畫的，畫得還挺逼真的，或者是什麼投影設備的玩意兒，但定眼仔細一瞧……哇靠！真的是個人頭啊！還會動！人頭慢慢地揚起嘴角，然後露出牙齒對著我笑！

一般人遇到這種情境，大概已經嚇到屁滾尿流了，但我這個人年輕時膽小歸膽小，還是有「憨膽」特質，恐懼中硬是不信邪，偏偏要站在牆前瞪著「他」，看誰比較皮！之後，這顆人頭或許覺得「遇到個練家子」不太好對付，從微笑表情開始逐漸腐爛！

我沒逃，看到兩眼發直，但還沒被嚇死。等到這個奇怪恐怖的影像消失之後，我回神看了一下旁邊的鐘，已經快凌晨一點。我趕緊抓起換洗衣服進浴室，打算梳洗後躺回舒服大床睡覺，心想著，拜託拜託，任你是哪號英雄好漢「黏」在牆上，反正我只住幾個小時後就滾，我不犯你，也請你別犯我。

獨自對抗一大堆人頭

洗個舒服的澡之後，恐懼感逐漸消失，但等我鑽進被窩後，總覺得好像有人在瞪我，讓我渾身不太自在。我抓起眼鏡，往前方一看……媽呀！那個人頭又出現在電視螢幕上，繼續看著我睡覺！

明明沒打開電視，怎會有這個影像？我不害怕，只是有點火大，於是抓起遙控器，對著電視機猛按，卻發現不論我轉到哪一台，都是這個死人頭的「聯播畫面」，切也切不掉。我憤怒地爬下床，把電視機插頭拔掉；不拔還好，電源一切掉後，螢幕上那個人頭不但沒有消失，還變成兩個（這是在繁殖嗎？）。我內心的恐懼感逐漸消逝，反而是越看越憤怒，像吃了炸藥！

但我想起第二天還有一整日的行程要趕，沒時間跟它瞎耗，打算繼續蒙頭睡大覺，反正頭一蒙，誰也看不到我，我也看不到誰。可是，我思考了一會兒，覺得露出頭來睜大眼睛比較好，以免有什麼「意外狀況」發生，要是來不及看到就死翹翹了，會有點「抱憾而終」。

接下來，有大概三、四分鐘的安寧，電視機螢幕上的光也逐漸消失，我想應該是沒事了。

不料，這時候床突然來個大震動，好像有一群人站在我的床邊拚命地搖，搖到我都快跳起來！這不是地震，而是好像有一群人在床的兩邊開始踢啊、抓啊、搖啊，意思大概是說：「看不起我們嗎？好！就不讓你睡啦！」

我瞪大了眼睛，哇呀！一堆沒有頭的身軀，朝著我襲來，然後又聽到一陣陣「嗚嗚」聲，還有尖銳摩擦聲，床搖到簡直快要垮掉。我相信這不是我在作夢，因為我清楚地看到自己手臂被某個東西割出一條長長的線，開始滴血；然後，浴室的燈也亮了，浴缸中有腳步聲，還有蓮蓬頭打開、水嘩啦啦地流出來的聲音；更慘的是，天花板上出現更多一顆顆腐爛的死人頭影像，在瞪著我笑。

如果是時下年輕人遇到這種情況，不見得會懼怕，或許還會覺得「好酷」！宛如聲光俱佳的先進科技投影設備，在房間裡投射各種動態影像，或以為是虛擬實境。

不過，抱歉，我不再忍了。這回，我連忙抓起床頭櫃上的錢包，裡頭有著一位道長送我的一張「專治厲鬼」符咒，我拿起來對著空中猛飛舞，可是，那群奇異物體不但沒有被這張符給嚇到或是鎮住，反而越來越多，真的就像「繁殖」耶！

我擔心是不是符咒只對「中國鬼」有用；因為「日本鬼」看不懂，所以沒效？

或者……這是夢中幻覺？不對不對，我眼睛瞪得好大，況且手臂還流血！

後來，因為不斷有這種奇怪的無頭身軀往我身上猛撞，我實在受不了這種大批襲來的奇特能量，就把我所知道的粗話、髒話都使出來，從丹田使勁地大聲呼喊：

「XX你X的X！XXX……！」

這一喊，瞬間彷彿炸開了什麼，突然什麼東西都被「吸走」，完全消失不見！浴室裡的蓮蓬頭也不再傳來水聲。就在這一陣無聲情境下，輪到我驚訝不已。哇！莫非日本當地「飄飄」受不了給人家罵粗話？儘管我講的是中文，猜測「日本鬼」大概也聽得懂，畢竟人家也是愛面子的。

房間內回到原有安寧，我愣在床邊足足十分鐘後，才驚覺自己正在大力喘氣，汗水淋漓，筋疲力竭到說不出話來，卻無法閉眼入眠，只覺得這個房間著實不可思議，彷彿有一股說不出的龐大怨氣能量蘊藏著，只是被壓抑住，要等到有生人來時才徹底釋放出來。而且我再次保證，這可不是拍電影，或者是夢境，因為我的手仍在滴血！

我走到窗邊的書桌，抽屜裡正好有急救箱，於是抓了個OK繃胡亂貼上，再回床上睡覺。雖然很疲倦，但我仍防備「他們」是否會回來再戰「第二回合」，乾脆又下床把電視機插頭插上，拿著遙控器打開電源，一方面「確認」那顆討厭的人頭是不是還在螢幕上，再者也希望看電視壓壓驚、作伴好入睡……咦？電視機終於恢復正常，播放正常的節目，讓我總算鬆了口氣。

之後，我是在電視機聲音陪伴下慢慢沉睡，而且在半夜所看電視節目，與報紙刊載午夜電視節目表完全吻合，所以我相信這是真實發生的事。

數百年前的村民

第二天清晨，我帶著惺忪睡眼，把房門鎖上，拖著沉重的行李箱，將鑰匙還給旅館訂房主任。他看到我沒事，似乎心虛地上前親切「噓寒問暖」一番。不曉得他是因為前一晚住房不夠，再次向我致歉，還是讓我睡到「鬼屋」而不好意思？我不願多做揣測，因為睡眠不足，開始頭疼，沒想這麼多。

然而，我在招呼團員吃早餐時，旅館內有個阿桑得知我昨晚睡在那棟套房，而且「竟然」還能鎮靜且安然無恙地走出房門，便張大嘴巴，一臉不敢置信的樣子。後來，在我百般追問之下，她小聲口述說，這個地方在數百年前發生了重大天然災害，大概死了千餘名村民，正好集體埋在我住的套房那塊區域；換句話說，我住的位置，地底下可能在幾百年前全是墓塚，至於有沒有被挖乾淨，就不得而知了。

奇怪的是，既然有此「陰域歷史」，相信不會只有阿桑一人知道，當地人應該都曉得才對，為何會把

「別莊套房」蓋在這種「鬼地方」上頭？阿桑說得不清不楚，我只好另外找會說英文、但不太想明講的職員，幾經誠懇溝通，她才私下解釋：七、八年前，那家旅館因為財務問題，改由國際資產管理機構接手，聘請某位英國佬擔任總經理，那間別莊套房就是在他任內蓋的，主要功能是用來招待貴賓。

洋人看上那塊樹林裡的地要申請蓋屋，直說位置很棒，沒在怕什麼鬼不鬼的，也不聽當地員工勸阻。總經理還說自己在曼徹斯特自宅，以前就是間鬼屋，帶來的運勢超級旺！於是，當時斥資蓋了我所住的那棟別莊套房，氣派豪華、寧靜典雅、景觀及視野都很棒，招待頂級貴賓相當合適。

但自從啟用以來，多次發生貴客晚上被嚇到奪門而逃或受傷，甚至傳聞有人住了，返家之後不明原因上吊自殺，像詛咒似的，搞得大家人心惶惶。前年開始就不再開放給貴賓使用，形同閒置，只有白天時，兩個負責清潔的阿桑會結伴進去打掃，然後神色匆匆地跑出來，趕緊把門鎖上，四周環境也變得更陰森詭異，加上茂密樹叢遮蔽光線，又增添了恐怖氣息……

說真的，我實在不想承認我住到的是「鬼屋」。結帳時，旅館的訂房主任還是特別從辦公室走了出來，再次「噓寒問暖」，加了一句：「看您似乎很累，昨晚真的有睡好嗎？」

我故作鎮靜輕鬆狀，但實在忍不住惡瞪他兩眼，低聲回答：「昨晚？昨晚精彩到可以開派對！我愛死了！」

儘管如此，下次再叫我住那個獨棟別莊套房？免了吧！睡旅館大廳還更舒服些；如果再沒大廳可睡，那我寧可睡雪地，被狐狸叼走算了。

旅途中的「飄飄」

數十年後再重遊當地，為了不讓妻子害怕，我偷偷安排繞路行程，她在欣賞珍貴風景，我則是靠近那棟別莊區域，卻沒發現那棟豪華建物，感到有些驚訝。依照過往記憶來推測，原址應該已經被剷平，改建成大型停車場。不過，我想這樣也好，就算有奇特靈異力量，面對一輛輛冷冰冰的車子，大概也「無用武之地」了。

多年之後，我的心境與年輕時完全不同。現在的我，寧可相信冥界朋友並非作弄或惡搞，而是可能有事相求，或者內心有怨、有願或有冤，希望找人傾訴；但很可惜，當年的我有工作在身，因疲累而想睡個好覺，卻被打擾，脾氣當然大。若得罪了這群「日本朋友」，只能說我不是故意的。

不過，當時旅館人員提到，住過那棟房子的貴賓，有些人受傷，有的返家後不明原因上吊；還好那時我是手臂受輕傷，三、兩天就痊癒，算是老天爺疼惜護佑、冥界朋友放我一馬，萬分感恩。

必然有讀友憂慮，如果這件事發生在自己身上，該怎麼辦？說真的，我也無法提供兩全其美的解方，但個人經驗中，唯一曾經採取的相安無事方法，是使用剝皮蒜頭兩瓣，放在床頭櫃上，換得一夜好眠，但除非事先準備，一般人哪有辦法在夜半變出這個臭轟轟的玩意兒？我坦承有點不切實際；而且蒜頭對於「超級狠角色」是否擋得住，又是另外需要考量的重點，我並未遇過，因此無從說明。不過，還真有讀友大讚「蒜頭宛如核子彈」，外出住旅館時，一覺到天亮，舒服到爆。

本篇所述這種「破口大罵法」，乃迫於不得已的臨機應變，有無風險，實難逆料，故不建議也不推薦。

至於隨身帶著平安符，或者經書、圖騰，甚至乾脆直接對著空氣唸經，並請求另一空間的朋友包涵，不要擾眠，感謝萬分……這些方法是否有效？我問了幾位曾有此類遭遇的朋友，每個人經驗都不同，但至少「意思到了」，似乎還是存在些許效果。

我還是覺得，人鬼之間各有領域，互不干擾是必要的基本，也是尊重。然而，當出外旅宿，遇到另一空間堅持認為受到陽間侵擾，而採取必要行動時，如果能換房間就盡可能換，不要怕麻煩。總之，多些尊重，日後免除更多麻煩，絕對有必要。

神佛主考官

面臨少子化時代，即使ＡＩ人工智慧科技再進步，仍有眾多產業求才若渴。不少長輩對時下晚輩的工作態度頗多微詞，「一代不如一代」這類經典名言更是「代代相傳」，這真是難解的代溝心結。

有件事倒是改變滿多的，那就是求才方式。以前年輕時求職，不少大公司都會設置考場慎重選才，不管筆試、口試，就看著主考官一臉嚴肅，眼睛宛若Ｘ光機，把前來求職的可憐人從頭到腳掃過一遍；隨著時代演變，求職考試有更多花招不斷推陳出新，就看來找工作的「準菜鳥伙伴」能否接招應變。

誰是最適合的人才？

過去，因為製作節目的機緣，我與一位傳統產業人士結為好友。

他是良善且篤信宗教的專業經理人，多年來彼此雖然不常見面，但透過通訊軟體，偶爾會交換人生心得、討論議題並相互祝福，友誼始終深厚。

有一天，貴為副總經理的他，突然打電話邀請我到他的辦公室一趟。我以為他只是心血來潮想找我吃飯，後來才曉得有件事讓他滿困惑的，很想聽聽我的看法。

「我什麼時候變得如此偉大啦？」我有些受寵若驚。

「我就是很想聽聽看你的建議。」他回答說：「不過，說出來你會笑，因為這件事還真是不足掛齒，但很奇怪，我心裡就是有些糾結打不開，需要你來幫忙。」

等到我前往他的辦公室，才曉得他為了招募優秀儲備幹部新血而煩心。我笑他說：「這還不簡單！只要萬中選一，找個面貌姣好或長得帥、談吐得宜、做事俐落的人才不就得了！」他苦笑說：「現在的問題不是萬中選一，而是最後出線的三位青年皆是棟梁之材，實力相當，不分高下；有本土博士、留美碩士，還有一個實務經驗豐富，三個都很棒，但現實就是僅能從中挑選一人，難度可就高了。」

我還是不懂，回道：「這很難嗎？竟然需要我這個外行小咖來幫忙？」這位好友居然點頭，害我喝到嘴裡的茶差點噴到他臉上。

「因為你鬼點子多！」他笑出來。「每次看到你寫的文章，常讓我噴飯開懷，而且總會有意料之外的結局。所以我想，關於這件事……不知道我是不是太鑽牛角尖了？把本來簡單的事弄得複雜，腦袋不夠用、當機了？搞不好你來開示、點醒我，一、兩句話就讓我茅塞頓開、豁然開朗……」

「還『開示』？吾非高僧大德，閣下言重、言重！」我開始演起古裝戲。「吾乃庶民，市井日常，無智無慧……」

看到他望著我不斷地笑，旁邊女祕書則把檔案夾拿來遮嘴，也偷偷悶笑。想一想，我還是正經一點。這位副總深知，三位最後待決選者都是高手，各有擅場。不過，企業要的不是「最厲害的人」，而是「最適合的人」，選擇過程才令人頭痛。

此時，我突然看到牆上高櫃供奉著一尊木雕神像。我起身靠近，竟然有感應，手臂上起了雞皮疙瘩。

「喔，這是託人請中國大陸福建福州老師傳刻的。」他見我凝視神像，趕緊解釋說：「祂一直都擺在辦公室裡，我每天都會對著祂敬拜。」

「你有感應到祂給你的靈感嗎？」我問：「這尊神像有開光點睛吧？」

「靈感是沒有，但開光是有的。」他也站了起來。「我本來想每天燃香，但這辦公室每天訪客進進出出，還有外國客戶跟協力廠商，不是所有人都能接受香炷的味道，所以就雙手合十。」

「沒錯，就是這樣即可，簡單明瞭！」我再凝視神像，覺得好像有訊息傳達，便回頭看著這位專業人士。「你有沒有對著神明祈求，拜託給個指示？」

「有啊！我這兩天都有特別拜請神明幫忙，至少給個方向，但都沒有感覺。」

「再求再問啊！說不定神明真的會告訴你怎麼做。」我斬釘截鐵地回應。

但此後兩天，我每天都用通訊軟體問他，他說神明依然沒有給訊息，顯得我這個「三腳貓鐵嘴」生鏽掉漆。不過，我還是安慰他，必然有答案。說也奇特，當晚就寢前，這位好友打來訊息，拜託我明天下班後再到他的辦公室一趟，有事告知。我剛好輪休，便決定一早就先過去，他也同意。

我一踏進他的辦公室時，他興奮又驚喜地說：「你好神啊！神明真的有給我答案，而且是在夢裡耶！」我其實不喜歡寫夢裡出現的事，因為常被讀友形容「唬爛不成就拿夢境當媒介來牽拖」，但他滿臉喜悅地告知，就在夢中，神明有和他對話，而且映象非常清晰鮮明。

「神明告訴我，選才之事，自己就可以選擇了！」他說：「可是我告訴神明，就是因為三位決選人才都是同等優秀，我根本拿不定主意。神明哈哈大笑，告訴我，從生活中找答案，如果還不懂，為何不問問其他人呢？」

「所以你還是堅持要問我的意見？」我問。「我沒這麼偉大啦！」

「不不不，你是！」他拉住我的衣袖。「我相信你的意見，一定可以幫我這個忙！如果你是我，你會怎麼辦？還要生活中找答案？我怎麼曉得這是什麼意思？」

「生活中找答案嘛……」我歪著頭想了一會兒。「就跟我寫作一樣，遇到腸枯思竭、絞盡腦汁也想不出點子時，就會去逛大街，從生活中找靈感，往往會有收穫。啊！對了，**如果神明真的要你從生活中找答案，會不會連生活習慣、思維、動作什麼的，都要考慮進去？**」

他連連點頭，認為有理，而且還真聽我的話，像個小孩子要去兒童樂園玩耍一般熱血。

第二天是週末，午後一身輕裝的他，囑咐司機把他載到台北捷運西門站，因為他思考到，既然要找的是新血儲備幹部，那麼該去年輕人比較常聚集的地方觀察才對，看看當代年輕人到底在想些什麼，行為模式又是什麼。

他很認真地來回漫步街道，佇立街角觀察來往的年輕人，發現到幾件事——某些大孩子自私意識較顯明，不外乎欠缺禮節，也不太守規矩，所以闖紅燈、亂丟菸蒂、隨地吐痰、大聲喧譁、滑手機滑到擋住後人的路，根本不覺得有何不妥；加上不懂得「安靜」，脾氣很大，行為極為毛躁浮動⋯⋯

有個一手親暱摟抱女友的大男孩，邊走邊聊天，聊到太興奮，動作稍大，把自己另一隻手握的大杯珍珠奶茶全潑灑到地上，順帶將女友手上吃到一半的熱狗給「拍飛」了！女友大聲嬌嗔道：「你怎麼搞的！」大男孩趕緊賠不是，檢查她的衣服有沒有被潑到，然後摟著她折返再去買。然而，對於灑了一地的珍珠奶茶，還有熱狗，這對情侶根本不收拾，快步揚長而去。後來，有個年紀很大的白髮打掃阿姨，跪在地上低頭賣力清理，好心的大樓保全員則幫忙指揮，提醒大家可別踩到。

利用餐敘選人才

他事後回憶時說，自己頓時心中有了底，在手機裡記下許多心得，大致上知道該用什麼方式來考評出最後的決選者，但心中還是有點不踏實。他回到辦公室後，無聊滑著手機，突然看到一則有趣的網路貼文，上頭寫著昔日中國大陸江浙沿海，曾出現打家劫舍的盜匪之徒，專綁小小孩以利勒贖；盜匪只要端上一條魚，仔細觀察幼童拿起筷子時會吃魚的哪個部位，就能判斷他是出身大富大貴人家，還是窮酸貧困家戶，以決定將他釋放返家，或者據為人質。

他看完故事後，抬頭看著神明雕像，意外感覺神明似乎在對他點頭微笑。他瞪大眼睛感到不可思議，卻又好像知道該怎麼做了。於是，他在傍晚時立刻用電話交代祕書，把面試改為與三位應試者餐敘，並盡速詢問當事人是否接受並確認時間。

我覺得用餐敘方式挑出勝利者，有些折磨人。你想想，就算滿桌山珍海味，只會讓人吃得緊張，忐忑不安。但好友說，他當然曉得這個道理，所以先不出面，而是由親切美麗的女祕書告知「副總因公務行程之故晚到，不會一起用餐」，安排三人先與祕書一起吃午餐聊天，餐後再帶著他們參觀公司與工廠設備，增進對企業的認識，最後副總「回到公司」之後，「才」進入面試階段。

原來，這位副總交代祕書，詳細記下三人吃飯的禮儀、態度、坐姿，並暗暗注意他們是否珍惜食物（已先問過是否有忌口或過敏食物），或者貪吃過量，以及會不會收拾桌面殘渣、擺好座位、彼此互助。因為副總在西門町觀察時，對眾多年輕人自我性格過度強烈「印象深刻」，認為這就像雙面刃，能善加利用會有意外成果，若運用不當，也可能造成災難，因此希望祕書觀察這些特徵，如實稟報。

還好，三人全數及格，沒有展現唯我獨尊或自私的態度，且相互謙讓並協助，顯然是有備而來。

祕書本來也感到「這三人根本就是完美化身」，為副總要怎麼挑選最後的出線者隱隱擔憂。不過，祕書在用餐過程中，注意到其中一人與另外兩位不同之處，在於似乎「把自己最不喜歡吃的食物先吃完，將好吃的食物留到最後才吃」；在三人返回會客室休息片刻當下，祕書特別把這個觀察發現告知副總。

這位好友與祕書詳談後，幾經思考，認為這樣的性格比較願意吃苦耐勞，然而再綜合個人家庭、出身、學經歷、抱負展望、人生規劃資料，並與三人深度訪談後，他知道其中一人能粗通西班牙語及法語，對公司拓展歐、非洲業務很有利，而原先這位被判定「吃苦耐勞」者，則有更大的胸襟，論述著眼於全球布局，讓好友倍感驚艷，為之一亮。

好友原本還是覺得外語較強的那位，對公司未來的發展應該是最有利的，幾乎都要選擇此人了。但他再細讀此人資料時，意外瞥見裡頭自傳和抱負書面說明，竟出現對手公司名稱！這才知道，原來這位外語實力高強的應徵者，同時也去應徵競爭對手企業，而且使用同一份自傳，只是把公司名稱改掉，但其中有一段「忘了」改，讓副總看了格外「刺眼」。他當場和顏悅色地指出並質問，讓應徵者尷尬臉紅到不知如何回應。

當然，最後贏得勝利者不是這位外語人才，但我這位好友還是以長輩身分，提醒犯下疏失的應徵者，就算萬一無緣成為同事，以後在其他職場上還是要特別小心，尤其是這份工作必須對合約細節要求嚴苛，不容閃失，讓這位應徵者感動到痛哭流涕，緊握好友的雙手低頭稱是，深感學到教訓，永誌不忘。

他最後選擇「吃苦耐勞」的那位應試者。這個萬中選一、過關斬將的佼佼者人才，果然沒令他失望，各項表現極其優異，在這家公司任職才數年期間，就立下多項汗馬功勞，屢獲殊榮。

有意思的是，原先最後一關被刷掉的那位外語人才，一年後再度報考該公司，順利獲得錄取，與曾是競爭對象的「吃苦耐勞」者並肩作戰，在企業內宛如兩大新生代戰神，傳為業界佳話。

好友告訴我，他覺得好神奇，神明竟然會指示他該怎麼挑選人才，不可思議。他說，越是凝視著神像，越覺得神明在跟他微笑，彷彿心神連線，慢慢的終於理解到什麼是「從生活中找答案」，這真是看似簡單、實質高深的學問。

另一個選才難題

好友把這個經歷分享給幾個關係企業的主管，其中一位主管所任職單位，正面臨眾多老臣即將屆齡退休的棘手問題。除了規劃從後輩晉升與挑選出中階管理者，也亟需儲備新血。好友把我介紹給這位經理人，還大力推薦，請他聽聽看我怎麼說。

這位任職關係企業的主管，本身也是個觀念新穎、不排斥學習新事物的經理人，本來當年度內定即將升任該關係企業的副總經理，都準備要發布了，無奈他家中高壽母親仙逝，令他哀慟逾恆，心感始終忙於公務，自責疏於盡孝，情緒暫難平復，故主動報告盼能維持原職不變，最後高層勉強予以同意，但仍空下副總位子和辦公室等他，可見深受器重。

我們初次相見時，原本他滿臉憂鬱，經過相談，突然見他眉頭放開，可能是我提到對死亡的淡然看法，讓他感受到「原來有人會這樣面對死亡」，只有「看多了」的人，才會有這種深刻領悟吧。

「看多了」？不，我並不是看多了，只是比許多人提早參透「掙扎也沒效」、「恐懼更沒用」，遲早要面對死亡，既然如此，提早覺悟絕非壞事。他聽完後覺得有理，心中開始有些釋懷。

再者，在當今社會，盡孝難以隨侍在側，能無愧於心，盡力而為，已屬難得，過度自責只會沉溺於負面情緒，無助於解決問題。我們才短暫交談，竟能讓他豁然大悟，我也滿心歡喜。

姑且稱呼這位新認識的朋友為「璠兄」。我建議他不妨到介紹彼此認識的好友辦公室，去看看他供奉的神像如何？他二話不說，共同驅車前往。

到了好友辦公室，三人在神像面前端詳一陣子。儘管在那家大企業裡，確實有資深管理者始終抱持「不問蒼生信鬼神，像話嗎？」的輕蔑態度，但冥冥中真有著說不出的奇特感，我們三人感覺「好像有神明在摸我們的頭」；只是璠兄若有所思，我問他怎麼回事，他皆沉默搖頭，似有恍惚，我也不便再追問，彼此短暫交換意見後就匆匆離去，好友與我都覺得他有些奇怪。

次日凌晨四點多，我在沉睡中被手機鈴聲吵醒，居然是璠兄打來。他一開頭便不斷道歉，說前一天有些失態，但希望我能聽他說明。

他的聲音有些急促，直言其實昨日在好友辦公室看到神像時，內心藏著些許懷疑，因為長期受到企業集團內不少「無神論」同儕主管的影響，當他看著神像，便想著「到底有多神？」、「不過是一塊木頭嘛！」結果在那當下，他覺得頭彷彿被棒槌狠狠敲下，瞬間眼冒金星，天旋地轉，嘴巴有些難以開口。是不是工作太累？不是，他有午睡休憩片刻的習慣，當時精神很好；然而在那當下，不舒服卻是真的，僅能告辭。為求保險起見，他沒有回自己的辦公室，而是先到醫務室請醫師看看，確定並無大礙，但醫師強烈建議他，最好請半天病假在家休息。

返家後，他從下午睡到剛才接近清晨，都超過十二個小時了，其間半夢半醒，眼見一個宛如木刻神像的老者，從天花板緩緩降下，面孔嚴肅卻帶著微笑說：「話不用講太早，要不要相信我一次？」他納悶怎麼會有陌生老人家以這種方式「出場」？反而笑出來。老者慈祥回答，自稱知道他是個盡孝、照顧員工的好主管，只是在工作場域受影響，不肯相信神明與神蹟之說，自不意外，但念在其心腸慈悲及樂善好施，應該實際體會，即可立判有無與真偽。

老者親切問他，近期應有重大業務待理而心煩吧？他馬上想起人事結構調整與徵才一事。對方再度微笑，提示他跟我好友所遇的狀況一模一樣，不妨問問相關人等，很快就會理解該怎麼做，且毋須贅言了。

璠兄驚訝地對我說，這輩子活了一甲子，頭一回見識到神明與他如此接近，而且沒有說完就離開，而是微笑地看著他，直到他眼睛確實睜開為止，才緩緩消失。他覺得一定要趕快告訴我，而這個時間點就在剛剛凌晨四點多。我本來很不高興，因為會連帶吵到旁邊的妻子，但經璠兄這麼一說，情緒便緩和許多，也欣慰神明這麼照顧他們，這家公司甚有福氣。後來我們聊到天亮，順便打個電話給剛起床的好友，他則是懵然而後愕然回應：「天哪！居然有這種事，不敢置信啊！」

從健行野餐會見本性

好啦！又來一樁選才大事。邀求職者吃飯的「哏」用過了，他們本想再用，但我這個人就討厭一招半式重複到底，總要有些新意嘛！既然要找年輕新秀，為企業培育未來二十年的骨幹，那麼除了吃以外，總該要動一動。我忽然想起璠兄說自己愛爬山，那麼帶著最後決選的主角們一起健行及野餐如何？

就這樣，璠兄拍板要用這種方法，從六位優秀人才中選出兩位。當所有應試者接獲通知，竟不是關在冷氣房裡考試，而是去山區步道健行，順便野餐輕鬆一下，還有些傻眼，但也深知如臨大敵。

直到一年多後，璠兄再度閒聊起這場考試，我才明白當時這群考生果然機警又積極。璠兄不知道用了什麼方法打聽，得知每個考生甫接獲通知當下，立刻開始沙盤推演，甚至全家人共同幫忙，深度思考健行野餐當天，高層主管會問些什麼、該怎麼應答才得體？還有，一定會觀察會不會互助合作、會不會自私自利，所以到時候在山裡要表現出一副積極和善的態度，也不能看來氣喘吁吁，要不然人家會覺得你體力太差；喔，記住更不能帶菸，有些高層主管好像很討厭人家抽菸……

璠兄回憶起，這六人應考當天狀似「各懷鬼胎」，既要把最好的一面呈現出來，又要不著痕跡地相處融洽，因此健行過程中，顯得有些刻意、防備，卻變得很僵化。璠兄從頭到尾絕口不提決選之事，僅閒話家常，說是慰勞六人過關斬將，好不容易熬到現在，應該把繃緊的神經調整調整。

野餐時，每人都得到一份由祕書精心準備好的野餐盒，裡頭吃的、喝的一應俱全，同時講求衛生，食物、飲品與點心還用保鮮膜包得密實（這似乎有點不環保，但關鍵就在這裡，稍後告訴你）。璠兄叮嚀六人，在山林野外，不用拘謹，大快朵頤無所謂，不必刻意在乎吃相，如果太在乎吃相，這野餐鐵定難吃，鼓勵六人把心放寬，自然一點，別把自己搞得緊張兮兮。慢慢地，這六人發現璠兄「似乎」真的把這次決選考試，定調成單純的「健行野餐會」，一臉輕鬆愉快，不像是在考核；但大家依舊懷有戒心，不敢輕忽，隨時綳緊神經，提防彼此，也要當心那個主考官會不會臨時出些「陰招」。

這次長達好幾個小時的「健行野餐會」，來回折返走了大約八公里的步道，沿途大致平坦，沒有太多起伏，倒是山林野溪風景優美，清新舒暢，所有人都覺得心情愉快，情緒也放鬆許多。最後抵達終點後，陪同高層前來的祕書，更貼心準備好垃圾袋，收集大家野餐後留下的垃圾和廚餘，準備下山處理。

當然有應試者主動想幫忙收拾，只是祕書親切婉謝。有人確實嗅出不尋常，不過猜不出背後原因。

最後成績揭曉，未入選的四人摸不著頭緒，到底這兩位勝利者是施了什麼魔法，怎麼高層會青睞他們？這趟健行中，主考官從頭到尾都在閒話家常，考生彼此的吃相也沒什麼不同，還正襟危坐，怎麼評選出來的？真奇怪。

原來，關鍵不僅有與高層閒聊對話，那位祕書的角色更加關鍵。原來，她在終點處收集大家留下的野餐垃圾，並在事後秘密觀察與統計，清點每個人有多少張包裝食物的保鮮膠膜留下（皆做上記號）；有多少垃圾完整保留到終點、沒在中途隨意丟棄，並拍照存證。統計後，她發現其中三人或多或少在沿途隨手亂丟垃圾（事後皆已處理），其他人則把用過的野餐盒包裝妥當，垃圾和廚餘也都收拾得很清爽。

不過三位過關者中，有一人在第二公里時，即出現大汗喘息與走路不穩的狀況。璠兄認為，他沒有性別歧視，只是這條步道路況良好，相當平坦，又不是爬上爬下，然而大男孩的體能若是如此，可見平常欠缺鍛鍊，實在不好。第一名是個女孩兒，小時候因車禍略有跛腳，經確認可以參加，且積極參與健行，體能上極有耐力，不用任何人從旁幫忙，令璠兄極為激賞。既然只取兩名，就只好忍痛對那位大男孩說聲「謝謝再聯絡」了。

另外三位菁英百密一疏，儘管設想周到、警覺性也很強，可惜被「聲東擊西」攻破，敗在細微的生活習慣上，結果成了百密「亦輸」。璠兄的看法是：這份工作非常強調細膩、耐性，更須在道德與生活習慣上提高標準。亂丟垃圾看似稀鬆平常，卻可看出一個人對環境的珍惜程度，以及是否會對旁人造成困擾，就在這一次野餐過程中完全露了餡。

好友與我都很高興璠兄找到兩個得力新血，必將為企業集團的未來開創不同新局。璠兄特別再次前往好友的辦公室，感謝神明保佑與指引。他特別凝視神像，口中說出這回招募人才，讓他改變過去某些行事思維，有了全新領悟。

過去招募新血時，他自己太過重視能力、專業、貢獻，卻忽視一個人最重要的品德操守與生活習慣，要不是神明願意指點，他光從傳統過關斬將式的筆試、面試、最後約談，短短時間內要選出最適合人選，並非面面俱到；然而，從「生活中找答案」，讓他體認到，原來只需經過小小測試，即可窺見應試者最基本的生活態度，進而影響行事作風。

當然，這並非全貌，還需要綜合更多資料研判，不過神明給予的引導，令他宛如醍醐灌頂，又學到寶貴一課。

或許有讀友認為，「幹嘛這麼麻煩？直接把中意人選全交給神明決定不就得了？用擲筊最快嘛！」**但神明可不是人力銀行喔！這種事屬於我們凡人的功課與義務，強求神明代勞並不妥當**，萬一最終人選又不順己意，還要怨天尤人，這像話嗎？所以，還是請腳踏實地，面對你該做的人生功課吧。

注重生活素養的求才趨勢

神明願意提供指引，使得好友及其所屬企業覓得良才，讓我同感欣喜與訝異；再者，則是提醒急著謀職的讀友，絕對不能粗心大意；特別是要找薪資優福利佳的工作、躋身有制度的企業，甚至是階層較高職務，若想脫穎而出，已經不能僅靠漂亮學經歷、儀態談吐、光鮮外表。越來越多徵才單位，逐漸重視求職者的生活素養、禮節和做事態度，那種素養是想偽裝也裝不來的。畢竟再怎麼小心翼翼的人，難免都會「露餡」。

舉個有趣的例子。多年前，某航空業者招聘空服組員，但從應徵者抵達大門口換證件那刻，就等於考試開始！為何？因為負責換證件的老保全人員，竟然就是該分公司副總！但是他打扮得一身土裡土氣，還戴口罩遮臉，讓人很難認出來。簡言之，這位副總從換證件那一瞬間起，看著求職者互動和待人接物的態度，很快就判斷出端倪，在訪客登記表上註記「圈圈」（優，可考慮）、「叉叉」（回家去），還是「三角形」（待觀察）。

接著，每個考生胸前都會別上號碼牌，排隊進入考場。主考官老早就在大廳中央丟下揉成團的衛生紙，還蓋了一坨嚼過的口香糖，默默觀察誰會把它撿起來丟進垃圾桶，結果多數考生視而不見，或踩過時咒罵兩聲；即使進入試場後，他們的儀態與應對表現令人激賞，或強調自己相關工作經驗有多麼豐富，內心對這份工作有多麼熱血，但到最後，絕大多數免不了以「謝謝再聯絡」的結局作收。

後來，有個可愛妹妹看到這團衛生紙，很自然地撿起來，順便拿出自己包包內的面紙和小工具，把黏在地板上的口香糖污漬清除乾淨。儘管她長相並不出色，在口試階段也未拿高分，但心思細膩與耐勞，還有為他人設想、顧慮別讓大家鞋底踩黏到異物的關懷精神，最後得到第一名。據說她在日後表現也甚為傑出，目前已是資深客艙主管。

雖說面試需順其自然，以免臨場緊張，但不能過於「白目」確實為鐵則，還有，千萬別忘記基本生活常識、道德本質。本篇所提到的選才標準，雖然我並非全然認同，但可以確定的是：想找到好工作，就必須要有事前做好準備的付出，這是一條必經之路，建議你除了從平日練好專業技能，並從修身修德做起，它往往在你意想不到的情境中，爭取到致勝關鍵。

無法理解的互動

任職單位的另一個部門，有位同事不幸在海邊往生。我和他沒有業務上的交集，僅止於見面時點頭打招呼，多年來互動甚少。原先我並不知道他走了，因為他往生的消息在任職單位傳開時，我先是忙公務忙到無暇注意，後來又休了幾天假，因不想被打擾而把手機關機，渾然不曉得發生了什麼大事。

同事來聊天

休假完畢，我回公司上班當天，從捷運站往外走時，順便將「封存」數日的手機開機。此時，肩膀突然被人重重地拍了一下，回過頭看，發現這位同事笑臉對望，我也禮貌點個頭。

還來不及客套幾句，他就興致高昂地問我很多關於某部門的問題，認為那個部門離我任職的部門很近，我這個資深同仁應該會知道許多事。但我歉然地告訴他，這些都完全與我無關，畢竟我人在新聞單位，每天上班下班打新聞仗，已經累得快獺留了，沒時間留意其他部門的事務。

「這樣啊……」他的表情顯得落寞，不再多問。於是，我們並肩朝著公司的方向前進，緩步走向山坡。他可能怕尷尬吧，不管我想不想聽，開始說出自己對這個部門的諸多想法。

不過，有些奇怪的是，我始終聞到一股臭魚腥味，不禁懷疑這老兄剛從魚市場回來不成？但他一身乾淨，我相當納悶，東張西望想找出味道的來源，卻始終直覺……對嘛！就是從他身上發出來的。可是我又不好意思問，只好憋住氣，稍有距離地默默走，聽他高談闊論。

他的辦公室位在第一棟樓，我在更上坡的第二棟樓，因此是他先抵達。這時，我的手機鈴聲響起，我才剛側著頭，把手機從包包拿出來，他就在那一瞬間消失無蹤，相當神速。

「哎？人哪？」我四處張望，心想這傢伙是日本忍者嗎？還是懂得奇門遁甲或隱身之術？我低頭看著手機顯示不明號碼，猜想八成又是什麼信用貸款或者拉保險直銷、投資股票，於是將這通來電切斷，慢慢走向第二棟辦公大樓。

我進辦公室後，習慣趕緊打開電腦，看看這幾天累積多少電子郵件、有沒有漏了訊息。在等待開機的過程中，我的視線再度轉移到手機，才發現通訊軟體上的訊息多到快爆了，只好趕緊一個一個看。

接著，我看到同事發訊息問我「知不知道某某某（那位拍我肩膀的同仁）的事？」，然後一路看下去，再加上長官致函公告，才驚訝發現，原來大約將近一週前，他已經在海邊過世了。

那我聞到的魚腥臭味，是……？

在驚愕之餘，我沒有多注意死因，只是瞪大雙眼盯著螢幕發呆，心想這太不真實了，尤其是他剛剛才拍我的肩膀耶！我沒認錯人啊！莫非是他「第七天」回來向大家打招呼？真令人失落。

另一個失落的理由，是自己身為「三腳貓」功力的通靈人，竟然沒有感應到往生者在我旁邊，遺憾著自己其實可以多幫一點忙；回想當時，他一臉殷切希望知道答案的模樣，讓我有些懊悔，更覺得自己相當失職。然而，事情已過，況且他聽到我說「無法回答這個問題」，應該也不會回頭再問了，而剛才我手機裡那通莫名其妙的來電，說不定也是他「禮貌性」消失的變通方法。

被往生的同學載到車站

有位和我一樣可以「略通」的業餘通靈人，也提到自己曾有類似經歷，後來問了修行師父，瞭解到亡靈是可以透過其他人的肉身，轉達當事者要說的話，就跟電影《第六感生死戀》那個琥碧．戈柏的靈媒角色差不多。不過，這位業餘通靈人說，她遇到跟我一樣狀況，當下她並不知道對方已過世，而且無法看出「這其實是他人的肉身替代」。

修行師父解釋，這種情況太多了，就像「藉由替身並迷惑」方式，讓對方看不出此人已經往生，還像在世時一般毫無差別。不過，這種情況多半都是往生者剛逝世，如果時間一久，亡靈可能就不太有辦法以這種方式溝通。

剛逝世不久的亡者才能這麼做嗎？另一位友人表現出不以為然的否定態度。不過，他倒是同意，應該是受到「幻覺迷惑」可能性比較高。

他提到，他久未返鄉的妹妹，有次回老家住幾天，準備返回台北當天，因為家裡人少又忙於農事，沒有人可以載她到火車站搭車，所以必須在大熱天裡，自己於鄉間辛苦走上好幾公里路。

此時，她在路上碰到多年不見的小學同學騎車路過，寒暄幾句後，二話不說，那位同學馬上熱心載她到車站，讓她非常感動，千謝萬謝。

她同學則是一臉酷樣，霸氣丟下一句「免客氣！」就帥氣離去。

他妹妹進了車站，剛好發現那位同學的母親從剪票口走出來，兩人迎面相見，他妹妹很高興地打招呼，這位婦人家也熱情回應，說一些「好久不見，都認不出來」、「妳怎麼越來越漂亮」之類的客套話。直到他妹妹興奮地告訴同學的母親說「剛才就是妳兒子載我到車站，真的很感謝」時，這位婦人突然愣住，半晌說不出話來。

本來他妹妹還沒有意會過來，直到婦人臉色暗沉、開始掉眼淚時，她才發現不太對勁。幾經追問，才知道她同學早在一年多前因為酒後騎車，夜半不慎摔入鄉間稻田的排水溝裡，頭部浸入水中，鼻子嗆到極感痛苦而掙扎，但身體卻被機車重重壓住，就這樣淹死了。

友人說，他妹妹在那當下，內心受到極大衝擊，無法理解她怎麼會「被死掉一年多的往生者用機車載」，居然沒發現不對勁？

更離奇的是，她在「被載」的過程中，有個老農鄰居在不遠處親眼目睹；當時鄰居正在搬肥料，看到他妹妹，心想好久不見了，便放下肥料袋並上前打招呼，但他妹妹不但沒理會，而是一路自言自語，扛著行李，用跑的跑到車站去！用跑的？這就更令人匪夷所思了。原來他妹妹並沒有被機車載，而是自己用跑的！這個老農鄰居本來還很不高興，逢人就痛批：「這年輕人怎麼一到台北之後，就變得沒禮貌啦？真不像話！」直到他弄清楚怎麼回事後，就不敢再抱怨了。

友人的妹妹至今仍不相信真實狀況。她說，如果真用跑的，照理說在三十幾度的午後高溫烈日下，以她這麼會流汗的微胖體質，不可能不會流汗呀！而且她到車站時，當時並未流汗，覺得「有機車載太幸福了，又能一路吹涼風呢！」

她還補充說明，在「機車上」她聞到同學的衣服散發出酒臭味，又看著他挺著大肚腩，八成是喝酒喝出來的，於是好心勸這位同學別再喝了，但同學聽歸聽，沒有回應，讓她覺得有點自討沒趣。

最後一個離奇之處是，她看到同學身上的穿著，是白底花襯衫加深藍色短褲，後經查證，就跟他車禍身亡時穿著一模一樣。

基於這些理由，友人認為他妹妹是遇到「幻覺」，被迷惑了沒錯，應該跟作夢的原理差不多。但至於是什麼原因，他也沒辦法解釋，我同樣也無法說明。

亡靈沒有惡意

從往生同事在我右肩膀上重重一拍，到友人妹妹坐上已過世同學的機車……各種亡靈與陽世人類互動方式，很難有個科學根據可供說明「怎麼回事」。

不過，這些亡靈與我們互動並無惡意，也許有求於我們，也許是問候，更可能只是出自單純善念想幫忙；既然如此，我想也不用太深究什麼，事後該做的，應該是誠心祝福這些亡靈，早日平安前往該去之所。

最後要駁斥一個傳說。

曾有網友繪聲繪影地描述，只要被往生者接觸，或看得到對方在跟你打招呼，通常就會出事，而且「聽說只要被拍肩膀」，很快就會追隨往生者去死！

然而，「很快」是「多快」？隨著我遇過這類狀況的次數漸增，若傳言為真，那麼我豈不早就死過幾百回？你現在所看到的文章，應該是幽靈或是孤魂所寫的吧！因此，請勿以訛傳訛，執著迷信，自己嚇自己。

至於遇到亡靈會有什麼後果，由於每個案例皆不同，很難有個標準答案，因此建議你，如果真的遇到這種離奇事件，之後可以用你的信仰方式，請求神明護佑，並以自信、誠心與善念好好生活；只要你不做虧心事，通常不必過度擔憂。

接靈使者

不少人應該聽過，當一個人要「走」（離世）之前，通常行為、說話內容、情緒等外顯狀態，都會和平常不太一樣，差異從細微到顯著都有，代表著某種暗示。

我也曾聽聞高人說，部分人的守護靈，會在其死亡前不久，傳遞特殊訊息給肉身，表示「你在世的時間無多，想做什麼就快去做吧！別等上路了才後悔」；因此，當事者的心境、思考、情緒反應，有可能會開始出現變化。這也許是出自胡思亂想、內心急切，但可確定的是，其行事作風往往變得積極顯著，且聚焦於那些「平時不會去做的事」，往往讓家屬百思不解，可是再三詢問「為什麼要這樣做」、「怎麼回事」，當事者未必能完整回應；總是要等到人「走」了，家屬在哀慟之餘，才會猛然想起其中關鍵。

還有一個更奇特的說法：像這種「死前怪異舉動」，有時是冥界派「接靈使者」來協助當事者，看你在陽間還有什麼事想做的、該做的，就快快處理（跟守護靈之說差不多），以免人往生後在黃泉路上嘮叨不停，遺憾這個、沒做那個。

中風老婆婆獨自坐車到南部

多年前，台北郊區有位老婆婆，中風過兩次，口齒不太清楚、重聽又行動不便，而且只會說家鄉話。通常，她外出與人溝通時，總是要費心講了老半天，但對方還是一知半解，讓老人家深感筋疲力竭，導致她逐漸減少外出，最後乾脆「宅」在家裡看電視，或是跟老伴鬥嘴，偶爾起了火爆衝突，兩個八、九十歲的老人家，還會舉起枴杖對打！看在其他家中後輩眼裡又氣又好笑，趕緊出來勸架。

有一天，警察從距離家中三、四公里外的湖畔，把老婆婆帶回來。家屬感到詫異，不知老人家什麼時候跑出門，細問之下，才知道老婆婆是自己「走」到湖邊，路人看到她的舉動不太對勁，似乎想要跳下去，又好像不是，但為了安全起見便迅速報警，幸好最後平安送回。

老婆婆思緒迷糊，沒多說自己怎麼會走到這麼遠的湖畔，但其實應該是說不上來「為什麼」。家人謝過警方，也沒多加詢問，只是拜託老人家，要出門散步的話，就叫家裡的孫子輩陪著。

又過了一週，媳婦傍晚下班後，發現老婆婆又不見了。連老爺爺一覺醒來，都沒察覺老伴不在身邊，因為兩人早上剛吵一架，彼此嘔氣，不對眼相看，因而沒多加注意。

這下不好，老婆婆又跑到湖畔了嗎？媳婦才剛這麼想，高雄某警察局派出所就打電話過來，說有個老人家在這裡，警察問了好久，才問出電話號碼。「南部？高雄？我們這裡是台北耶！有沒有搞錯啊？難道是詐騙集團嗎？」但一聽後續通話，老婆婆果然在派出所裡。

家屬很納悶老婆婆是怎麼跑到南部去的？後來一問，大概瞭解老婆婆在那個沒有高鐵的時代，本來想從松山機場搭國內線班機到高雄，探望在高雄上班的兒子，可是她沒帶身分證，無法買機票，只好改搭國道客運，從台北一路晃到高雄，接著再轉往特定地點找人；不過，畢竟她人生地不熟，又曾經中風，口中濃重的鄉音也沒人聽得懂，而且重聽導致溝通不易，最後由熱心路人將她送到派出所去。

這讓家屬更納悶了。首先，老婆婆手握枴杖，走路速度極慢，溝通又困難，怎麼有辦法從家裡搭公車或計程車到松山機場？接著，她又怎麼知道在松山機場買不成機票後，要從機場轉往國道客運的車站？她從來沒有獨自這麼做過，就連東西南北也辨不清，還能順利前往，這也太神奇了吧？

老婆婆沒辦法完整表達意思，家屬一方面覺得神奇，一方面則不解，老婆婆平常都沒想到要去高雄看兒子，怎麼突然間「興致勃勃」說走就走？而且連聲招呼都不先打，就直奔數百公里遠？

當家屬告訴我這件事時，我便立刻皺眉搖頭，告訴他們事有蹊蹺，最好要有心理準備，可能要幫老婆婆準備後事了。

此話一出，對方當然很不高興，責怪我怎麼觸人楣頭？我做了一番解釋：一般人——各年齡層皆然，**如果持續想做或做出平常根本不會去做的事，又無法清楚說明原因時，家屬或親友最好特別提高警覺。**或許他真的只是一時心血來潮，但也不能排除是「**身上的守護靈已經接獲訊息，得知來日無多，催促他趕快把該辦的事情處理完**」！而且，在這段期間，守護靈離開肉身時間可能變久，導致睡覺時間跟著拉長，或守護靈「穩定覆蓋肉身」的程度變差，導致精神不濟或不集中。當然有例外情況，不過多多關心是好事。

這時，家屬突然想起，這幾個月來，老婆婆似乎魂不守舍，總是答非所問，眼神老在恍惚飄移，或者全家拍照時不看鏡頭，確實有些奇怪。

還有個疑點：這兩次的離家事件，到底是誰在幫忙或指引老婆婆？她怎麼會前往湖畔和高雄？又是誰報的案？以我遇過的類似狀況來推斷，很有可能是「接靈使者」化身為凡人模樣，或者隱身陪伴在老婆婆身旁「導航」，帶領她把想辦的事情盡速辦完，以便「上路」。

兩週後某個清晨，安靜的住宅區街道突然人聲鼎沸，原來是發生一起意外死亡案件，死者就是這位老婆婆！這起意外非常離奇：老婆婆獨自出門，走在人行道上「不慎跌倒」，剛好正對著還未安裝路燈的基座，那四根凸起鋼釘就這樣刺穿老人家的身軀，導致失血過多身亡。

就通靈角度來看，比較有可能的狀況是「接靈使者」眼見時間到了，老婆婆仍固執不肯撒手離世，為求覆命，因而利用現場環境及非自然手法——當然手段上較殘酷些，硬是將當事者的靈魄帶走。

接靈使者就是那兩位嗎？

或許你會想問：所謂「接靈使者」是否全都是「黑白無常」或「范謝將軍」（大二老爺）？

老實告訴你，我看過前來帶特定對象離開陽世的冥界使者，不見得全是這副模樣，也不一定兩位同時行動。我也看過一個身穿白袍、氣質優雅的使者，宛如天使般可愛，只是輕拂往生者的大體，就帶領亡靈像羽毛飄動一般上升遠離，這算「黑白無常」嗎？應該不是吧！但我也不懂「專有名詞」該怎麼稱呼。是否與不同種族及信仰文化有關？這些因素都不能遺漏，請原諒我才疏學淺。

話雖如此，我可能見過「黑白無常」。有一回，我到醫院探望妻子的外祖父，因探病清場時間已到，正準備離開時，抬頭看見醫院建築外的天空中，有兩個一灰一白薄霧般形體，手持白燈籠和招魂幡（似乎還握著「生死簿」）；話說這兩團薄霧，就像是從天空快速垂降的雪花，精準地以斜角切入某間病房的窗子，不到幾分鐘，就傳出家屬哀號哭泣聲音，旁人就算不去一探究竟，大概也知道發生了什麼事。

接著，這一灰一白兩團薄霧，加上一團比較小、像顆排球的淡黃色霧狀體（應該是亡靈吧？），宛如放沖天炮般，快速地朝天空而去，只是沒像煙火爆開，而是逐漸隱沒不見。

你問我是否相信世上有「黑白無常」之類的「接靈使者」？我會點頭如搗蒜，百分之一千絕對相信，只是絕大多數人沒見過，無從解釋。

其次，如果真有「接靈使者」，為什麼到處還是有孤魂野鬼？若那些「接靈使者」沒接到，豈不失職？返回天界或冥間，難道不會「怎樣」？

關於這個問題，有位研究學者回答得很妙。他表示，就像軍中管得非常嚴，但依然有逃兵逍遙法外，甚至一生都沒被抓回軍營；人間如此，天界冥間難免也會有漏網之魚。只是，某些個案在「捉拿」的時間上沒這麼緊迫，還可逍遙一陣子，但最後依然得循標準輪迴程序，回到陰間或天界接受處置，至於時間多久，每個遊靈遊魂的情況則不一。針對有些生根已久的地縛靈，天界或陰間神明不會不管，時間到了仍要處理，不見得必然使其「轉任」為管轄地方的陰神，最後依然要前往該去地方報到，並聽候發落。

另有學者說，每個成為孤魂野鬼的原因各有不同。例如，招亡魂超渡的師父或道士引導錯路（竟有這種情況？），導致「接靈使者」一時找不到；也有的是已經帶回冥界，但陰間神明得知此靈魄在陽間尚有未了結之事，考量後同意其再返陽間處理，等時間一到，有些接受導引乖乖返回，但也有躲的、逃的、調皮搗蛋的、說謊閃過等等，這些「問題很多」的個案，就必須予以通緝，也將有所懲處。

某旅館華裔女子命案

這類使者為了達成「接靈」任務，若遇不從，有可能在必要時會使出終極手段。二〇一三年初春，有件轟動全球但至今無解、只能用推斷找真相的旅館華裔女子命案，我認為也可能與前述案例類似。

這樁命案發生在美國某家老牌旅館，該女子生前在電梯中做出各種像「準備逃命」與「意圖驅魔」的怪異舉動影像，後來於全球眾多靈異或怪奇類型電視節目裡，不斷被拿出來討論和解讀，請自行上網搜尋相關資料，在此就不多贅述。我認為，雖然這案子轟動全世界，大家都知道是誰，但仍應尊重亡者，謹此姑隱其名。

美國警方苦尋凶手多時未果，有人推斷女子是遇到邪魔靈異或邪教巫毒侵害，也有些靈學研究者提出三種假設：一是乃遭遇超自然、不正常外力的侵害，通常由於有意無意間「招惹」，或被「隨機挑中」而倒楣遇害；第二種是與前面老婆婆的情況類似，就是大限時間到了，她是要被「帶走」的對象，不管再怎麼頑強抵抗，逃也沒用（有個可能的特殊狀況是，「接靈使者」也許會藉由陽間某個特定人士力量，從旁協助完成「接靈」任務，無論自願或被「徵召」，這位特定人士往往可能成為疑凶犯嫌，真是冤枉）；最後一種則可能是毒品因素，或被下藥，或長期服用特定藥物治療疾病等導致。

以其死亡情況來看，好端端一個人沉在飯店樓頂的水塔裡，而且是以「倒栽蔥」頭下腳上方式，裸身且軀體異常扭曲，如果真是有人犯案，難度極高，光是要把人給塞進水塔，就不太可能；再加上整條路徑與過程，都要經過重重鎖頭關卡，也沒那麼容易爬上屋頂。

你可以推論，飯店裡哪個擁有鑰匙的人必然涉嫌重大，但至今，美國當地警方抽絲剝繭許久，依然沒辦法找出具體證據，一口咬定是哪個特定人士幹的。在她死前，被飯店電梯監視器拍到一連串怪異舉動，既像是在躲避某個特定對象，又似乎在玩「躲貓貓」那種你追我躲遊戲，當時她情緒到底是興奮、刺激，還是意識到即將面臨死亡關頭而緊張失措？由於沒有錄得當時在電梯內外聲響，以及飯店內各樓層監視器連續動作畫面，以致各方揣測極多，就算最後結案，仍會留下太多疑點。

對於這種死亡結果，我比較傾向相信是「接靈使者」因素居多，但我不是刑事或靈學專家，僅能建議美國警方應請靈媒協助辦案；畢竟很多人繪聲繪影地猜測「這家老飯店本來就住著厲鬼」，或是「以前有人放了符咒或十字架鎮鬼但失效」、「以前此地凶殺案就很多」之類的。我聽過較為科學的說法，是某個心理醫師在網路上發文，推斷可能是當事者隱藏心理疾病所造成的自殺行為。但推敲她最後的死狀，若要輕生還要如此「費工」，那麼賴皮活著，說不定還比較輕鬆些。

友人聽完我對這起命案的剖析後，得出一個推論：「假如真的是『使者』來接人升天或下地獄，若此人不抵抗而乖乖就範，跟著『使者』離開人世，可能就不會如此悲慘，而可以安詳地死去。」這個邏輯並沒有錯，只是我還未「確實死過」，無法給予肯定的答案。不過，就跟警察逮捕嫌犯一樣，你聽話而不反抗，傷害就會降到最低；若膽敢拚命掙脫想逃，那是自討苦吃，**「認命」應該是面臨死亡「最好的死法」**。只是事實如何，唯有等到你真正走到人生終點那一刻，答案才會揭曉。

好生與好死

是否有「接靈使者」？我覺得這是其次，重點該擺在「人該怎麼過日子」。有個命理老師說過：「人生在世，不是求『好生』，而是求『好死』。」而我這種貪心鬼聽了當然嗤之以鼻！我盼求好生，也要爭取好死，誰希望在世活得痛苦窩囊，死得又不乾不脆？所以，在我看來，毋須過度執著誰要來把我帶走，過好每一天，就是正途。

我很慶幸自己有明確的人生目標，儘管每天過得充實忙碌，卻很有意義，加上自己從小就懂得規劃概念，就連退休後的日子該怎麼過，都已經有實際方針，我想晚年生活應該不會寂寞。等到真有「使者」來接我離開人世，也希望讓「他」看到我此生多彩多姿的經歷，不枉費走這麼一遭，至少不會聽我嘮叨抱怨，而是分享我的充實歲月，進而輕鬆愉快地完成這趟「接靈」任務。

看到許多長輩退休之後，每天習慣守著電視機睡著又醒來，會滑手機的人則是滑它一整天。以前的我會不以為然，認為這簡直在浪費生命，可是等到自己年紀增長，慢慢體會到生理與心理逐漸不聽使喚、力不從心，能夠悠閒懶散或自主過活，都是權利，更是幸福，理應尊重。

我只擔心「使者」來找我準備離世的當下，若是有做到一半的事無法完成，那會抱憾而終。所以當朋友笑我「為什麼凡事要這麼認真？」、「為何動作要這麼快？」、「凡事太嚴肅仔細，只會讓自己緊繃不快樂喔！」其實我是真的「把每一天當成最後一天」在用，就怕該寫的文章沒寫完，該辦的事沒做完，然後留個爛尾巴讓後人去猜去想，這罪過可大了，還是趕緊完成它吧！

往生者返家

大多數人都聽過，往生親人的亡靈會在「頭七」（精確說法是「往生後第六天晚上」）回家，見見家人一面；但往生者不見得會以死去當時面貌顯像，而是暫附於小動物或昆蟲來現身，且多半是蝴蝶、蛾類。香港民間傳說認為這是「為了見親人最後一面」，西方文化卻指出「化為蝶類係指引與希望之意涵，象徵帶給陽世親人的祝福」。至於在台灣，我也聽過「不見得『頭七』才會回來，任何時間都有可能」；另外，以佛家部分人士所言，只有藉由投胎這個程序，亡靈才會再變成人類或動物。

亡靈會附在動物身上返家

那麼，通靈人看法如何？我這個「三腳貓」是相信的，且經訪查彙整，歸納以下十餘項重點：

一、個人經驗：確實有亡靈在脫離肉身後，附身於動物身上返回家中的情形。目的只是為了告別嗎？不一定。我看過有些是藉由動物特性（比方說叮咬、啄、發聲、搓動），來警告陽世間的家人，特別是針對不孝子女提醒「皮給我繃緊一點」！所以，目的未必是「懷念」、「依戀」這類理由。所以家中若有親人逝世，那些「心裡有鬼」的親屬，最好乖一點，否則太鐵齒或固執，甚至「皮在癢的」，遲早可能有事。

二、不只有蝴蝶、飛蛾這種「基本款」。大型蟻類、鴿、鳥、鍬型蟲、金龜子、蟑螂、老鼠、螳螂、貓、狗、兔、蛙、蛇、蜥、蜘蛛類……什麼都有。目前我看過體型最大的是貓。

三、「不同動物現身，是否有吉凶之說？」不確定，但不排除。第二項所提到的貓，真實經驗來自於友人遇害，凶手始終查不出來，也抓不到；我和家屬在其「頭七」之前，連續兩日在其家中靈堂，都看到一隻不認識的虎斑貓前來，對著喪家喵喵叫，並凝視遺像許久，怎麼趕都趕不走，只有牠自己想走才會離開。後來，友人之妹告知，這隻貓之後連續十二天都來，而且每次來待的時間，一次比一次久，也不吃喪家特意準備的貓糧，只是不斷對著他父母喵喵叫，偶爾還會掉淚。家屬直覺猜想，「有可能是他在訴說『冤情』嗎？」而在第十三天終於破案之後，這隻貓就不再出現了。曾有法師說，如果往生者有冤或有恨，亡靈附於動物身上，不會是蝶蛾這類，而是選擇以貓這種體質較「偏陰」、且可以發出明確聲音的動物為主。從這個案例中，又可以衍生出第四項觀點。

四、不見得僅限定「頭七」，任何時間都有可能出現。除了前例中那隻連續十多天都出現的貓以外，另一個澳洲友人的父母因空難意外同時往生，此後每年忌日，家中都會出現體型一大一小的鳳蝶，翩然飛進他家客廳；神奇的是，大蝶會停留在父親遺像上，小蝶則緊貼著母親遺像，而且靜靜地待滿一整天，才會突然消失。後來，他家搬遷至二十多層樓高的大廈裡，屬於密閉空間；雖然我力勸別把往生親人遺像掛在客廳，但他為了追思，還是堅持掛上，而這兩隻鳳蝶依然準時在父母忌日當天報到，還對著照片「就定位」。他搞不懂，在這麼高又密閉式的住宅群裡，四周並無樹林或野生場域，蝶兒怎麼出現的？難道搭電梯上來不成？怪異的是，他盯了兩隻鳳蝶一整天，後來鳳蝶瞬間就失去蹤影，實在不可思議。

五、往生者「頭七」未出現，不代表不愛家人。很多朋友太迷信，也太執著往生家人「頭七」那天「一定要」怎樣。其實往生者未在「頭七」準時出場，有可能是不希望驚嚇到家人，或者另有其他原因（例如被陰間冥界其他外陰所阻，以及太多數不完的特殊因素等）。但是，也有亡靈在「頭七」真的藉由昆蟲等動物現身了，但陽世家人根本沒察覺到與平常不同的異狀，還哭哭啼啼地埋怨往生親人：「你怎麼狠心不要我們了？」、「無情無義啊！」我想亡靈在另一個世界，就算聲嘶力竭吶喊半天，恐怕也都要翻白眼跺腳、哭笑不得了。

六、「如何確認出現的動物就是往生者靈魂所變身的？」建議什麼方法都別試，就當成「是」吧！

我經由自身感應歸納的結論是：在家中治喪期間，毋須過度執著於確認某個動物出現是否即為亡靈，乾脆視為平常，當作「親人回家」就好，讓在世親人的心靈獲得安慰或療癒。至於有老師級人士建議燃一炷香後，以銅板擲筊方式，以確定亡靈是否藉由動物形體「返家」，我尊重這種說法；不過，時下環境的外陰邪靈過多，燃香、擲筊不見得可以找到亡靈，反而容易招來陰邪之物前來搗蛋，所以寧可相信是這位往生家人「回來了」就好，更不要碰觸或騷擾。

七、如果守靈期間，亡靈疑似以害蟲或有害動物形體現身，不建議終結其生命，以免造成「誤殺」。

這有一個前提，就是靈堂或喪宅家中環境必須保持整潔，否則容易導致誤判。比方說，桌上祭拜的食品擺久未更換，其味道容易引來鼠、蟑、果蠅之輩殷勤光顧；家中夜間燈光過強，容易吸引具趨光性的昆蟲前來；要是住宅四周或鄰近區域有禽畜養殖、堆肥或垃圾場，招致有害動物前來的機率當然比較高。如果環境整潔和設備都顧慮到了，守靈期間還是有這類有害動物出現，那就別急著去「處理」掉。

喪家家屬也許很「怨嘆」，怎麼往生者不化為蝴蝶或飛蛾前來，這樣不是比較「唯美」嗎？

請別這麼想。我有一個南部同事，母喪期間有隻老鼠天天進入靈堂，不怕生地站在遺像前凝視，再緩緩離開，親屬認為老鼠這種「壞東西」還跑來，簡直囂張，成何體統！準備買黏鼠板伺候，卻被前來誦經的道士阻止，認為這應該是「錢鼠」，帶財來的，可能是亡靈藉由這隻老鼠帶來訊息，將會保佑家產興旺，家屬半信半疑，決定不予處理。

半年後，家中產業果真一路暢旺，業績長紅到莫名其妙，這下才相信有此一說（請容許我在你內心打上「字幕」：民俗說法，每個案例結果未必相同，建議勿過於迷信）。

八、如果不小心「誤殺」了這類昆蟲或動物，記得雙手合十默禱，請求諒解。

我承認這種說法並不周到，恐怕會讓眾多講求科學證據的朋友嗤之以鼻。以我個人經驗，剛好有兩件個案，只是「樣本數」太少，也難以證明吉凶的關聯性，還不能稱之「科學」，但姑且聽之。這兩個喪家在治喪時，恰巧都是螳螂進入家中；其中甲家來幫忙的遠親在抬供桌時，不慎一腳把螳螂踩死；在乙家，則是往生者最小的兩歲孫子，大膽地把螳螂抓在手上，捏著左搖右晃，將這隻可憐小東西的手腳搞到快斷殘。甲家遠親眼見自己踩扁螳螂，沒啥反應，只是穿著鞋子一擦一踢，把螳螂甩得老遠；乙家阿嬤則在看到小孫子把螳螂丟出門外後，嚇得趕緊帶著娃兒雙手合十拜拜，請求螳螂原諒。

後來，甲家遠親忙完後開車返家，在路途中遭遇重大車禍，內臟大量出血，肋骨斷了好幾根，搶救好久才活過來，復健又是一段漫長路；乙家小娃兒則是當日稍晚被家中折疊鐵椅狠狠夾到手腳，紅腫脹痛甚至「烏青」，神奇的是腫脹很快就消失，並迅速恢復正常。

上述案例僅能做為參考，無法認定「就是這樣」，或許也是巧合。不過我相信，這類無心誤殺小動物，是有可能侵犯或損傷到往生者的守護靈體，進而產生自然反彈，建議還是請求原諒比較好，應可獲得諒解，有機會躲過一些意外災難。

還有，往生者逝去後，亡靈的見聞、思考理解方式，甚至是性格，未必與在世時完全相同，如果你對於無意間冒犯竟然會引來這麼大的「反彈」，感到不可思議或不能接受，那麼我認為你還是要強迫自己將之視為平常，畢竟亡靈與我們已分屬兩個不同世界，即使死去不久，其性格仍有可能產生顯著變化。某些殯葬業者在訓練成員時，會特別叮嚀在協助處理治喪事務時，務必小心不要踩到或傷害「平常不太會出現的昆蟲或動物」，以免犯了某些忌諱。

九、從第一項再延伸：有時亡靈化身為動物返家，不一定單純「想念」親人，可能帶有特殊意義。有位讀友告知經歷，說明自家阿嬤過世第七天，家中客廳布置的靈堂果真出現一隻白蛾，但不知怎麼搞的，屢次都只飛了一下，就停在客廳全家福照片中的二叔臉上，而不是阿嬤。二叔是這家中最令人頭痛的「狠角色」，因為他好賭，敗光不少家產，還逼迫父母給錢還債，而且管理家族物業毫不用心，虧損累累。二叔遲到返家奔喪，眼見飛蛾都停留在照片中他的臉上，竟得意洋洋地自誇：「你們看，媽還是疼我的！」結果，阿嬤出殯後第二天，這位二叔就在外地不明原因猝死！親人恍然大悟，認為疑似化成飛蛾的阿嬤，有可能在示警即將要出現的危機，不一定是在「想念」誰。

十、化為小動物或昆蟲的亡靈，不見得只會回到自家。靈堂、相關親屬或友人家、熟悉場所等，亡靈都有可能前往。這個觀點是我訪查大約二十人的經驗後，所得出結論，大致上是亡靈會在不同時間、化身為相同或不同的動物形象，前往不同處所。因此，亡靈晚上「回家」可能是隻蝴蝶，上午到其他親屬家、友人家，可能變成飛蛾；下午到某某熟悉場所時，又成了青蛙；至於「他」性格會不會跟在世時相同，到哪裡都以相同的動物形象示人，這都不無可能。

某位新聞同業在聊天時提及，他辦公桌旁邊坐的是資深編輯，每天下午三點準時坐鎮崗位，準備晚間新聞的播出作業。某天上班時，他突然「趴睡」在桌上，眾人以為他只是睡個午覺，不以為意，沒想到正式作業開始後，他並未醒來，還搖不醒他，後來才驚覺他早已因心肌梗塞過世。

此後半個月期間，每天下午開始作業之前，都會有一隻黑蝶緩緩飛進辦公室，大家也心知肚明，不多打攪。不過，你會猜牠一定是停在資深編輯的座位上吧？並非如此喔！牠在辦公室裡到處飛來飛去，宛如在「調度指揮」新聞作業；偶爾還會停在製作人、主播、導播的頭上或肩上，像是叮嚀或祝福。

神奇的是，某天某位編輯下標題時打錯字，這隻黑蝶就停在這位編輯辦公桌上的厚重字典旁；其他同事見狀覺得異常，便提醒這位編輯要注意。此時，該編輯將眼光瞄向電腦螢幕，覺得某則新聞標題的某字下得「怪怪的」，經由旁人指出，才發現這個字錯得離譜，再經由字典查核比對確認，幸好迅速更正，沒有播出去給人看笑話。

說也奇怪，這隻黑蝶就自然消失了，而且沒人發現牠怎麼飛走的，相當玄奇。

因此，亡靈不見得只會回家，也有可能想去哪兒就去哪兒，選擇的地點多半以習慣、熟悉、喜好、思念某人某事某地為主要考量，好奇則僅是其次。

十一、「如果亡靈化身為動物形象，前往其他親戚或友人家，會不會跟回家一樣，除了對特定在世者的思念與致意，也可能帶來其他含意？」我想應該是的。不只是思念或打招呼，亡靈化身的動物形象，也會視情況致謝、帶怨、警示等，當然也有「隨便晃晃，到此一遊」的隨性亡靈。其中要特別關注的，是「有事請託」、「提前警告」這類意涵。要怎麼看出來呢？我的經驗是，這類動物形象會屢屢出現，而且常移動或停留在某個定點，以吸引注意力。

曾有位關係良好的友人車禍喪生，在他過世後大約兩、三週內，我在家每天都有隻灰蛾駐足到我頭上，讓我不注意都難。有時，我被這隻蛾「搔癢」弄煩了，用手不斷驅趕，過不了多久，牠又回來停留在我頭頂。我也拿了蒼蠅拍準備將之擊落，但始終抓不到，這可惹惱了我。

後來，我參加這位友人的告別式之後，當天下午到某地辦事，走在人行道上時，竟然碰到大樓大片外牆磁磚瞬間脫落而降的驚險場面！這場「磁磚雨」嚇得我站在原地不敢動，不到兩秒，便眼見四周散落一地碎片，但我卻奇蹟般毫髮無傷。大樓管理員衝出來看到我，發現我所站立的那塊小小範圍，剛好沒有碎片落下，讓我躲過一劫。當晚返家後，我仔細回想，或許灰蛾的出現是友人在事先警告！因為在此時，以及之後，我再怎麼「期待」灰蛾出現，牠都沒有現身，所以研判這是他事前善意提示，我也趕緊收好蒼蠅拍，仰天向友人大聲致歉，感激他的護佑。

十二、「亡靈若化為小動物或昆蟲返家時，大家趕快召集起來誦經，為這位往生親人祈福，據說亡

靈可獲得加倍功德，在世時與家人的恩怨都能化解。是嗎？」那當然是大錯特錯！我不曉得這種迷信傳聞是從哪裡來的，想法也太天真了，總之，這是完全無效的做法。在這種時候去「加倍功德」或「化解恩怨」，只是在自我安慰，遠遠不如當事者還在陽世時，彼此好好互動、避免衝突，來得更有效。

我看過某些子女與父母的相處極端不睦，等到父母逝世後，子女卻又哀號不捨、隆重祭拜，在我感覺，那比較像是做給外人看的虛偽表現。若真要孝順，父母在世就可以好好做，用不著到治喪時「大徹大悟」。台灣俗諺中有句「在生有孝一粒豆，卡贏死後拜豬頭」，相當傳神且深具義理。

十三、「亡靈有沒有可能採取託夢方式返家？」有。相信很多人都有這種經驗：為親人治喪期間（或之後），夢到往生者前來致意或交代事項，不見得僅有動物或小昆蟲顯像而已。至於夢中所見是否確為往生者真實意念的表達？我不能百分之百肯定，但寧可相信有一定真實性。

我遇過有些喪家「抱怨」往生親人倍受哀榮，卻從未以小動物形象出現，也不曾入夢於家中任何成員，顯得很「無情」。我聽了不以為然，特別強調說：「怎麼不說亡靈體貼入微，擔心嚇到你們呢？」、「沒事也沒交代，不正好意味著了無牽掛？」喪家雖然頻頻稱是，仍有些不解：「沒顯靈讓我們思念一番，實在沒道理耶！」我聽了反而很想大笑，卻也感受到這家人對往生親屬的深厚思念之情。

以上這些都是我忠於自己所見所聞而撰寫，或許不同通靈者的見解看法又有差異，我都尊重。

天天來吃拉麵的黃蝶

數十年前，我在日本九州曾訪問過某家很特別的拉麵店，不僅是父傳子嚴格訓練，而且依然保留初代老闆所創的原有風味不變。不過，據說第二代老闆沒生兒子，只好從三個女兒中，選出最有興趣接棒的大女兒與女婿，期盼將這個好味道繼續傳下去。

第二代老闆告訴我，有個長達四十二年午餐都吃該店「味噌拉麵」的忠實老主顧，前一陣子過世了；離奇的是，「他」剛死那段時間，天天都會回來點餐。我聽了大吃一驚，也納悶老闆怎麼知道「他」來了？而且到底要怎麼點餐啊？

我本來以為是「人形亡靈」回來嚇死大家，老闆搖搖頭說：「不是。在老主顧死後的頭幾天，中午時間都有一隻以往不曾見過的黃蝶飛進來，而且停在牆頭貼著『味噌拉麵』四字的菜單上，一動也不動。」老闆說，他心裡暗暗有感，認為這應該是老主顧沒錯，便默默奉上一碗「味噌拉麵」，放在固定的老位子上。所有來吃飯的顧客也知道，這是老主顧專屬座位與美食，不會搶著去坐，大家邊吃邊默默緊盯著黃蝶，看看牠會有什麼動作。

老闆說，黃蝶會在拉麵端上來後大約半分鐘才開始動作，而且迅速且優雅地停在碗口上，直到兩片翅膀開合幾回後，像是打個招呼「吃飽了」，才又開始起飛，不必開門，「他」就從通風口慢慢地飛出去，直至次日中午又再出現。

至於持續多少天？老闆也沒多記，隱約記得好像一、兩個星期後，黃蝶再也沒有出現，讓他有些失落感，深嘆失去一個這麼死忠的老主顧。

日本部分地區，也有相傳這種「亡靈化身為動物」說法。在一場於東京舉行的國際友人小型派對中，我把拉麵店的故事告訴在場所有朋友。來自北海道友人首先附和說，她絕對相信，因為自己爺爺死後第五天，就化身成狐狸，跑到家門口拚命抓門，而且竟然知道後門沒關，於是從後門輕盈進入室內後，也不怕生，靜靜地坐在爺爺房間的門口，怎麼趕都趕不走，又看牠未造成破壞，大家只好隨牠去；可惜僅有一天，這狐狸離開後，再也沒有出現，引起大家一陣嘆息。

我想知道各國是否跟華人社會一樣有「頭七」這類規矩，但沒時間深究，因為光是「亡靈會化身成為什麼動物」，就讓一群朋友興致高昂地討論了半天。

泰國來的朋友最有趣。他說：「我沒聽說過這種事，現在卻開始擔心萬一哪天親人死了，變成大象衝進家裡怎麼辦？豈不踩扁整棟房子？」惹來哄堂大笑。

面對親友離世

我們遲早都要面對家人、親戚或摯友的死亡，或者早已有過這類經歷。你有沒有想過，自己是用什麼樣的心情去面對？你會對過去彼此之間的相處過程，加以反思與檢討嗎？是深深懷念、感恩，還是無盡怨恨或懊悔？

無論結果是良善、美好、災難或不堪回首，都代表自己對於往生者的真實評價，也是在給自己打成績。互不相欠或往生者欠你較多，那是最好的結果，至少你對得起先走一步的人；從某個層面來說，「無愧」就是福報！你要做的，就是毋須過度傷悲，而是深深祝福，祈求他一路好走，諸事圓滿。

然而，萬一對往生者曾有虧欠或遺憾呢？我就看過有人對往生者的死悲慟難語，深感過去自己言行不當、做錯了事而傷害對方，良心備受譴責而有愧，於是採取自戕或激烈的自傷行為。我能理解這種情緒，也知道自傷的人是希望藉此獲得諒解，然而，建議最好是懷著誠懇懺悔之心，在亡者靈前坦誠說出內心話，祈求原諒，並承諾以實際行動，改變過去的不當作為，就有可能積善植福，這才是為往生者好，也為自己好，時日一久，必能看到正向變化。這不是傳教或講經，我看過太多類似個案，發生最多的當屬「浪子回頭」型；這些幾乎都是誤入歧途的兒子終於受良知喚回，憶起已逝父母的關愛和教誨，深感有愧，大徹大悟，重新做人，也造福了社會。

這裡特別強調「實際行動」，必須是真心悔改，持續改變。若只想著「我每天唸經、累積功德迴向給他，應該有效吧？」那就大可不必了。對方未必收到你的「好意」，而你也只是「唸」，卻沒辦法藉由經文意義得到實質領悟，更沒辦法得到轉念及實際作為，不過只在自我安慰，如果自身不實際改過向善，依然故我，這個功德是真有功德？效果宏大嗎？這可不是買保險或贖罪券，請多三思，以免徒勞無功，還添了更多怨與業。

回過頭來談往生者的「變身」。我覺得陰陽兩界有如此機制，其實是溫馨的「人情之味」，並不可怕。當我聽到絕大多數朋友忌諱談此事，覺得「好可怕」、「陰魂不散」，並不會對其責怪或嗤之以鼻。畢竟長久以來，東方民族大多將此視為晦氣、陰森，或貼上恐怖標籤，只能尊重各人想法。

我看過不少喪家，相當執著於「一定要看到顯靈出來」，不管什麼方式都行，否則就是「不愛我們」或「一定有什麼內情不說」，甚至還要找靈媒傳話，或者「觀落陰」去探亡靈……你覺得這樣不斷打擾往生者，會比較妥當嗎？如果我是亡者，屢屢這樣被叫喚，登台現身，那可真是哭笑不得啊！雖然知道自己深受思念，也許會寬慰些，然而……有事為何不在我還活著時候說清楚、講明白，非得要熬到天人兩隔才大費周章咧？

所以，建議不必過度糾結、失落或埋怨；自然而為，自省改善，深懷祝福，這就是最佳方式了。

新加坡的「死人街」

在新加坡素有「中國城」（Chinatown）之稱的牛車水，故事挺多的。

兩百多年前，英國人殖民版圖不斷擴張。為了發展新加坡經濟，故有計畫地自海外招募大量勞動力。每次看世界歷史談到這種「勞動力」，總有一肚子悶氣，因為那經常象徵著離鄉背井的勞工，在嚮往與憧憬背後，伴隨而來的是剝削及慘無人道對待。當然，其中還是有衣錦還鄉的案例，但幸運兒到底有多少，你我心知肚明。

昔日不少中國大陸閩、粵地區勞工，有感於家鄉生活清苦，嚮往到南洋打拚，開創新天地，因此透過介紹所代辦或偷渡方式，積極南移至此，數年即快速增長到萬人以上。不過，到這裡來的人不盡然全是自願，也有被債主押身抵債的苦命人，或在家鄉被綁、當成商品販賣，各式各樣的遭遇都有，共通點就是地位極低。這群先代老華工幾乎都居住於新加坡河出海口一帶區域，在碼頭當搬運苦力為主，而因為街道每日漫天揚塵，故需以牛車載水沖洗並消酷暑。

一八一九年（清嘉慶二十四年），英國政治家萊佛士爵士登陸新加坡後，眼見這一帶華人很多，因此將此地劃設為華人居邨。又因當年新加坡尚未建立自來水管路設備，全市所需水源皆從市郊使用牛車載至市中心，再轉運至其他各地；華人居邨位於此地，恰巧離市中心近，天天可見牛車載水的景象，久而久之，這個華人居邨就被稱為「牛車水」，算是名副其實。

現在，遊客抵達牛車水時，重點大多擺在購物、美食與佛牙寺，較少人關注此地的歷史。我呢，因為早年對新加坡廣播局所製作、聚焦華人經歷的連續劇《霧鎖南洋》很有印象，所以會關心牛車水這裡的華人先祖，曾歷經過什麼樣的生活。

二〇一四年六月，我和妻子到新加坡。她去逛街，我則是藉由與在地住民訪談、自身感應，與之後查閱相關文獻，初步找到許多與一般觀光客完全相異的個人另類體驗。

日本女性的悲慘遭遇

話說佛牙寺附近的巷弄和街道，曾經存在許多截然不同的人生光景，如今隨著時代演變而被歷史洪流吞噬。昔日華人也好，來自其他國家的弱勢族群也罷，其故事皆以悲劇收場居多，即使現在敲著鍵盤，我仍有著隱隱的刺痛感。

在此停留時，我意外發現往昔日本女性在海外的悲慘遭遇。

先說史密斯街紅燈區。二十世紀初期，男性移民人數遠遠多過女性，為了解決生理需求，此處娼妓業盛行一時，多達二十餘間妓院，以華人經營為主，也有日籍老闆，遠從日本將女孩以船運送至此，不管是募來、騙來、拐來或為家裡還債，最後就是被逼迫當成生財工具。後來，我從文獻得知，當年此地妓女的生涯極盡悲慘，凌虐是家常便飯，能活著離開算是祖宗積德；有不少年輕女孩命喪南洋，被棄置在荒蕪失修的墓園裡，積滿數不盡的怨怒、悔恨與悲哀。

新加坡實龍岡地區泉合道附近，有座「日本人墓地公園」，環境整潔清幽，傳說裡頭有眾多當年被賣、爾後病重冤死的少女之墓塚，已獲得重新整理安置。此事若為真，算是給予應有尊重；只是墓區也有部分在二次大戰中死亡的日軍官兵，共同長眠於此，那感覺還真是有些複雜，五味雜陳。

這些可憐的日本少女在當年被稱為「唐行小姐」（からゆきさん）或「南洋姐」，被賣到南洋各地。據資料記載，「夜渡資」大約二至五元，即使一夜接客多次，經由「龜公」（多指妓院打手或雜役）層層剝削，能獲打賞個一、兩角錢，即堪稱「恩賜」。

身為遊客的我，屢次到史密斯街或緊鄰街巷，不曉得是心理因素或其他緣由，每每都會遇到有股強大力量想將我往街外推，有一次更聽到「別看，會傷痛」的喊叫聲，感覺有點莫名其妙。是否因感應到怨念或悲情所導致？還是守護靈體貼，怕我感應到加倍痛苦難過的事？我沒有辦法確認，僅能主觀推測。

一九三〇年代之後，這裡的紅燈區逐漸沒落，至二戰結束起始，則以美食街小攤販取而代之。如今已是二十一世紀，如果近百年過去，那股力量依然存在，其怨念之強烈，就可想而知了。我始終沒有辦法走完史密斯街，因為只要我一靠近它，除了會被無名力量推開，還有泫然欲泣的感覺，久久無法恢復，可能是我的守護靈同感哀慟？不曉得。我試過幾回都沒成功，就不再勉強自己，以免淚流不止更失態。

不過，一般人及遊客完全不需對此驚慌害怕，因為大多數人是感應不到的，就算有「阿飄」也找不上你，敬請安心。

貧苦居民待終處

在佛牙寺另一邊，又存在著不同的人生故事。

聽當地耆老說，早年佛牙寺附近的碩莪街，林立著製作西米露原料「西米」的工廠，相當熱鬧；不過，鄰近區域所經營的生意業務，就跟食材完全無關了。

眾多觀光客大多是透過設置在巷口的標示牌說明，才知道這個區域從百餘年直至數十年前，最有名的產業，竟然是殯儀館與喪葬相關業務的聚集重鎮！而「死人街」地標大剌剌矗立在牛車水區域，相當直白，一看就懂。

昔日此地最大宗買賣，原先並非殯葬用品，而是幫垂死貧苦居民提供「待終」的最後棲身之處，以便就近處理身後之事。話說怎會有「死人街」呢？當年閩、粵鄉親移居南洋，多為貧窮移民；男人從事勞動苦力，那麼女人呢？女人可不是多數在家相夫教子、與街坊姑嫂長舌八卦，據說以幫傭居多，薪酬極低，常遭剝削。他們每日為了三餐溫飽、照料孩子而艱辛掙扎，落腳居住的處所全是矮小簡陋空間，生存環境極端惡劣，根本無法風光地衣錦還鄉，僅能終老於此；家中倘若有垂死成員，遑論完善的醫療照護，也沒有足夠空間可供騰出處理後事。另外，當地華人的傳統觀念裡，始終迷信人死在家中，必定會為自家甚至街坊鄰居招來厄運，這可如何是好？

腦筋動得快的殯葬業者，乾脆開設「大難館」（廣東人對殯儀館的別稱）、「養病所」（其實就是等死房，若這裡「客滿」，則多移至「大難館」）這類設施，為垂死待終者提供寄宿棲身與簡單醫療之處所，同時更能妥善安排其身後事（店鋪裡多的是棺木、壽衣、殯葬用品等，奢儉由人，任君挑選），簡直就是「一條龍」包套設計，環環相扣。據說，當年把快死的人送進這兒，通常是確實等死而並無安寧療護。

況且，所謂的「大難館」，也稱不上什麼「館」，多數是在街旁用木板隔出一個個空間，擺放棺木和燒黃紙（冥紙）用的火爐；有些還沒死的人，業者就將其「擱」到裡頭隔間或未隔間小房內躺著「待終」。乍看之下，這似乎為窮苦華人家庭，提供解決傷感痛事的服務，但換個角度來看，若待終者被抬到這種地方「等死」，光是聽隔壁傳來誦經、開棺、釘棺、抬棺、哭喊聲，再加上難聞氣味，只怕使病入膏肓者的病情更雪上加霜，搞不好提前受到莫大驚駭、嚇都給嚇死了！

身在「大難館」，果真「大難」臨頭，就這樣一命嗚呼。

我大略看過星馬學者的田野調查資料，指出當年在「大難館」度過人生最後歲月的主角，以居住於牛車水的民眾為主，全是老、弱、病者。民間文獻則記載，某些無法贖身、患有肺癆的妓女，也被丟包於此地無人聞問；更有貧家養不起的嬰兒，被棄置在「大難館」門口或垃圾桶，讓我看得眼淚直流。文獻裡有個案例，指出工作人員找醫師過來，要幫某人開死亡證明，但大體才剛入殮，卻發現那個人氣息猶存，嚇得眾人趕緊將他抬到醫院去急救。

不過，從現在全球防疫觀點來看，類似「大難館」、「養病所」的設立，搞不好就是隔離傳染病患者與家屬的「防疫旅館」原型。只是我怎麼看，就是覺得欠缺對人性的尊重。

往昔殖民政府眼見這種「大難館」現象實在不妥，也令不少洋人瞠目結舌，心生恐懼。儘管歷史記載指稱有過數次明令禁止，但成效依舊不彰，直到一九六一年左右，官方終於鐵了心，加強取締，甚至將某些爭議街區的老屋，以鐵腕手段夷為平地，好讓「大難館」全部關門歇業，同時說好以後這裡只能賣殯葬用品。

很多文獻說此地本來就只賣殯葬用品，可能有誤，或許要把之前的「大難館」、「養病所」那一段接上去，這段歷史才會比較完整。

老一輩居民回憶說，華人業者都很聰明，更懂得變通。就算上有政策，這個殯葬產業需求又如此之大，那麼便下有對策，乾脆「轉型」——某些商家在樓下賣殯葬用品，然後將樓上空房隔間，租給窮苦的獨居老人，美其名像獨居雅寓，其實還是「等死房」，只是換個方式。

如果我所聽到的口述歷史全屬事實，許多瀕臨垂死的弱勢長者，把所有身家財產全交給殯葬業者，等於像「預繳保證金」——意思是說，以後咱家要是往生了，後事就由這家業者獨家承攬（依舊是「一條龍」獨門生意）。試想一下，在街旁民宅二樓陋房裡，一群骨瘦如柴、毫無精神的老人家，整天孤獨靜默地看著窗外街道，這種畫面多令人心酸。

一九七〇年代，新加坡政府總算把這裡「打掉重練」，擬定街區改造計畫。昔日弱勢無助老者坐在窗邊「等死」怪象已不復存在，再加上大力建設開發，如今街區已然變為牛車水繁華重鎮之一，風貌滿像台北臨江街、饒河街這類夜市。要不是「死人街」這種標示牌佇立在街口，你會相信數十年以前，此地竟有如此特殊悲涼的人生風景嗎？

從照片感應到的故事

我感興趣的，並非這條「死人街」過去歷史有多「恐怖」，而是街口那座標示牌上嵌入的一張照片，此乃新加坡國立歷史文物檔案管理單位所提供的。我也相信，主事者為了避免太過驚悚，特意挑出一張「比較不那麼恐怖」的照片。

話說這畫面中有個老人家，應該不是「待終者」，可能是「大難館」資深員工，正在隔間中的某具棺木前，好奇地張望。而木頭屏風半遮的狹小空間裡，露出一截棺木與往生者畫像，這讓我感到好奇，因為從棺前的畫像中判斷，死者可能是位年輕女性，但旁邊毫無親人，連燒黃紙的爐桶也是冷的，棺木亦未擺正，讓人好奇她的身分和背景是什麼？為何如此孤伶伶的？

高竿通靈者只要藉由相片（即使複製亦同），就可以取得與冥界某些磁場上的訊息連結，無奈我的功力連「咖」都稱不上，想要連結則需碰碰運氣。然而，我湊前近瞧，把手掌朝向照片，發現竟有靈動反應（放心，一般人不會感覺到，請勿害怕），就像觸電般，讓我有機會開始與照片互動。一旁有個賣椰子涼水的阿伯，也跑來瞧個仔細，然後搖頭離開，可能心想這傢伙是哪來的神經病，學著一代宗師葉問在那兒手舞足蹈，把告示牌當木人樁在敲打，我倒不以為意。

起先，我以為所感應到是照片中那位站立長者的靈（若今天還活著，猜測應該已超過一百八十歲以上），但接收到的第一段內容，讓我無法判斷是否為往生者的靈動訊息，初步解讀僅知：這張照片並非真正的原始照片。什麼意思呢？可能是：一、其間曾有修圖；二、有翻攝保存，但大致上完好。其實還有另一個訊息是「可能由英國人拍攝」，但我不敢確定。

在此之後，就毫無聲息、沒有任何靈動了。在將近攝氏四十度的高溫豔陽下，我猛擦汗並靜靜等待，五分鐘後，耳邊突然傳來第二段訊息——它是一段方言！我趕緊四處張望，驚覺午後大熱天下，只有我一個人站在街口當傻瓜頂著烈日，妻子還在服裝店裡悠閒地挑選南洋絲巾，所以確定四周近處並無路人交談。按照經驗，這或許就是另一種形式的靈動！於是我繼續恭敬聆聽，探索這裡頭到底在說些什麼。

什麼方言呢？似乎是一段家鄉話，聲音尖銳，像在唱粵劇大戲的女聲，可惜我不太懂這個方言，即使很有耐心地聽完後，依然「鴨子聽雷」。不過，顯然「發話方」曉得我不懂方言，靈動過程中又重述兩次，就在此時，我突然豁然開朗，原本完全不明白，終於慢慢聽懂一些，但也僅止於部分。

原來，這是在講照片中的往生者（注意，這也可能是指照片中未入鏡的附近其他亡靈。至於是否為「本尊」親自所言，則無從判斷），指稱祖字輩楊氏原籍廣東三水（若以今日地圖觀之，那就是位於廣州市西北邊、佛山市轄區，但不見得就是現在的位置），距今約百餘年前，家鄉澇災，損失慘重，後由家中長輩決定，舉家移民前往南洋開墾。

至於她的死因，係為某種疾病，當時也有許多老人、婦女、小孩死於這種病（至於是哪一種病，恕我毫無概念）；而在家鄉習俗中，年輕女子死亡後，在未下葬前，棺材不能平放，儘管並未直立，卻是腳部墊高，頭部放低，所以斜置不平（但這都只是我的感應，尚需進一步確認）。

接下來的訊息就更讓人傷感了。我所接收到的靈動大致是說：往生者為「姑娘」、「妹仔」（指未出嫁），母親在她往生後四個月，也以同樣死因逝世；由於父親與兄長、弟弟當苦力受剝削，無人守靈、燒黃紙，僅能託付「大難館」代為處理。事實上，喪葬費用也是先行賒欠，沒想到又接著遇上母親往生，負擔加重，故全家後續還款過程並不順利。

這是我唯一取得的兩段靈動訊息，因方言並不好懂，僅能勉強猜出一部分意義。至於是誰說的？可信度是否高？有沒有可能是外在邪靈惡作劇？這些皆有可能，卻也無法證實。當時我要請教究竟係何方所發出之靈動訊息、往生者名字（僅知為楊氏，也許可能是不在照片畫面中的某個亡靈）、何時過世、葬於何處；以及照片拍攝地點位於什麼方位、往生者是否已投胎，都沒辦法獲得回應。

在此提醒具有神經質個性的朋友，若你有機會前往牛車水的「死人街」，不建議你去細看那張照片，畢竟光是讀指示牌上的文字，腦海中就極有畫面，只要知道有這段歷史就夠了，以免細看照片後胡思亂想，徒增困擾。

這次的通靈體驗有個插曲。在我回到飯店休息時，當天傍晚，從脖子下方至肩頸交接處、背部、腹部，突然出現以往從未發生過的點點褐斑！這是曬傷所致嗎？不，倒是像得了天花、痲疹、水痘這類病症，雖然不痛不癢，我仍趕緊冷靜地祈求神明幫忙，猜想這**可能跟磁場的靈動有些關聯**，妻子深怕有無形邪靈上身，甚感憂慮，我則判斷應無大礙；身上褐斑在兩天後逐漸轉紅，之後迅速消退，並沒有影響到後續旅程。順便提醒，一般人應該不至於和我一樣，不過遇到類似狀況時，請勿過度憂慮，若感不適，必要時仍應就醫為宜。

期望過往不會重現

如果靈動訊息確實是從照片中而來，那麼我會為這段庶民歷史感慨萬分。最慘的是，這些往生者走得坎坷，留在陽間者也不好過，可謂「名為牽絆，實為折磨」。有時想想，這些前人在世時沒幾個盡興享福，都是受苦磨難居多；既然如此，若求不得好日子過，早日解脫磨難枷鎖，我認為倒也絕非壞事。只是，我這麼說必然會遭不少力倡「生命教育」的人士罵到臭頭。

不知為何，這些年過去，偶爾午夜夢迴時，我心中會思索著這座南洋華人重鎮，往昔竟然存在如此不可思議的「肉身剝削」及「待終歷程」往事，內心總會悲戚難受。多麼希望這些歷史都是捏造的，更祈盼每個人都能擁有美好的人生終點，永遠別被當成商品販售，或者身受重病，連醫都沒能醫，就要被送來痛苦地「等死」。

光是想到這裡，心就覺得很酸，難以承受。只能祈求老天，未來的人間世界不會再有這種悲劇；人人生而平等，死能保有尊嚴。

瑞士洛桑的「神鬼救援」

二〇一五年夏季，不曉得哪來的突發奇想，可能是覺得很久沒帶妻子出國旅行，我腦海中閃過瞬間意象，是瑞士的湖光山色，直覺告訴我，那麼就去瑞士吧！才三秒鐘就決定了。

我的旅行向來很隨興，說走就走，但這趟是要去消費水準極高的地方，手邊能動用旅行預算卻極低，只能克難自助，加上工作性質較難請長假，一堆棘手問題接踵而至，讓我有些想打退堂鼓。不過既然要玩，放手一搏又何妨？也很莫名其妙的，這些問題竟然都順利解決，從決定去瑞士自助旅行到搭上飛機，只有兩個星期時間，連同事都說「不可能」，但最後卻順利成行，在搭機過程中，我還頻頻捏自己手臂看疼不疼，深怕這只是一場夢。

在年輕時代，我曾到瑞士自助旅行，已有經驗，加上本人方向感和找路本領還不錯，連我媽都說我是賽鴿來投胎，因此面對瑞士多種拗口唸法的地名，還有錯綜複雜的交通網路，管它東西南北，就算沒帶手機出國，光憑一張地圖，我照樣游刃有餘，從不迷路；儘管我不懂什麼德語、法語、義大利語，英語也不怎麼靈光，依然大膽衝鋒陷陣，充分發揮「憨膽玩家」的水瓶座「玩命」本質。妻子則是屬於「亂亂吃、傻傻玩」那型，跟著我走遍全球，只要能出國，心情就超快樂，反正只要像無尾熊攀附尤加利樹一樣，把我巴得死死的不會走丟即可。就這樣，兩人一塊兒向前衝，上山下海痛快得很。

找不到回程公車站牌

離開瑞士的前一天清晨，我們自蘇黎世從北部往西南方，抵達大城洛桑（Lausanne）。這個國際奧會所在地的城市非常迷人，可是從店家招牌、生活設施到交通工具指引，似乎以法文居多，讓我們感覺好像來到外太空似的，對著公車站牌上的路線資訊，猜了老半天都得不到像樣答案。但我們傻在教堂前面吹風也不是辦法，於是趕緊到大街上，找到一位略懂英語的少女問問，總算得知前往 Sauvabelin 公園的ＸＸ號公車當天有營運，畢竟部分公車路線不是每天都有開，最好要搞清楚，否則萬一耽誤行程就麻煩了。

我們選擇到這座公園，純粹是我過去獨自前來時留下的美好記憶，想帶著妻子體驗。公車抵達後，我們很喜歡此地的自然風情，還欣賞瑞士幼童軍在接受訓練，看得目不轉睛、津津有味。幾個小時過後，雖然接近傍晚，夏季的天色還非常明亮，不過，我們得折返到洛桑市區，搭乘瑞士鐵路快車返回位於蘇爾塞（Sursee，在瑞士中部）的民宿，因為次日一早，我們要扛著背包趕往蘇黎世機場搭機返國。

這時，麻煩來了。按照一般情況，回程時應該就是到對面搭乘反向的同路線公車，但問題是——竟然找不到回程公車站牌！

這是「腦筋急轉彎」在考驗人嗎？我本來不是很慌，因為依循過去經驗，頂多向前或向後走幾十到上百公尺，應該就可以找到回程站牌，不可能「有去無回」，所以還很悠哉地走。不過，隨著反方向沒有任何公車前來，加上真的找不到站牌，才開始有些緊張。

我們回到原先下車的公車站牌那兒，上頭貼了一張寫得長長的告示，但因為全是法文，猜不著是什麼意思。後來，我只好硬著頭皮，頻頻像抓雞一樣抓到路人就趕緊問。洛桑市民友善親切，無奈似乎聽不太懂英語（還是我的英語太爛了？），我乾脆用畫圖方式告知所遇到的困難，對方則是表情和手勢豐富地解釋半天，可惜我連一句法語的意思也猜不出來。問到第四個人，我和妻子早就一臉「傻眼貓咪」窘樣，面對著「我很抱歉沒能幫上忙」表情的陌生大嬸。

情急之下祈求神助

完全問不出個所以然，該怎麼辦呢？我猛然想起，既然問人問不成，那就該問神嘛！

於是我低下頭來，眼睛閉上，祈求老天爺趕緊來幫忙，說明我們遇到緊急狀況，找不到回程公車站牌，又怕這是班次很少的路線，可能末班車早就跑了，對我們第二天要回台北的行程安排衝擊很大，非常需要老天爺幫忙解救。

就在那個瞬間，我彷彿「聽到」神明指引，叫我趕快看著那張公車站牌上的告示牌，祂會呼喚幫手，並轉由在地遊靈協助我。

是嗎？我趕緊面對告示牌，凝視著它卻愣了好一會兒，妻子有些焦急地看我，眼看時間一分一秒過去，深怕依然找不到答案。

說也奇怪，我似乎從字裡行間裡，看到幾個字句，而它們也發出另一種奇特聲音讓我聽到！是在地遊靈嗎？好像是喔，在那當下，我不停地感謝遊靈幫這個忙。寫到這裡，或許又有人嘲諷我是在胡扯，不過，我真的聽到幾個字句所發出的聲音，至今始終都沒忘記；那幾個單字是法文，但在那一瞬間，我居然能理解，答案因此解開了！

那幾個字句分別是「往下走」、「到斜坡」、「有岔路」、「向左看」。

我依照經驗予以解碼、排列組合，意思是說「沿著這座公園山坡，向前，一路走下去，就會看到斜坡，那個地方有條岔路，往左邊看，就會找到了」。

妻子半信半疑地問我：「真的假的？」我則是故作淡定地告訴她，神明和遊靈都來幫忙，錯不了，千萬別懷疑。

其實我還是頻頻冒汗，心裡難免會憂慮，深怕找不到。畢竟我只是個平凡人，可不是什麼聖人、超人。不過，往昔曾經在旅遊業受過帶團訓練，講師教導我們身為領隊，絕對不能讓客人驚慌，即使遇到突發狀況、自己嚇得都快「閃尿」，也要鎮定地安撫客人「沒事、沒事」，因為領隊就是穩定客人情緒最重要的磐石。

以前在飛機上遇到晴空亂流時，我會主動安撫旅團成員，如今遇到這種完全不明朗的事務，真怕有個什麼閃失，卻又不能表現出六神無主的失常情緒，只是滿頭大汗，狼狽地露了餡，讓妻子跟著憂心不已。

我們走了大約四百多公尺，前景依然撲朔迷離。按照我們在台灣生活的經驗，雙向站牌不可能彼此差距這麼遠吧？眼看著人煙漸漸稀少，涼快的公園綠蔭下只剩我們兩人時，轉了個彎，前方果真出現斜坡，而且有一條橫向馬路在眼前，沒錯！這是岔路！

我們在斜坡上不斷奔跑，果真確認前方有條岔路，趕緊向左邊一看……啊呀！終於看到回程公車的站牌了！我們喜出望外，像是在海外看到家人一般，趕緊跑過去，確認是回程站牌，便高興得跳起來，當場只差沒抱著柱子吻它個三百遍！

但還不能太大意，因為XX號公車的末班車到底跑了沒？我們完全沒把握，只知道它的班次不多。在這種傍晚時分，萬一公車老早就打烊，我們還真不曉得到哪兒去找計程車；就算有計程車，搭這麼一趟到洛桑車站，以百物騰貴、物價奇高無比的瑞士來說，很有可能掏空咱們行囊及口袋，然後痛徹心扉地痛回台北。

當螢幕上出現XX號公車圖像，示意將在九分鐘後抵達時，我終於鬆了一大口氣。就在此時，一個光頭父親牽著四歲女兒，也慢慢地走到站牌這裡，我們向這對父女微笑致意，他則是用英語告訴我們說，他看到我們找站牌的整個過程，本來想過來指引我們，不過小娃兒不耐煩地鬧脾氣，因此沒能及時協助，請我們見諒。

這位在洛桑大學教外語的先生，經常帶著女兒到森林公園來玩，也習慣搭傍晚的這班車回到洛桑市區。他說，原本回程站牌就在來程站牌的對面，可是兩個月前由於施作工程緣故，導致回程站牌移到這麼遠的地方，回程路線改走岔路，要繞一大圈，他也覺得不太方便，更甭說要小孩走這麼遠的路等公車，當然會鬧彆扭、不高興了。

上了車後，他又告訴我，看到我們問了這麼多人問不出答案，最後卻能夠藉由公告去猜想，並自行解決問題，實在很不簡單。

我告訴他，其實我是透過神明與在地遊靈的聯合協助，才能夠脫困，他聽了萬分訝異。但他說，他非常相信，因為從往昔至今，他好幾次遇到危難，都是靠祈禱請求神明保佑，引導度過難關，所以百分之百相信絕對有神蹟。

這對父女在中途就下車了，我們開心地揮手道別。然而，我在抵達洛桑終點站下車，順利銜接北返列車離去的那一刻，還是為這件事不斷顫抖著。心想，如果沒有祈禱，沒有請神明幫忙，沒有遊靈協助脫困，到底會發生什麼事呢？況且第二天一早，我們還要趕到蘇黎世機場搭機離開，萬一搭不上，後續麻煩成串，肯定又是一場大災難，我們實在是幸運得不得了。

此時，我雙手合十，對著窗外向神明默禱致謝，也感恩在地「瑞士遊靈」協助。妻子說，還好有我在，否則要她一個人在森林公園裡找公車站牌，簡直「叫天不應、叫地不靈」，恐怖透頂。

我反駁說：「叫天（神明）真的有回應，叫地（遊靈）也非常靈驗，高興都來不及，怎麼會恐怖呢？話可不能亂說喔！」最後兩人相視而笑。

總之，敬天地、敬鬼神，並不是說說而已。只要你以虔誠之心，面對你願意相信且敬愛的神明，並友善對待在地遊靈鬼魂，縱使不見得每次絕對能獲得完善庇佑，也會盡量從旁幫忙，將災難程度降到最低。

敬神就會有助力

自年輕時就酷愛走遍海角天涯的我，旅程中並沒有人家想像的「壯遊」那般海闊天空，而是頻頻遇到驚險狀況，甚至幾近生死交關的場面——從槍戰、空難、疫病到搶劫！恐懼至今，我仍難以鼓起勇氣下筆描述整個過程。當年原以為身為堂堂正正的大男孩，當過兩年兵，膽大心細應該不會「怎樣」；但我錯了，不但有「怎樣」，還全都遇上！我常自嘲買張彩券都難得中個小獎，但旅途可能碰到的各種「要命」場面，卻幾乎不缺席，幸好最後都得以化險為夷。你當然可用「大難不死必有後福」來形容，不過在我的感受裡，**神界與冥界不斷在背後指引與護佑，才是最重大的關鍵。**

或許你會批評「那是因為你知道怎麼通靈啊！」可是，有不少對宗教虔敬的信徒，也都有類似「奇蹟」體驗，特別在遇有危難、「山窮水盡疑無路」時，僅需雙手合十或內心默唸祈禱，很容易與神界、冥界連線，不用怕，祂們會很願意幫你，從旁協助及引導走出困惑、驚險、危難的場面；即使無法全然盡如己意，至少朝著「柳暗花明又一村」的境地而行，雖遇災禍卻能降低傷害程度，或者另有彌補、緩解方式。

但相信有人必定「吐槽」——才怪！你看看新聞寫的：某某進香團這麼虔誠的師兄師姐，不幸遇到遊覽車大火燒車，死狀甚慘！國外某教堂或寺院信徒在禮拜時，碰上恐怖分子開槍、自殺炸彈爆炸，死傷慘重……如果誠心祈禱真的這麼「有效」，為何結局還是這麼悲慘呢？什麼「心誠則靈」？簡直「心誠則『零』」嘛！而且每次你的答案都是「可能因果輪迴」、「可能天理循環」、「可能老天爺另有安排」、「可能要視個案而定」、「可能……」喔！拜託，別再騙人了好嗎？

坦誠告訴你，過去我也曾有類似疑惑，請教過宗教家及通靈高人，所得出解答也差不多如此。不過，他們的答案中有著共同交集，那就是：

一、你平時是否相信與尊敬神明？是否對冥界朋友夠尊重而不冒犯？是否崇德良善？

二、相信老天爺的安排，或許真與因果有關；當下不見得理解，但日後必有領悟。

三、相信你的直覺感應，信任你的抉擇判斷。

四、絕對不能放棄思考，並立刻執行任何可能有效解決或緩和方法，以求化解危機。

五、無論結果好或壞，盡力即可，其他的就交給老天爺。

六、另有特殊考驗情況，是老天爺特別給予的功課，請勇於面對。

很多朋友看到這樣歸納，會覺得「這不就在講廢話嗎？」遇到危難當然要趕快想辦法解決；可是不論神明也好，冥界也好，應該都是法力無邊、百分之百保佑才對，要不然信徒這麼虔誠，祂若沒有充分解決問題，豈不「有失威信」？

如果你也這麼想，或許犯了一個認知上的錯誤。**無論神或冥，並沒有「絕對百分之百保佑」這回事！**祂可以協助，但是要幫到什麼樣的程度，不是我們所能預設想像；過度期待就會太多失落，不如實事求是、腳踏實地，自助而後必天助人助。

東京灣畔「日本飄」

有段時間，我短期旅居日本研修傳播專業學術，閒暇時愛到處亂晃，也喜歡閱讀雜誌報刊來消磨時光。曾瞥閱某些八卦靈異雜誌繪聲繪影地指稱，在東京灣附近某處路口及相鄰區域，乃極具盛名的「死亡交叉路」，撇開自殺率超高的電車平交道「評比」不談，該路口在日本全國交通事故地點排行榜中，算排前面的，但事故發生原因卻總是難以釐清，很奇怪。每每看到這種報導，我那種「好奇心殺死貓」的該死性格，就會開始作祟……

方正筆直的死亡交叉路

我還以為那個路口玄機重重、鬼影幢幢，其實完全不陰森，也沒有多了不起的路面設計。基本上，路是直的、平的、寬的，就是方正的十字交叉路口，並無障礙物阻擋視線，交通號誌及標線同樣依規定嚴謹設置，提醒用路人慢行與注意，毫無標新立異之處；更何況路燈也沒缺半盞，若在夜裡經過，起碼不會「暗摸摸」，無論開車或騎車，甚至行人經過，應該都很清楚且順暢才對。

我這個傻蛋在大熱天裡，汗流浹背又自虐地蹲於此地觀察半小時，納悶不管誰把車開到這裡、人走在這裡，也無論白天黑夜，應該都不至於產生極度危險或障礙，頂多偶爾車流量較大而已，怎會車禍一堆？

偏偏這裡真的一天到晚常有車禍發生，原因很多。有些網友臆測必有「馬路幽魂」——通常指於此地不幸罹難者的亡靈，在沒有經過法事引領下，習慣在附近區域遊走，意圖製造混淆地景與混亂視線「抓交替」；或是深根此地、不願離開的「地縛靈老大」想招兵買馬，壯大陰間地盤，其環境氣氛同樣嚇人。

根據這些八卦報導，有肇事者或倖存者事後堅稱「就很奇怪，明明沒人，竟會莫名其妙撞上不知從哪冒出來的傢伙」、「沒有坑洞也沒有燈桿在前，車頭居然被撞得稀巴爛」、「這頭明明是綠燈，我還用手指著確認，監視器卻拍出來……竟然是我闖紅燈？太詭異了」、「我在這一頭等待，但被撞昏迷甦醒後，才知道自己其實在另一頭……」

從這些供詞的蛛絲馬跡看來，不排除有被「馬路幽魂」捉弄的可能性。不過，從通靈人角度看來，應該不只有如此單純理由而已。

除去一般交通主管機關提到的視線、照明、號誌設備缺失等因素（經由實地觀察，我認為並無明顯問題），這個地點過去是否曾為「陰區」（比方說地下埋藏龐雜墓塚、先天磁場紊亂、冥界亡靈習慣聚集的空域等，通常這種地方是非與災禍特別多），也可能是一般人難以理解的「陰陽交界處」，或者各種因素結合之後由「馬路幽魂」執行，這些都應該考量進去。

爾後路經此地數次，我開始看到有黑色窟窿或小型漩渦散布周遭（亦即聚陰成分較高），也偶見「飄兄」站在定點，感應其神情似乎哀戚。我進一步試圖對話，無奈本人並非專業，經常不得要領，對方又不理我，既沒辦法也無能力深入訪談（是因為我的日語腔調太不標準嗎？但我是用感應方式耶），只能確知此地極不尋常，磁場並不穩定；比較有可能如同網友所述，這些「人」過去在此地慘死輪下，或遭撞飛而後送醫腦死，第一時間出竅於此地的靈魄始終未被收走，無法前往該去之處，故累積甚多怨氣，進而不斷惡性循環，迷惑並招攬更多陽間人們發生意外。

但此地是否為「陰區」、「陰陽交界處」？直至我離開東京時都還未能確認。

當時，我盡力避開這個路口，避免同樣遇上倒楣衰事。

某天，我因為搭乘公車又意外走過這裡，驚訝地從路邊看板發現，此處多年前曾發生死亡車禍，至今仍無法找到真正的肇事者，管區警署只好立牌，請求來往駕駛人或目擊者提供線索，以利追緝。但看板四周雜草叢生，比一個人還高，都遮到看不見字了。

從靈動感應中，我很想告訴警署：搞這種立牌，就算年號從「昭和」直至「平成」（現在都到「令和」了），也很難抓到人。亡靈始終沒有離開現場，而且從「他」眼神中所透露訊息，我的解讀是：如果不求助於靈學高手幫忙、從靈學角度溝通並協尋追緝，是不易找出肇事者的。

在日本，部分交通事故多的地點，常有不明飄形聚集，這些都是過去「沒收走」、「沒處理」、「沒指引去處」的亡靈嗎？不管在東京灣或日本各大小城鎮，有時看到路口附近一團團黑霧或透明黑灰人形（不是空氣污染或灰塵，確實是亡靈），常讓我感到頭暈和噁心，馬上就曉得這個路段交通意外事故特別多，台灣也是如此。不過，台灣常有善心人士或慈善單位，在意外事故極多的路段或路口，立碑以慰祭亡靈，或矗立地藏王菩薩神像、方碑，希望往生者一路好走，讓此地的災禍就此平息。

東京灣是極陰之地？

可能不少人愛看日本黑道（極道）題材的電影、電視劇或漫畫，劇中總是會有老大對逃亡叛徒下達追殺令，而且台詞多半是撂這種狠話：「無論死活，都給我灌水泥封桶，將他沉入東京灣！」

東京灣其實很大，我趁著有機會前往閒晃，特別選了幾個沿岸及附近城區，包括橫濱、川崎、東京大田、品川、船橋、千葉、木更津……等等某些定點。有的地方高牆隔離，也有些場所採取防風林或公園阻絕，或者極少數可達沙灘，反正最能夠接近水邊的極限地帶，我能靠近就靠近，再試圖感應是否如黑道電影所言，叛徒通通都被「沉入東京灣」去，然後「聽到一大堆冤魂亡靈在嘶吼吶喊」？

很可惜，我從幾個傳說中的沿岸「熱點」做感應，還真沒見著哪個黑道叛徒亡靈，可見電影、電視或小說、漫畫所言，大多以虛構為主。不過，我倒是感應到東京灣某些地區應該改稱「殉情傷心地」，起碼看過近期四個女的和一個男的（對，女性居多），因為感情問題而走不出幽谷，在這裡的某些隱蔽處自我了斷——從腳綁著鐵板投海自盡的、海邊找棵樹上吊的，到拿刀自戕、痛到掉進海裡溺死的……名堂很多，死法也不同，只是悲壯輕生後的糾結模樣，如今看起來也沒多風光，不但靈魂走不了，有些肉體遺骸沉入茫茫大海，到現在都還找不著，所以，還是呼籲大家珍惜生命吧！

有時，我看到遠方有人在船上進行漁撈作業或岸邊垂釣，潛意識裡便有點不舒服，畢竟萬一輕生者的遺骸被魚兒啃蝕光光，再被人類釣起來吃，那感覺就令人更難以言喻了。

因此，往昔我偶爾經過東京海鮮批發大本營的築地市場（現已遷至豊洲），一看到「東京灣名產」海鮮漁獲，心裡總有些毛毛的，那跟什麼核災輻射憂慮全無關聯。日本友人笑我太敏感，畢竟哪個海灣沒人自盡？海中有多少生物都是靠吃其他動物的遺骸過日子，就算魚兒真吃了人屍，早就消化排泄了，怕啥？

說得也是，如果魚兒真的是吃人屍長大的，之後變成盤中美食佳餚，再被我吃進嘴裡，可能會有「不尋常」的靈動感應。幸好我至今尚無類似「中大獎」經驗，只是隱隱中仍懷有不安。

這樣說來，東京灣沿岸都是「很陰」的地方囉？那倒未必，也請放心。只是提醒你，如果有興趣前往東京灣沿岸一遊，不是所有地點都是風景壯觀優美，有些地方是工廠區，杵個大油槽或煙囪；也有的地方隔著道路或密密麻麻的樹林，什麼灣、什麼海都見不著，最好先做功課，選定個好地方或視角，可以遠眺或俯瞰。

同時，若想散步閒晃，盡可能避免午後到夜間時段，畢竟午後起陰氣漸聚，極敏感者容易不適，且某些季節或地理方位，海風超級強勁，若無遮擋，較容易偏頭痛，並不推薦。

凡事小心為上

其實，每個靠山靠水的地區，都有在地神明與鬼魂存在，等於像每個陽間行政區，皆有管區戶政、派出所及居民是一樣的道理。只是這種地方範圍廣，土石與水的磁場性質偏陰，較容易拉攏特異物質聚集；另外，從科學角度來看，山與水之地質變動頻繁或水深之故，陽世的人當然不易克服，因此意外淪為波臣，或遭土石砸死、掩埋、掉落山谷的事件屢見不鮮，這也沒什麼好奇怪的，毋須自我驚嚇。反正平時提高警覺防範，別在天候變異時前往活動倒是真的，跟靈不靈異未必有直接關聯。

在這個靈異景況越來越明顯的亂世，只能提醒你，凡事都要小心為上，不該碰的、不該惹的、不該去的，最好都要有個基本概念，再三謹慎，切勿鐵齒，雙方即可相安無事。

西班牙泳池驚魂

一九九二年，當時「有點年紀」的我，早已經在職場工作，也同時唸大學，自嘲「半工半讀」當「工讀生」。

在暑期到開學之前，我特別給自己安排長假，也不知為何想飛到西班牙去，依稀記得好像是巴塞隆納奧運之後，機票和食宿皆有優惠，我不是蹭著熱潮去玩，只是單純希望放鬆緊繃過久的神經。好笑的是，人都下了飛機，自己還想不透為何會選這裡。

不久之後，我已經「非常有效率」地抵達下榻飯店，躺在中庭游泳池畔的玻璃休憩屋內，喝著調酒飲料，懶洋洋看著人煙稀少的池子。

偶爾有幾個身材曼妙的比基尼女郎從眼前走過，十分養眼，那氣氛讓我自以為是「〇〇七情報員」的詹姆士·龐德，啜飲名酒或是香檳，外加美女環繞，堪稱人生一大享受。

目睹男童溺水

隔著玻璃，在我視線不遠處的大池畔，有個大約兩歲多的男童，脫離母親懷抱，自顧自地晃到池邊，越走越遠。本來我沒有太過注意，但當發現這個娃兒距離忙著聊天的母親有十多公尺遠時，我開始為他擔心，但顯然這個做母親的並不在意，頂多回頭看了看，然後就跟旁邊的太太繼續嚼舌根。

等到男童逛到另一個給較大兒童戲水的小池子旁，我不禁掛心起來。突然間，這男童蹲下來，伸出手似乎想玩水，但就在這一瞬間，男童失去重心，「噗通」掉進池子！

我馬上跳了起來，因為在方圓十多公尺內，根本沒有大人在場，也發現自己猛拍玻璃是沒用的，因為這玻璃屋完全隔音，必須趕緊衝出屋子，向游泳池跑去；但從玻璃休憩屋到游泳池，還必須穿過一道長廊，才能進入游泳池區。

救人要緊，於是我邊跑邊用英語大喊：「快來人啊！有小寶寶掉進游泳池！有小寶寶掉進游泳池！就在那個兒童戲水池那兒！快救他！快！」

我高喊了兩、三次之後，飯店保全和救生員立即衝出去，然後大隊人馬按照我指引的方向，往游泳池跑去，很快就把男童救上來，為他急救；而男童的母親也聞訊趕來，雙手掩面，狂聲呼吼，不敢相信剛才好端端的小寶貝竟然就快溺死了！

經過大家七手八腳地急救，男童終於吐了幾口水，甦醒過來，大家紛紛用西班牙語對我說話，並拍拍我的肩膀，像是在對我誇讚，但我完全聽不懂每個人說的是什麼意思，於是用英語回應說：「我聽不懂西班牙語，你講英語的話，我還勉強聽得懂啦。」

此話一出，大家表情有些錯愕。這家飯店負責休憩區的經理走到我身邊，手搭在我肩膀，表情慎重地用英語問我：「您真的不會說西班牙語嗎？」

我覺得奇怪，為何這位經理要問我如此「蠢到家」的問題，於是一頭霧水地用英語回答：「對！我不會說西班牙語，更聽不懂。」

經理把我的話翻譯成西班牙語後，大家表情更怪了，這令我感覺不太對勁。

後來，那位經理轉過頭來告訴我：「您說您不會說西班牙語？可是您剛才在大聲呼叫的時候，從頭到尾說的，可是道道地地、標標準準的西班牙語呢！」

什麼？我還真嚇一大跳，連忙請聽到我呼叫的人，把我剛才「胡說八道的西班牙語」複誦一遍；可是任憑他們如何敘述，我依然聽不懂，不曉得哪來特異功能，居然讓我在最短時間內，說出一口流利西班牙語？連我都覺得超離譜。

這是我遇過相當奇特且最無法解釋的一次靈異經驗！

之後，我在《讀者文摘》中文版月刊，也看過類似文章，描述不懂當地語言的外籍人士，「突然」能用當地語言大聲呼喊，讓居民得以聞訊搶救溺水小孩；文章還沒看完，當下就令我驚愕到渾身起雞皮疙瘩！覺得這種遭遇太相似，莫非……果真也是神的旨意？

天選之人？

回想起我在飯店準備退房時，那位經理特別過來向我致意，送了一個小禮物，感謝我出手相救，同時告訴我，或許是聖母或其他神明顯靈，在最急迫的狀態下，只為了救個小小孩，才讓我「瞬間」會講西班牙語；他也堅信，唯有能通靈的人，才具有這種與神感應的本領，一般人是辦不到的。

我並沒有向他透露自己確實具有這類體質，不過，後來回到台灣向高人求證，方知當遇到這類緊急狀況時，不只是通靈人，一般人都有可能與神明直接「連線」，進而解決迫在眉睫的危機。

或許在當下，「被連線」的人並不曉得自己在做什麼，甚至在事情完成後，之前的程序完全歸零，相關記憶被洗得一乾二淨，反而可能會覺得有些莫名其妙。

本來我還感到有些毛毛的，不過高人安慰說：「你應該要感到高興才對，至少神明選到你，算是看得起你，有什麼不好？至少幫忙救回一條小生命，可謂美事一樁，不用想太多。」這才讓我逐漸寬心。

一邊工作一邊唸書的我，在暑假結束後，除了回辦公室上班，當然也要回到校園。某天，我看到原本低著頭的聖母像，居然抬起頭來對我微笑，宛如時下最夯「虛擬實境」或「擴增實境」那般的感覺，讓我驚愕到說不出話來！這真的不是夢境或錯覺，因為我正趕著去教室考英文；不過，聖母很快就把頭低下來，恢復原本的樣貌。

「這是神像耶，明明不會動的，怎麼……？」我其實有些驚魂未定，深怕眼花，卻又帶著興奮，不過，我更擔心待會兒英文考試考不好；但更意外的是，考卷內容竟然是跟救溺有關的故事！我差點沒叫出來，心想這未免也太巧合，而且下筆有如神助，後來發表的成績也不錯，從頭到尾實在教人無法置信。

緊急狀況的人神連線

必定有讀友會納悶，「為何緊急狀況時可以與神明直接連線，以解決迫在眉睫的危機？」這其中有兩個原則需要先釐清：**一個是「我遇到緊急狀況時請求神明援助」，屬於「我的主動」；另一個是「神明直接連線給我，要求我協助解決他人的危機」，是屬於「我的被動」。**

在第一種情況裡，通常是以祈禱或念力等方式，直接連線給你信仰的神明，讓祂知道你目前有何需求，神明也有判別流程來決定要幫或不幫，以及怎麼幫。如果你平時行事正直又信仰虔誠，獲得協助的機率自然比較高，不過並非樣樣皆如願；畢竟在某些個案裡，所牽涉到的背後原因太多，未必心想事成。比方說「因果關係」，那你就要乖乖承受，但祂會看情況，讓這種緊急情況適可而止；也許是「天命考題」，那是你必經之人生功課，則暫時不幫；如果是「時機未到」，那就先行自助，祂再神助；最糟的狀況當然是「自作自受」、「業障累積」，那麼你只好自個兒看著辦。

至於第二種情況，讀友應該很想知道「在緊急狀況下，神明挑選去處理的人，到底需要什麼條件？」、「為什麼可以迅速地直接連線？不都是自己要去參透嗎？」

我個人的解讀是：因為事態緊急，故神明自有一套應對機制，指示「誰去」、「怎麼做」、「如何善後」；其機制標準及認定條件，不是凡間人類所能理解，即使是神算高人，面對這種問題，也只說有一種是「事先安排」，亦即老天爺早已料到意外必將發生，故將「後援部隊」事先整備齊全；另一種則為「機動處理」，就算是突發狀況，依然逃不出神明的掌握，但需因地制宜，**一般人都有可能臨時被「徵召」，條件以有能力、可迅速、鄰近為原則。**

跨國及跨種族之間救援，則可能牽涉到東西方神明之間的聯繫。不過，你別想得太複雜，我曾聽聞某位靈媒指出，神明之間聯繫協調僅需瞬間，比「超級電腦」運算速度快上無限大倍數，確定後即明快指派執行。

且如有必要，針對受託執行者的任務所需，還會臨時增加一些意想不到的「功能」，像是語文溝通、體能力量、瞬移形體……等等「超能力」。

總之，就是聽從神明指令行事，事成之後自然還原歸零，受託執行者當然覺得迷迷糊糊或不可思議。如同我到目前為止，連一句完整的西班牙語都不會講，無法理解自己在危急當下怎麼講得出來。

順帶補充：**由於個案的性質不同，我聽過另有一種特殊執行者，是神明直接化下的靈，成為實際形體，來幫助特定對象。**曾傳聞有個阿嬤依詐騙集團的指示去銀行匯款，因為不懂得如何辦理，需要問人，突然出現一位年輕女子，劈頭就勸道：「阿嬤，您的乖孫在軍中很好，沒有跟人打架被關，不需要保釋金啦！」阿嬤愣得瞪大眼睛，訝異到喃喃自語：「我都沒講出來，這位小姐怎會曉得？」

稍後警察抵達，問明狀況，跟銀行員聯手苦勸，強調這類匯款絕對是詐騙手法，千萬別上當，暫且阻止；之後，老人家仍不放心，主動到鄰近派出所坐坐，還與孫子聯繫上，這才大悟並寬心，直嚷著自己太糊塗了。從頭到尾，這位小姐都陪同並攙扶著老人家；但數日後，員警私下透露「怪事」，表示他從監視畫面上，竟然看不到這位小姐身影！就連她主動用筆寫下的聯絡資料，他再回頭翻找時竟然變成空白，實在太詭異了。

如果傳聞為真，那麼我想回應這位員警——不要怕，這位小姐應該就是神明化下的靈，及時來幫忙極有福報的阿嬤，在最後一刻遏止災禍發生，自己又不留痕跡地悄悄消失。

不過，還是要提醒諸位，這些皆屬於極少數的特殊案例，並非常態。在遇到緊急狀況時，除了祈禱天助，基本上還是以設法請求專業單位協助為宜，而不是明知自己無法處理，卻還要有勇無謀壯個膽量，覺得「我是好人，也為救人，神明必定會賜我神力」就即刻展開獨力救援，那麼最後倒楣的可能是自己，甚至賠上一條寶貴性命！

穿越時空之似曾相識

你活到這麼大，「必定」有過這樣的經驗：頭一回到某個地方，卻覺得「我好像來過」；首次遇到某種情境，在你腦海中似乎覺得「早就看到它發生了」……

為什麼說「必定」？因為我問了十個人，每個人都說確實有類似的經驗。那原理又是什麼？可能是當你在睡夢中，閣下的守護靈（這是我姑且命名稱之，指「**與肉身合而為一、共同運作的靈**」；若無此靈，光有肉身與掌管情緒的魂魄，則無法思考、形同死亡，或頂多成為植物人）跑了出去；管它要回天界「述職」，還是周遊列國，皆可透過某個異次元空間，往來某些特定地方或者時間點，甚至毫無目標到處漫遊，去看也好，體驗也好，耍廢也罷，等到發現肉體快醒了，再趕緊回來就定位，而且會將該次所見所聞烙印在自己的潛意識中，即使你當下並無任何感覺，但之後總有某個時候會喚起腦海中的記憶，覺得「嗯，我好像曾經有過這樣相同感受，但，明明不可能啊！」

這就類似於我們小時候喜歡看的日本漫畫《小叮噹》（現譯「哆啦A夢」），裡頭「任意門」、「時光機」可以帶你到任何想去地方、過去或未來某個時間點，以及時下話題度頗高的「時空旅行」方式。過去這種高想像力的創作，就現今科學觀點來看，未必是憑空揑造，或許確實有其特殊程序、時空象限，能夠達成這樣的效果。

似曾相識的陌生國度街景

數十年前，我首次到歐洲某國自助旅行，說真的，也沒有一定要去的因素，總之就是好奇心驅使，隨性到破表。在那個沒有網路、手機，資訊又不像現在如此發達年代，行前對該國所能夠搜尋到的刻板印象，就只有自己喜愛的輕音樂大樂團、一款印有該國地標圖像的薄餅乾，以及某個愛上台灣的該國僑民，在台北開了家歐式麵包店而已。至於手邊相關旅遊紀錄片、影像資料，簡直貧乏至極！據說要到當時台北松山機場二樓「觀光局旅遊服務中心」才能瞥見。

況且那個年代，少有專為國人自助旅行所撰寫的實用好書，我乾脆心一橫，什麼也甭想，即使一句當地語言都不懂又如何？豁出去吧！就以自立攢錢、刻苦壯遊之精神（其實是硬著頭皮）上飛機。這款率性旅遊的確讓我吃足不少苦頭，更鬧出不少笑話，但這其間發生了一件事，令我終生難忘。

當我抵達該國首都，透過比手畫腳安頓好旅館住宿後，便帶著旅館致贈的地圖出來閒晃。之前很多人批評這個歐洲大國，民眾傲慢難搞，我倒不這麼認為，印象極佳，還不斷讚歎這裡真是個好地方，街頭巷弄皆充滿浪漫藝文風情。

走著走著，我突然心中一驚，直覺告訴我「這個地方我來過」！我不曉得當下走的馬路屬於哪個街區，只知道「好像」只要在下個路口向左，一直走，大概再過兩條街，就會看到一家黃色招牌的理容院，旁邊隔個兩家店鋪，有家麥香滿溢的麵包店；再走過去，有個臉頰肥嘟嘟的廚子正在切肉品……。

我不知道這個訊息從何而來，既然腦海中有此印象，就走走看。結果當我逐一走過，也完全應驗腦海中的記憶時，很驚訝自己何時具備這款「神力」？更何況我沒有任何照片和影像資料輔助，還是第一次抵達該國。後來請教高人，他說這不稀奇，有很大可能性是我的守護靈先行來過，等於幫忙先勘查，同時早在夢中出現，只是我沒認真把它當一回事，但記憶卻因此存在。

好，為什麼它要來這個地方？高人被我這麼一問，也傻了，不過倒是提出一個很有意思的觀點：**一個人的守護靈在某種程度或條件下，可能預先知道自己肉身未來要做什麼，因此好心地幫忙蒐集資料**，聽得我丈二金剛摸不著腦袋。

這個說法好像也對。像我自己在就讀大學和研究所的半年到一年甚至更早之前，都在沒有特殊意識或企圖的狀態下，莫名其妙地「自動」前往該校逛逛（無論實際前往或夢境），之後就這樣考上，變成我的母校。

我總覺得好像在冥冥中有個奇特力量在引導我，要我事先去「看過」；當下並不清楚這種力量到底在傳達什麼樣的訊息，或許只是一種預告，讓我要有心理準備。不過，真實的主題是什麼、答案是什麼，很多時候要等到事情發生當時或更久之後，才能慢慢連結起所有線索。

在夢中預知未來

在周遭朋友的圈子裡，這款奇人還真不少。我問了好幾位，一個說當年未婚時在聯誼場合遇到他的太太後，半夜在睡夢中曾有股「自己的聲音」跑出來告訴他：「就是她沒錯啦！」可是實際上，他太太對他的第一印象糟透了！因為他手持雞尾酒杯時沒拿穩，不小心潑灑到她美麗的白長裙，讓他既沮喪又納悶，覺得這股聲音到底是來亂的還是幹嘛？但之後兩人莫名發展成愛情長跑階段，再升等到開花結果，這才讓他頓悟到「姻緣天註定」，也就不必想太多了。

另有一位女性友人，她回憶當年父親開刀的半年前，半夜在睡夢中一直夢到某個穿醫師白袍的陌生臉孔，向她慈祥微笑。當時她不太理解這是什麼意思，等到父親中風倒下，她家人趕緊將父親送醫急救時，看到那位經驗老到的醫師趕過來，她終於恍然大悟是怎麼回事；但這位醫師沒有天生神力到「可以主動入夢進到別人的腦袋裡」，因此當我這位友人告知之前夢境時，這位醫師笑容中，浮現了些許「莫名其妙的驚訝」。

與守護靈的互動

因此，有時候我們的夢、感應、無意識前往某個地方，可能都帶有某些預感成分。綜合各方說法，**這以守護你的靈預先發現並提早告知的情況占最多數**。但有趣的是，守護靈所提供訊息，肉身不見得完全理解；就像我們常見兩造雙方溝通時所爆出爭執話語：「我都已經講得夠清楚，這樣舉例也夠明白了，你怎麼還是聽不懂？」有些異曲同工之妙。明明守護靈覺得「我講得夠透徹了」，但肉身完全霧煞煞不明其意，令守護靈跳腳地喊「你簡直笨得可以」。因此，既然守護靈與肉身結合成為一個完整的人，那麼兩邊若要默契十足，讓這個人得以如常運作，就有賴逐步建立起「你懂我，我也懂你」的信賴感。

然而，絕大多數朋友看到這裡，可能會覺得這根本是天方夜譚。說得也是，光是要感應到你的守護靈存在，進而與肉身溝通，對不少先天「感應不良」的人來說，想要令其信服，就是個大工程；即使像我這種通靈程度，有時關於「預感」、「預知」這塊，肉身也未必與守護靈在理解上，能百分之百達成契合與一致性。

再進一步談「預知」。在多年職場生涯中，我有好幾回類似的特殊經驗。

有一次大約持續兩週時間，我在夢境中始終看到有個愁容滿面的陌生人，在部門辦公室某個座位（那個座位始終讓我印象模糊，無法肯定是哪位同事的），不斷地清理桌面及抽屜內物品，準備打包封箱帶走。這個夢每天都出現，場景不變，讓我開始起疑「是不是有人要辭職了？」

可是，夢境裡那個將物品打包帶走的人，雖然臉部看得好清楚，卻不是我辦公室的人。會是其他部門的人嗎？不，打從公司籌備成立之時，我就已經在這兒任職，來來往往的人看得多，儘管部門不少，倒也不至於笨到認不出自家人。

要不然就是搬家公司的人囉？也不像啊！你看過哪個搬家業者是愁眉苦臉、掉著眼淚來搬？所以應該不是。

我把這個夢境告訴同事，同事疑惑地回應：「會不會是近期某部門的業務要裁撤，所有人員打散到各個部門？你夢到的應該是這個吧？」我搖搖頭，因為我確定那個人絕對不是公司裡的人，但跟某人長得有點像，但「某人」是誰？我怎麼想破頭就是沒答案。

按照過往經驗，我相信這是守護靈傳給我肉身的訊息，但代表什麼意義？不知道！因此相當納悶，還帶有一絲莫名恐懼。

夢境持續兩週後就停止了，但是再隔兩週後，我的部門裡卻突然發生某個同事在工作中猝逝的意外。不久之後，有天我上班時，看到有個「好像在哪裡看過」的人走進辦公室，一問之下，竟然就是往生同事的家屬前來，要把他辦公桌上個人物品收拾帶走。

就在這一瞬間，我終於懂了！之前守護靈在我夢境裡所呈現的，就是在講述同事死亡這件事，他的家人跟他長得有點神似，只是之前我沒辦法理解所指之意。

另一次則是滿有趣的體驗。某日我身為輪值午間新聞主編，早上九點到辦公室打開電腦，看到編輯區已經有稿子寫好並經採訪主管審核完畢，就等待責任編輯下標題。我訝異這名記者動作真快，距離午間新聞開播還有近三個小時的時間啊，於是先把這則有關教育重大議題的採訪稿，整個看過一遍，迅速把標題下好，再上個洗手間，並到茶水間倒開水。

大約兩、三分鐘後，我回到座位，卻發現電腦裡那則處理好的稿子不見了。我納悶這是怎麼回事？雖說有時記者把稿子寫好、主管審完、丟到編輯區後，仍有可能因為該則新聞有最新或重大變化，必須改寫或重寫，於是把稿子從電腦系統中抽回；但為求慎重，我詢問了採訪組主管，得到的反應卻是一臉茫然。

「不可能呀！你說你看到稿子？」那位主管百思不解，「記者都還在採訪耶！」

「是嗎？那我為什麼剛才看到了稿子？」我問。

「沒有，我沒有審核過這則稿子，你一定看錯了！」該主管斬釘截鐵地回應我，我則是把該則新聞敘述一遍。

「咦？是嗎？」該主管有些不敢相信，「這個政府單位的記者會才剛開始，正準備要發布訊息。」

我乾脆請該主管別再爭論了，看記者回來之後，是否會寫出和我所說一樣的內容。

接近十一點鐘，記者回來後馬上撰稿，再把稿子傳給主管審核。那名主管盯著電腦螢幕，嚇了好一大跳，嘖嘖稱奇，內容與我所說的果然完全一致！

不要說那位主管與同事嚇一跳，我自己也找不出原因，盯著自個兒辦公桌上電腦螢幕，有著無法解釋的納悶，莫非這電腦也具備「時空旅行」的超能力？我瞧了它半天，硬是找不出答案。

友人常說我具有這種「超能力」真好，說不定哪天可以發功預知樂透的開獎號碼，那豈不大發特發啦？我本來也覺得這樣真好，一輩子不愁吃穿了，問題在於——根本辦不到！

就算具備這種能力，除非天生註定有如此偏財大運，否則不可能讓我夢到即將開獎的號碼。有時，我的夢裡曾莫名其妙出現「明牌」，便趕緊「打醒」自己起身抓筆抄號碼。但在這種貪婪之心驅使下，簽注不下百餘次，卻從來沒中啥大獎，連個最末尾的小獎都難有機會。

友人則是跺腳大嘆：「哎呀！既然你夢到的號碼是不會中的，何不早點告訴我，那我簽注時避開就好啦！」不過，真有一回我夢到四個連串號碼，友人和我都避開這些數字去簽彩券，結果這些夢到的號碼竟然是中獎號碼！儘管就算全簽也只中了幾千元新台幣，卻足以讓我們捶胸頓足。

看來是老天爺好幾次有意考驗，順便懲罰我心生貪念，哈哈。

預知墜機事件

最後談談在「非夢境」的情況下，人類是否具有能力去預知某些事情即將發生？答案是肯定的。光是在我周遭就有某些通靈朋友，就算不是作夢，兩隻眼睛瞪得老大，都能夠清楚指出接下來會發生什麼事，常見的預知事物多半以地震、土石流、降暴雨這類自然災害居多；更有極少數高人，本身能夠精準預知選舉結果、政情局勢、戰事過程、社會變化、財經動向、人為災禍……不過，除非是對於口風緊、信得過的人，這種高人才會略作吐露，否則通常以沉默居多，甚至嚴詞拒絕承認自身有此特異功力，以免困擾不斷，甚至惹禍上身。

如果你問我是否也具備這類能力，只能歉然地告訴你，我連個樂透明牌都預測不準，你還能抱持多大期望？

倒有好幾次我預先看到飛機墜毀的訊息，「好的不準，壞的準」，嚇壞一窩人。

有一次是多年前在研究所同學與老師聚餐場合中，我忽然「看到」飯店的雪白牆面上，竟然浮現出投射影像，顯示一架巨無霸客機整個解體，像即溶奶粉泡水後攪一攪，很快地整個飛散不見。當時是網路與手機都還算稀有的時代，訊息查證不易，我在獨自「看到」如此驚人場景後，嚇得趕緊用飯店公共電話打回家，叫妻子打開電視看看，是不是發生了什麼空難事故，答案是否定的。

我返家後，還是一直盯著電視，等到新聞都收播，根本沒有任何大事發生，這才鬆口氣，卻被妻子「虧」成天疑神疑鬼，哪來的空難呀？真是觸楣頭。

但這件事過後沒多久，一架班機在午後起飛大約二十幾分鐘，其光點突然消失在雷達螢幕上！當時我休假，正在還未拆除的台北光華商場裡逛舊書攤，看到頭頂上的電視播出新聞快報，整個人驚愕到癱軟坐在地上。不只是因為我預先看到事件發生，還有那架飛機的機型，就跟電視上播出的檔案照片一模一樣，讓我嚇到臉色慘白，完全站不住，書店老闆還頻頻問我要不要緊、要不要叫救護車。

第二回則有人可以作證。

當時，我跟同學在高樓餐廳吃飯。本來正低頭扒飯猛吃的我，突然聽到轟隆巨響，於是趕緊抬頭，對著外頭景物東張西望，竟然看到一架說大不大、說小不小的螺旋槳飛機，一頭栽進民宅裡冒煙起火，機尾顏色鮮明，很好辨認是哪家的飛機，但畫面隨即消失無蹤，令我愕然難言；同學看我樣子怪怪的，倒也沒多問。

數分鐘後，我又再次聽到轟隆巨響，便趕緊遠眺，居然讓我「發現」同家公司類似款式飛機，翻著機肚子，在不遠處的河上載浮載沉，此畫面同樣也很快就消失不見。

「怎麼啦？什麼事這麼好看？」她看我的表情及動作很反常，不禁好奇起來。

「妳沒聽到轟隆隆的爆炸聲音嗎？」我問，但同學搖搖頭，坐我旁邊的妻子也搖搖頭。

「啊呀！這下非常不好。」我皺起眉頭，「可能有飛機要栽了！」

我只回應「可能有飛機要栽了」，並沒說「兩架」。因為按照常理和經驗判斷，一架飛機墜毀後，短期內航空公司的飛安作業必然更加嚴謹，應該不太可能「再來一架」這麼糟，因此不敢把話說得太直白。同學則是相信我具有這般能力，嘆氣說希望大家都平安。

不過我知道，一旦讓我「看到」這種場景，那就八九不離十了，但仍必須三緘其口，不能透露是哪家航空公司的飛機，我也不曉得何時會發生。

果然，不久之後，這家公司接連發生如當時「所見」事故，之後更提前退場，令我難過甚久。

手機錄到的影像

另一位前空服員告訴我，她應該沒有「特異功能」，卻有類似靈異體驗，那是她在東南亞某國機場遇到的事。

當時她休假旅遊，等待來機等到無聊，乾脆晃到隔壁的登機室瞧瞧；看到隔壁A航空公司客機已經停妥在機坪，登機室內空無一人，玻璃帷幕的空橋上，照映出一群旅客正排隊魚貫地進入機艙。她當下沒有特別感覺，但想試試新買手機的攝影功能到底多強，於是把飛機、空橋、一群登機旅客的動態全拍進去，變成一段影片。

奇怪的是，她要搭的飛機都已經到站、整理好、補給完成、讓旅客上機，飛機也準備要後退了，隔壁那架飛機竟然還「呆」在地面上不動。她並不覺得有啥好大驚小怪的，可能是故障吧？或者仍在等待某個「血拚」（購物）到忘記登機時間的糊塗旅客？

之後，她返回台北，剛下飛機回到家，打開電視就驚見A航空公司發生空難消息，地點正好在她不久前才待過的那座東南亞機場不遠處。新聞中說，飛機起飛後不久，突然「翻肚子」不正常飛行，接著不穩定轉彎、俯衝，很快就墜落在附近山坡上，燒到焦黑，機上乘客全數罹難。

她很關心這則新聞，便對照她拍的影片，再看到手機裡網路新聞影像，那冒煙燒焦的機尾編號，正是她先前拍到的那架飛機！她驚愕不已。等到心情稍稍平復後，她再次把之前拍下的影片，從頭播放一遍；

可是第二回播放時，影片中畫面竟然是停機坪整個作業區空蕩蕩，根本沒有飛機停靠，而且空橋長廊上也沒有人在，一個都沒有……

回憶當下，她說：「我簡直嚇呆了！明明剛才有影像，怎麼現在畫面中的那架飛機消失了？」她驚愕到以為自己被東南亞某個魔靈進逼，之後超過三個月都有失眠問題，每晚突然被嚇到驚醒，深怕「中邪」，然後再也睡不著，痛苦得很。

說到這個，我也有過這類經歷，曾經從數位相機鏡頭中拍到詭異畫面，經重複檢查數次、確認有拍到後，過了不久居然無聲無息消失，一點兒痕跡都沒有。因此，如果你曾遇到像我及這位前空服員的拍攝經驗，在發現後，當下最好迅速將它刪除，萬一刪除不掉，關機重開後再刪除。除非是「無形」存心捉弄，否則多半都能順利刪去，盡可能不要留存為宜。

這位前空服員說，她對通靈人原本抱持好奇，但瞭解後卻有些心疼，畢竟所承受的壓力不知有多少，還要正常生活，簡直是超乎一般人類的特高功力。我大笑後告訴她，當眾人根本不相信我預先看到「什麼」，還大肆嘲諷揶揄；或者預知真的會發生「什麼」卻必須封口到底，隻字不提，這種壓力才大！

平靜面對似曾相識感

或許你會以為我找到「異次元空間」的入口，也可能取得通關密碼；事實上，我通常只能看到「結果」，不見得皆能窺得完整「過程」，且無法隨心所欲前往想去的地方或時空，等於是被動接收資訊。那些可以飛天遁地、盡情翱翔於不同時間與空間的高人，簡直萬中無一，我也相信他們都會堅守一定法則，不會隨意操控或為己之私，以防天下大亂。

如果你腦海中偶有「似曾相識」感受，可見應具有守護靈出竅等相關能力或經驗，只是你未曾重視或關心，不當一回事而已。你毋須為此驚慌失措，卻也別以為特異功能上身而沾沾自喜，反正這就是亂世時代獨有現象。或許能讓你事先預知，得以趨吉避凶、居家太平；也可能藉由心理有所準備，一旦遇到特定事件衝擊時，才不會過度慌亂，並沒有什麼不好。唯一要注意的是，就算擁有這種感應能力，幾乎沒有幫人辦事解厄的能力，也不宜大肆張揚「我看到了什麼」、「我先知道了什麼」等等天機。可別像我自以為是，曾覺得自己變成「超人」，結局就是苦頭吃不完，得不償失。

然而，如果你並未具備這種特異功能，也別過度沮喪。想想，若能預先看見很多事，卻又有一堆限制，綁手綁腳，動輒得咎，甚至招來災禍，那才叫人沮喪。

輪迴仍然是豬

友人阿財是資深畜產屠宰場行政人員，年資已久，薪俸優厚，閒暇時就愛看靈異書籍或相關電視節目，相當熱衷；他覺得眾多內容萬分不可思議，又有著不知從何問起的迷惑感。尤其是自己工作場域又屬於掌管動物「生殺大權」處所，每每從大門凝視一旁豎立的「動物慰靈碑」，內心總有著說不出的奇特與微妙感。

某天，他傳訊息跟我閒聊，說自己每隔一段時間，都會看到某個相同景象重複上演，這是屬於「**自己的守護靈先穿越時空到未來所見景象，再回到當下等待重演**」的現象嗎？

我不敢肯定或否定，只能請他再深入描述情境。

他說，多年來，有好幾次大型貨卡車把豬群載來等待屠宰時，雖然他只是行政人員，不實際執行屠宰業務，但奇怪的是，他總會在特定時間點，從辦公室望向停在窗外的卡車；更詭異的是，每次當他有這種不自覺念頭時，總會看到某頭白豬跟其他豬隻表現完全不同——都是自始至終低頭，然後不斷用右前蹄抓著臉，像是捂住自己的臉似的，還會頻掉眼淚；在即將面對屠宰前一刻，牠似乎已經知道，驚慌嚎叫聲更是誇張！

「大概每隔幾年就會重演一次，豬隻的顏色、動作和表情都差不多。」阿財又補充說：「除了動作，牠最大特徵就是豬頭頂、略近後腦勺部位，有一撮巴掌大黑毛，很好認，每次我看到都會嚇一大跳，總覺得過去曾發生的場景怎麼又回來了？莫非這是特殊品種？還是時光又倒流到某個時間點？」

「如果是這樣，」我陷入長考，「就不像是守護靈先到未來看到景象，再回頭等待重演的狀況。」我想了很久，根據經驗判斷，覺得這跟因果輪迴比較像。不過，因為我沒有實際看到或感應到，我的能力也沒這麼厲害，沒辦法馬上鐵口直斷。

自從老一輩通靈或命相高人隱居、離世凋零後，現在每次遇到解不開的謎，我總找機會跟某位略能通靈、但不能幫人作法辦事的業餘居士茶敘，順便問問這類狀況是否有解。如果按照阿財所言，每隔幾年都會碰到一隻「同樣的豬」，不管外型、花色、動作、情緒、嚎叫聲都是一模一樣，這是啥子怪品種？莫非牠是死了又重新投胎當豬不成？

「搞不好你答對了呢！」居士直白回應道：「照這樣說來，這隻豬搞不好背負的業障挺大的，債要還很久，所以身分一直是畜生，當豬當豬當豬，當個不停，應該是同一隻豬沒錯。」

「哪來什麼業障可以當豬當這麼久的？不膩啊？」一旁聽得入神的茶藝館老闆插嘴，讓眾人噗嗤笑出聲來。

我突然想到一個問題。「如果阿財每隔幾年就會看到『同一隻豬』，而且牠都出現同樣的行為，那麼這隻豬跟阿財有何相關？莫非阿財就是那個幾世或幾百世之前，某個事件的受害者，而那隻豬在前世則是加害者？」

居士稍稍頓了一下，認為不排除這個可能性，只是像這種罕見狀況應屬於特殊個案。

就這麼巧，當下阿財剛好帶著家人開車到北部旅行，順便回岳家探望。老婆和孩子與其他親人敘舊、玩遊戲，樂得都不想出門了，但阿財想外出透透氣，於是打電話給我。我回答剛好在與居士泡茶聊天，於是邀他前來，很快就見了面；因為阿財很想知道，那隻豬跟他到底有何「淵源」？

眾人坐下寒暄幾句，居士直接告訴阿財，表明咱們都不是正規的通靈人，也沒有本事幫人看相論命，更沒資格斷定各種奇異景象起因，只能根據過去資料或感應推論，但不能依此判定真實，或有失準或誤解之處。阿財表示可以理解與認同，不會介意，反正就是以找答案的心情來看事情。

居士望著阿財說：「剛才老張跟我推斷，那隻豬有可能在你之前輪迴過程裡，正好是某一世的加害者，而你正是那個被害人。」

「是嗎？」阿財再度描述那隻豬的樣子，「可是我不太懂耶，只是覺得每幾年就出現這種完全相同的豬，而且是一樣的場景、目睹相同的畫面，除了會被嚇到，心裡頭也毛毛的！」

這次換成居士哈哈大笑。「毛什麼毛？如果我們的推斷沒錯，說不定你就是要親眼看到，要你認證，目送牠魂歸黃泉路，然後幾年後再來一回……」

作惡多端的大貪官

到底有什麼因緣或深仇大恨，搞到阿財每隔幾年就必須親眼目送這隻怪豬「上路」？居士朋友閉眼養神一陣子，看到一些畫面，睜眼後提出他認為「可能的」判斷結果。

這隻豬在多個前世之前，應該是某朝代大貪官，阿財則是循規蹈矩又耿直的小生意人，從事肉鋪生意。阿財對於官府眾多不合理剝削百姓作為，經常勇於起身抗拒，又屢屢揭發府內弊端，當然不受官府歡迎，久而久之便成為這大貪官的眼中釘、肉中刺。後來，這個大貪官不僅巧立名目，恣意設置私法，屢次掠奪阿財的財產，還以職權涉及多起貪瀆詐騙，甚至垂涎阿財妻子姿色，頻頻騷擾仍不放過，令阿財氣憤卻又無奈。

某次，這個大貪官針對阿財設局陷害，讓阿財在不知情的狀況下中了官府圈套，這下子恐犯大罪。官府內私下放話，要使他不必身陷囹圄的唯一方法，就是「拿妻來換」！

別說阿財不同意，妻子更是嚇破膽，怎可任其糟蹋？故連夜帶著孩子急奔他省，投靠遠房親戚，一時之間音訊全無。阿財面對官府無情霸凌，整個家不成家，妻離子散，就連家產都要被這大貪官掏空殆盡！他想不出更好辦法，乾脆一把火燒了家宅，連同肉鋪子全毀，且堅持讓自己身陷火窟，一了百了。

阿財抵達陰間後，才知道妻子在帶著孩子投靠遠方親戚的路途上，天雨行經山路懸崖邊，不慎滑倒，母子同時墜入萬丈深淵，當場喪命。

全家人在陰間短暫重逢，喜極而泣，但也祈求神明或遊靈甚至鬼魅，不管誰都好，總要主持公道。天地神鬼有其運行道理，當然不會放過。然而，這個大貪官陽壽未盡，尚須稍待時日，幸好也沒隔太久，他或許是吃得腦滿腸肥，身體筋脈被「貪油」所浸，加上身形腫胖，淫亂無度，當他暢快享樂於酒池肉林之際，突然陣陣暈眩襲來，不多時即一命嗚呼，並在冥界大殿聽候受審了。

這大貪官亡靈面對審判，初始堅不認罪，還理直氣壯地為己辯護，聲稱一生寡欲清廉，愛民如子，戮力從公，經常廢寢忘食，時時心念百姓蒼生，何來貪瀆之說？若有污衊閒語，不過就是受制裁者挾怨報復，不足採信。等到過往醜事透過照妖鏡逐一檢視現形，這大貪官臉色驟變，心虛並下意識地習慣頻用右手遮臉，狀如態度軟化，卻依然嘴硬不肯認罪。

此大貪官害人無數，貪瀆成性，不僅掠奪他人財產，還逼迫庶民家庭離散，業孽深重，罪無可赦！再看其身形若肥豚，屢屢用右手遮臉，似已成習慣；待計算其報應後，獲判關閉地牢受懲，之後俟受害者（阿財等人）由下一世輪迴起，這個大貪官也自適當時機開始，輪迴放逐成為豬隻動物數次，最後下場皆須任人宰割。至於所貪資產、造成百姓損失者，連本帶利轉換成福報、機緣或實際財富，平均攤還至受害者的屢世輪迴身上，等其還完，再返原處另聽候發落。

為什麼不是一次而是好幾次？居士也說不上來，他的感應大概如此，但也客氣直言「學藝不精」。

就在準備押解執法兌現之際，這大貪官竟大吵大鬧，頻呼冤枉，無法接受遁入動物道輪迴之事實，結果又被押回，加重其刑，再增一次輪迴。這下子大貪官終於知道吵鬧也沒用，只能像隻戰敗鬥雞，垂頭喪氣，乖乖受刑去。結果，在押解過程中，這大貪官仍心有不甘，又突發抽搐，頭頂腦門略近後腦勺處，不慎撞到大殿梁柱，留下烏青傷口，之後遁入動物道，那血瘀逐漸化為豬頭頂黑毛，成為顯著印記。

就這樣，受害者（阿財等人）應該是藉由機緣，透過今世特定旁人的協助（可能就是我和居士友人，或許還有其他人等），從送來屠宰的特定豬隻、以其右前蹄遮臉習慣動作，和頭頂上黑毛特徵，清楚辨識「就是這隻沒錯」。

話說這傢伙數次成豬，難道阿財每次都會目送這隻豬「上路」？我們不是專家，無法貿然斷言。不過，除了目睹，或許還有「轉換變通」方式，例如阿財可以透過友人送給他的豬肉，在料理過程中，將大貪官輪迴化成的肥嫩食材，外加五臟六腑，烹調煮成道道美味佳餚，大快朵頤一番。

反正該執行的輪迴，一次都跑不掉。

或許有人質疑，現在宰殺豬隻都已經人道電宰居多，豬隻受的痛苦減少，哪能以昭炯戒？不過居士認為，唯獨這隻豬應該會感受不同；但這過程到底有多痛苦，就只能由「當事豬」自己去體會了。

今世輪迴報應

有趣的是，根據居士個人感應論斷，私下告訴我在某朝代那一世與阿財結褵之妻和孩子，在這一世當中，有可能變成與阿財有著數十年交情的載豬卡車司機（前世之子，今世仍是男性），以及熟識的某位養豬戶（前世之妻，今世已成男性）；而司機經常載著養豬戶的豬去屠宰，彼此熟得不得了，三人連結的關係相當緊密微妙。但你可別問我「他們為何選在台灣投胎？」，我根本不懂有無特殊的「分發方式」，這只有老天爺才曉得整個循環及規律，陽間人即使說三道四也是沒用的。

你可能還會覺得，如果前世的阿財之妻是被這大貪官間接害死，但這一世成為養豬戶，還要辛勤餵養大貪官變成的豬，豈不是太便宜這個惡吏？換個方式想，或許這個養豬戶也沒特別照顧這隻豬，採取與其他豬隻相同的飼養方式；倒是這隻豬養得又快又大又肥美，賣掉所賺得的錢比一般豬隻更多，等於就是大貪官前世搜刮的財產，連本帶利「按次逐步攤還」，也不無可能吧？而阿財與司機也會經由輪迴報應的償還過程，於無形當中獲得利益。

阿財聽罷，打了電話給那位養豬戶。對方原本回答：「每天要經手的豬隻太多了，長得又差不多，鬼知道指的是哪隻啊？」後來阿財進一步解釋，養豬戶才恍然大悟，想了起來，指稱每隔幾年（精確年數就不記得了），確實就會出現這麼一隻「頭頂長黑毛」的胖豬，這種「好豬」還真是幾年才難得見到一回，不但吃少、肉多、很好管理，還幾無病痛，有趣的是，動作和情緒跟其他豬隻不同，最大特徵就是習慣舉起右前蹄低頭想遮臉，令人印象深刻。

這位養豬戶也無法理解，為什麼這隻豬「只會」投胎到他的豬舍？經由居士解釋的輪迴推論後，真實也好，誤判也罷，應有助於解開謎團。

過了一週，阿財寄來了高檔豬肉製品的大包裹，要給我和居士（偏偏居士吃素），算是謝禮，並附信函感謝我們替他解惑，雖知這只是推論，未必全對，但還是相當高興。另外，他也表示，這些豬肉鬆、肉脯、肉乾，都是在地加工廠新鮮製作，品質精良，深受歡迎。雖不知是否有那位大貪官的血肉在內，但絕對不含萊克多巴胺瘦肉精，請我們安心食用。

後來居士提議把包裹拿去捐助弱勢，我一聽便讚好，於是請同事打聽，將包裹轉贈給某個社福機構，反正不遠，我就親自送去。

接到包裹的小姐告訴我，她碰觸到包裹的當下，不知怎麼回事，突然在腦海中浮現某個奇特圖像，似乎是「一隻頭上有黑毛的白豬，用前腳（蹄）捂著臉，很悲傷」；我一聽整個人就跳起來，她看我的誇張動作也被嚇到，只是人少事忙，未多交談詳問原因，就這樣匆匆結束對話。

我告訴居士，關於這個古代大貪官的輪迴後續，搞不好又有新故事等待挖掘。

現世就報應

坊間許多故事書籍或名人，不斷傳遞惡有惡報、輪迴報應、業障償還等這類個案，或許與事實略有出入，但總是希望提醒大家，不要以為作惡多端、吃香喝辣方為王道，身為公僕貪贓枉法卻不會有事。種種跡象逐漸顯示，目前報應方式已由「來世」改為「隨時發生」，而且不見得純然「欠錢還錢」、「殺人償命」，也有可能依環境、情況、歷程，由老天爺令以「等值」或「超值」懲罰。

目前已是亂世及末世時期，絕大多數為非作歹行徑，應不至於像那位大貪官輪迴成豬折磨多回，而是以**現世就報應**為常規。除非極少數特殊理由（像是異常個案或邪魔介入）暫時無解，或者所犯罪孽程度深重、牽涉範圍過於複雜，須移至來世再報等特例之外，一般都會在今世清算完畢。如果你心裡還在糾結，對世間不公之事叢生甚感忿恨難平，還是勸你捺住性子及等待，慢慢觀察亂世當中的各種報應，都必將逐一現形。

看到這個輪迴故事，我會有些戒慎恐懼。原來在我們看不到的另一個空間裡，有著龐大運行模式，與我們此生之種種作為息息相關；而自從輪迴改為現世報，同樣讓我時時警惕。以前年輕不懂事，我總覺得什麼道德、什麼規矩，不過是宛如呆子的消極蠢蛋心態，如今年歲漸長，回顧眾多經歷，方知其間有多少學問與奧秘，促使自己必須改變心態，學著修身養性，應該還來得及。

而居士的感應與推論，若有誤解冥界運作與輪迴，甚至陳述錯誤之處，謹向神明與冥界朋友表達萬分歉意，懇請諒解及指導。但無論如何，本文初衷係出於對人們提出警世之意；若不知如何行善，起碼也要諸惡莫作，以免後患無窮。

落幕——自然過生活吧！

經由多年來的觀察，我逐漸感覺到這一代好多人真命苦，也很奇怪。怎麼說呢？明明路很多，可以自作選擇，卻偏偏選了個最「身不由己」之路，自作自受，弄得渾身疲累，還要到處訴苦，令人不勝感喟。無論是為生活拚命、為地位掙扎、為長輩或子女孫輩操煩，就連最該自由的信仰文化，都有人「內心其實不情願卻自動自發」地繃緊自己，為宗教付出無盡心血，參與好多儀式，犧牲不少原來該有的正常生活，只意圖追求那麼一點心靈庇佑與寬慰。

我不是說這樣不可。各人自由，不犯他人，不違天理或法令，誰有權力干預？只是屢屢思索「人該怎麼過日子」，總是感觸良多。

好多人表面風光，看不見的另一面卻是烏雲罩頂。最離譜的就是有些傢伙虔誠拜神，經文倒背如流，行為表現卻與天理道德背道而馳，偷雞摸狗鳥事照做，傷天害理之事當然不會缺席，這又算什麼呢？

唸再多勸世經文，看不懂或不求理解，不就唸了白唸？明知歹路不可行，卻因為有厚利，鋌而走險者多如過江之鯽，社會豈能不亂？良善者不懂得保護自己，也不願思考解決之道，或不肯學習如何防護自身，被霸凌、吃大虧、痛苦不堪，又要到處抓著人抱怨哭訴；別說自己抑鬱難耐，精神疾病症狀不斷發作，旁人被這麼一折騰，大概也快「確診」發瘋了。

我的成長過程其實也是跌跌撞撞，走的冤枉路、吃的虧與苦、挫敗和悲痛多如牛毛，更曾長期跌入人生陰暗幽谷，靠著韌性及自身信念，咬著牙忍耐，一步步爬上來。雖不像港星周星馳電影那句搞笑台詞：「誰敢比我慘！」但應該還算有資格說個幾句，談談感想。

藉由觀察、感應、蒐集資料及訪談所得，以及讀友來函多所抱怨生活苦悶、世間毫無公平正義可言等等，我歸納並思考許久，謹此提出個人愚見。雖然本人不是大師，但許多讀友大概聽慣我說故事的唬爛本領，硬是要我談談對「如何面對人生」的看法；因此，如不嫌棄，請哂納參考。

我的看法非常簡單，就是——

依道德為本、律法為尊，自然順意簡約過日，毋忘心誠及努力，但勿貪求。

這行字看起來淺顯易懂，實行起來卻大不易，我都還沒辦法百分之百做到，但確實在朝這個目標努力當中。

這裡頭有兩個重要原則，乃「道德」與「法律」，只要在此範圍內而不踰矩，人生該怎麼走，其實也差不多有了正確方向。接下來「自然」、「順意」、「簡約」三項，就是無所多求、順其自然、平靜安康即可。在這個世代，個人之力已無法扭轉所有亂象，誘惑及傷害又特別多，所以，「不太強求什麼」反而得以護身，甚至保命。

至於「心誠」與「努力」，這是我們身而為人必有的生活態度。只要是對的事、該做的事，抱持誠懇之心，全力以赴就對了。至於成敗——回想年輕時血氣方剛，事事拚命衝第一，錙銖必較，常跌撞得渾身傷痕；然而，隨著年歲增長，領悟凡事當須盡力沒錯，但對輸贏要慢慢看淡，畢竟到了兩腳一蹬、軀體僵直躺在棺材裡那一刻，任何榮耀與財富皆盡消散，又無法帶到神界或冥界，何必執著？

最後一個「勿貪求」非常重要，畢竟人生十之八九的罪惡、困擾、不喜悅，都來自於「貪」這個字。不論貪吃、貪財、貪欲、貪名位、貪贏、貪感官……不曉得害死多少人，連帶相關受害者更是不計其數。

接著，藉由與各方訪談資料，以及自身體驗、感應、想法，提出較細項的意見，敬請指教，但勿論戰，也請神界冥界、專家高人多多指導——

關於天命與使命

絕大多數的人來到世上都有「目的」，不管是磨難受苦、體驗陽間，或者啣著金湯匙來兌現福報享樂（簡直鳳毛麟角啊），項目繁多，總之都有原因，就算只是來「看看逛逛當個閒人」也是「目的」。

總結自身與各方說法：你來到世上的天命（本命命運）與使命（任務），通常會顯現在你的性格、專長和想法中。我看過幾個在某些領域堪稱佼佼者的有趣案例，請教高人後方知，他們在前世、前前世或更早輪迴前，就已是這方面的「專業人士」；甚至在滿周歲「抓周」時，就抓到未來前途，還真令人嘖嘖稱奇。當然，你也可斥之為無稽之談，不過冥冥之中，往往會有意想不到的天理安排，巧合到很難解釋。

這讓我回憶我的老師父（請見本人拙作《那些靈魂教我的事》之〈老師父的靈異啟蒙〉篇章）曾經斬釘截鐵地告知，我未來將於大學執教，因為天賜本命中即有設定教育命格，任務使命則是擔任老師教職。但這番談話讓我大笑直呼荒唐！

當時我唸專科學校，前一天父母還因為我成績太爛而嘔氣許久。教書？憑我這種資質，是要去誤人子弟，還是「毀」人不倦？

但真的很奇怪，之後不知哪根筋不對勁，開始急起直追，成績像搭直升機，莫名其妙扶搖直上，繼而進修至研究所；原以為在媒體業服務已是命定，心想根本不可能有教學機會，但命運安排就是如此奇特，在某個機緣深造並取得證照後，竟然真的到大學兼任教職，至今我還猜不透是怎麼回事。

不過，天命與使命雖有大方向的原則設定，還是要靠自己，在這個設定原則下把功課完成。如果你覺得「既然是老天爺設定，就要一條龍幫我包到底完善服務」，那未免太犯蠢了！祂會全程從旁觀察，視情況出手幫忙，但不至於從頭代勞到結束，而且你也可能因為不按天理、不守律法而遭懲罰。

同時，還是要不斷強調，請相信老天爺的安排，再從中發揚，自助後天助，人生必能大放異彩。

這裡有個好問題：「我怎麼知道自己的天命與使命是什麼？」這一點不用擔心，老天爺會不斷透過各種方式，包括喚醒潛意識、默默培養你的興趣，或種植在你內心的層層暗示聲音，提示你這輩子到底該做什麼。

若你依舊堅稱自己不夠聰明，無法參透老天爺給的意旨，那麼何妨回憶或翻翻小學時寫的作文「我的志願」，說不定答案就在上面，準確率應該不低，除非你是被老師逼著寫「特定職業選擇」，非當醫生、總統拯救萬民不可，那就例外了。

另一個問題也很棒——「有沒有人最後沒全然按照天意，卻能走出一片天？」就我的記憶是「有的」，不過少之又少，千中無一，而且就算不想按照老天爺的旨意，最後做的事跟原本設定的天命與使命之間，可能仍保有一定程度關聯。

例如，老天爺設定某甲從事新聞媒體工作，但此人玩心很重，對旅遊業心生嚮往而投入，最後擔任旅遊業某企業發言人兼公關主任，每天都要發出不少新聞稿，其實與發揮媒體功能近似。

總之，老天爺給你什麼「劇情大綱」，就請照著命題來完成你的「人生劇本」，中間或許有轉彎、開展另一段不同風貌，也可能在意料之外有大幅變動，這都是劇本裡的一部分，相信嗎？像我這種劇本寫了數十年的「黑手」，偶爾會在正式劇本裡，添加一些不離題但精彩的副線劇情，讓這齣戲變得更有味道，有何不可？這就跟烹飪差不多，有時將調味料或食材做了些許更動，菜名不變，做法相似，滋味反而更鮮美、口感更佳，就看你怎麼料理它。

關於神明與陰陽兩界

當前是亂世也是末世，陰陽失衡的情況非常驚人，就算擔心會不會「遇到鬼」也沒用，畢竟到處都有！不如認清當前環境，平靜面對。不過，如果你看不到這些靈異幽魂也不錯，起碼日子過得自在些。

若是一般人，除非興趣驅動，否則建議你毋須深度探究神啊鬼啊陰間冥界啥的，因為太深奧、太複雜，不如簡單歸納，你只要能做到「敬天畏神、尊重冥界」就好，此即自然基本運行法則。我始終強調，人類的生活已經夠辛苦，「自然過日子」更形重要。

對神鬼的敬拜或互動方式，若你認為該每天誦經、要為法會準備豐富供品、金紙要燒得壯觀多量……只要你覺得這樣做心才會安，那麼就去做吧！亦即順應自己所認定的自然方式，不必顧慮或拘泥。

但如果你問我，我是怎麼做的，會不會經文每天要唸個千百遍？是不是隨時要持咒，還是要天天馨香禱祝才算數？

哈哈，我沒這麼講究繁文縟節，我的方法很簡單，就是「心誠則靈」。

也許有人會質疑，不燒香、不燒金紙、不用擲筊、不辦法會，神明怎麼可能保佑你？莫非我是環保運動家、敲鑼打鼓叫大家節能減碳？非也非也，我沒這麼偉大。不過，我所感應或認知的神明，不需如此程序繁複的祈禱或拜拜；只要你心夠虔誠，由衷相信你心中所認可、信奉的神，僅需雙手合十，誠懇祈願，往往會比起繁文縟節更快，也更有效率。

再說一遍：神界看重的是「**心**」，檢視我們的信仰是否堅定虔誠。你願意相信且敬重，祂會在你最需要幫忙的時候，伸出援手來指引你、協助你、安撫你、療癒你、激勵你。這不是來傳教的，而是來自一個業餘通靈者的切身感受。

至於對於陰間冥界呢？同樣也是如此。請用敬重之心，尊敬另一個世界，不可污名化，或將之貶抑、嘲諷揶揄、塑造恐怖形象，畢竟這年頭「人比鬼可怕」！我常感嘆很多人都沒辦法像陰間冥界朋友那樣「必守信、重承諾」，而且正義之士極多，往往在眾多現世報個案的演變過程中，這些冥界朋友扮演著重要角色，某種程度也是「人間助力」，絕非單純在嚇人或製造恐懼。

不過有件事想提醒大家。人有人的地盤，冥界也有領域，呼籲各位，請不要隨意闖入或侵犯不該去的地方，比如說獨闖山林河海、去廢墟空屋試膽冒險，或者在殯葬場合嬉笑喧鬧……

就個人觀點，我一再強調人對鬼應尊重為上，千萬別鐵齒輕忽或蔑視，否則凶多吉少。我聽過太多人嗆我：「**老子就愛探險，怎樣？從沒出過事！就聽你在危言聳聽、妖言惑眾，這才罪該萬死！**」我只是笑笑，不多解釋，心想各人後段旅程都還沒走完，先別把話講得如此自滿。

你可能又有疑問。照這個推論，那麼去災區救難的軍警義消及民間單位，或者在考古場合進入陵墓或古物遺址研究的學術界人士，是否背負未知風險？通常的經驗是：只要有事先特別稟告、以儀式祭拜；或身穿特殊衣物（例如消防員制服）、佩掛工作證件可資識別，多半不會被干擾。

當然，我並非一口咬定這樣做就沒問題，重點在於抱持心態，前提須以誠敬之心執行任務，更以嚴謹細膩、提高警覺、做好防範、保護環境現場原則處理行事；另一個世界的朋友可是看得很清楚，且將視情況或必要時從旁協助，至少在可能的重大危害程度上，因而得以降至最低。

倒是讀友有個可愛的想法：「如果我想達成什麼願望、完成什麼夢想，事先跟神明稟告：『只要助我完成某事，我就茹素一年』，神明一定會幫忙才對！」是嗎？就我的經驗與高人說法，打個比方——在商界裡，你看過「單方同意，契約就成立」這種事嗎？起碼雙方都還有「點頭」這個程序才算數。若僅是單方面一廂情願如此認為，神明怎會同意？不過，還真有人反駁說自己曾有這種經驗，所以相信神明一講就懂，反正願望兌現之後，自己也認真履行承諾。我則是哈哈大笑，別忘了，這裡頭有許多因素在，包括命中註定，或者當下所求之事早已有結果，只是自己不知道……原則上，請不要自以為只要開出條件，神明就該幫你埋單。換句話說，請別做這種浪漫又不切實際的幻想，腳踏實地最重要。

關於自然過生活

別把生活弄得複雜，「師法自然」是個好方法。只要符合天理、守法守紀，你覺得該怎麼做就怎麼做，也就是「做自己的主人」。

若因所處環境因素，有太多世俗煩事捆綁，或遭難題纏身，無法隨心所欲時，暫且毋須沮喪，你需要的是相信自己仍有機會逐步排除困擾。或許一年、兩年內很難有所轉變，但只要你評估這個信念是對的，運用腦袋思考辦法，加上勇於溝通、協調以取得共識，長期來看不無可能。

即使最後吃了敗仗，至少曾經努力過，對個人成長絕對有幫助，切勿消沉憤恨，日後人生是輸是贏都還很難說！儘管部分讀友已過耳順或從心所欲年歲，但我認為人生還有更多可能，勿先論定。

我很欣賞聖嚴法師的十二字箴言。**當遇到困難時，要「面對它、接受它、處理它、放下它」**，非常易懂易學；甚多大師解讀，這就是人的「本來面目」和「平常心」，也有人認為與「師法自然」不謀而合。無論如何，這十二字就把人生面對問題時該有態度，描寫得淋漓盡致，凡事盡力即可；不過仍須以道德為本質，奉行天理、遵守法律，這是基本原則。

經歷這麼多人生事，看了這麼多個案，我覺得人類最該留意與防備的劣根本性，當屬「**貪**」這個字，應把它列在最前排，當成「頭號公敵」，最好趕快殲滅掉它。

若要自然過生活，最忌諱就是「貪」。無論名利，不管多寡，只要心存此念，一旦擴大，往往生活亂了套、變了調，最後則懊悔不已，痛苦不堪居多。但就人性本能而言，不可能自始至終絕無貪念，故唯有透過不斷受教、控制、定性，你會發現無欲則剛的強大力量，就像老僧入定般堅若磐石，能抵禦人世間各種誘惑與罪惡，瀟灑度過你的人生。

以前我就是貪求什麼事都要照自己的意思完成，弄得痛苦不堪。隨著年歲增長，深深體會不忮不求（不嫉妒、不貪得）有多重要。我曾氣憤「該給我的利益居然跳票泡湯了」，過了些許時日，才發現那不是我應得的，或者那個利益其實問題很大，可能涉及法律問題，老天爺硬是不肯給我，必有道理在，不也是疼惜護佑？如此想想，內心便釋懷寬慰，也就較能接受。

「自然過生活」另有一個重點關鍵，就是不見得要追隨潮流，自己喜歡最重要，前提是腦袋要多動一動，而且不要為了取悅別人而過日子。

有段時間，不少上了年紀的朋友，嚮往並讚歎詩人陶淵明率性怡然，以及躬耕自給、不再出仕的豁然情懷，媒體也報導不少「現代陶淵明」的成功案例，就想有樣學樣當起農夫，好像不這麼做就不趕「流行」，卻毫不深思自己是否適合，便急著在退休後找塊田地，意圖享受大自然田園生活。結果呢？不少人很快就唉聲嘆氣，自嘲不經大腦，等到實際去做，才發現每天必須過度勞動，腰痠背痛，久而久之根本感受不到什麼率性怡然，倒是脾氣變得超大、肝火更旺。所謂「自然生活」，原來都不是適合於自己所想要的「自然」；說穿了就是「不自然」，宛如東施效顰那種「變調的」調調，最後當然不快樂。

某些名人也不斷鼓吹，上了年紀，除了身體要照顧、關心老伴，還有朋友之間可不能斷了聯繫，讓不少長者奉為圭臬。這個道理在原則上是對的，然而自己也要思考，不是什麼朋友都要交，不是任何人情世故都得介入——不該多管閒事的，就敬而遠之；不該接近的損友，就逐漸遠離。如果深思反省，確定自己並無虧欠他人之處，那麼某些令人生厭的傢伙，就「放生」去，何苦為了深怕年老孤單，就非得要維繫這種讓自己不開心的「友誼」不可？你該親近有品、有德、講情理、真正關懷的智者，不必太浪費時間在某些對你不太有成長空間的人身上瞎攪和。長者如此，建議中年與年輕族群也應如此。

我默默觀察過某些長者，苦惱於甩不掉那款討人厭的親友——開口閉口要借錢，每回聊天就呼天搶地、憤世嫉俗，要不就是誇耀自家兒孫，彷彿他家光宗耀祖；或者每回都要強邀你做不喜歡的事，甚至出遊搭遊覽車必搶麥克風，唱腔宛如五子哭墓……我不是要挑人家的毛病，每個人都有優缺點，只是倘若自身評估，覺得彼此確實不對盤，就減少往來，逐步讓人家淡忘你，或在你的記憶中對他按下「消除」鍵，互不相欠，毫無罣礙，那就不亦快哉，恭喜脫離苦海。

現在的我，早就擺脫跟人家互比高下，不會去學人家的性格，也不認為非得「巴」著別人維繫友誼不可。我是我，與別人不同，可以觀摩別人怎麼生活，但最後的主導權仍在自己。

每次聽香港名人黃霑生前唱起「道可道非常道」，別人可能會笑，我則是嚴肅看待；最欣賞後頭那句「我自求我道，我自求……我道」，反正不偷不搶，人生坦蕩，我愛怎麼過日子，自求我道，何必模仿他人依樣畫葫蘆？

到今天，我沒車，也不開車，穿的衣服永遠都是那幾件，偶爾能上餐廳大啖美食就心滿意足，沒有太多物質欲望，以平常心過日子，默默觀察生活每個細節，從中找出精彩趣味；感謝老天爺賜給我這種本能天賦，這福報難道還不夠大、不夠奢侈？我已經相當滿足。有學生故意嘲諷說：「老師都這麼老了，竟然沒車，連套像樣的西裝都沒有，豈不是太沒地位，讓你那一輩的人看不起？」真有必要以此判定所謂的階層與身分地位嗎？我極不以為然。不妨參觀已故前行政院長孫運璿先生的紀念館，他的西裝就這幾套，衣物就那幾件，隨身日用品能省則省，儉樸低調度日，卻絲毫不曾減損其受人尊敬的無價風範，就是很好例證。

再次奉勸，要想做個真正的「人」，那麼請做自己的主人，過自己想要的日子，而不是被眾多無形的「人間枷鎖」羈絆。如果你還在擘劃夢想中，那麼請趕緊化為目標，盡力實踐；即使最終未必能盡如人意、百分之百滿足，但曾經努力，能有進展，也應欣慰了。

關於現世報

每次出書都會碰到這種重複的問題，讀友爭相批判，我都會背了：「什麼現世報？你看一堆混蛋貪贓枉法，吃香喝辣，還讓人陷入痛苦，自己卻逍遙法外！你去問問老天爺，這還有公平正義可言嗎？」

就在這篇即將完結的二〇二三年夏秋時節，台灣社會爆發嚴重的性平事件，不斷揭露眾多名人涉及性騷擾或性侵害等陳年往事，從政壇、學術界、產業職場，一直延燒到演藝圈，強烈震撼民心，訝異多年來某某形象良好之名人，竟然會是個XX之徒，而且早從二、三十年前就開始伸出狼爪……

過去那些質疑聲浪不斷的讀友，這回終於相信「現世報」確有其事，但總覺得「遲來的正義」實在太慢，疑惑老天爺何不設定速戰速決、好有個了斷，不就天下太平了？

現世報為何不馬上報應？

原因太多了。先前也說過，不外乎累世因果輪迴、時機未到、與其他相關「業障案件」尚未整合、與其福報相抵之後效果降低、其自身已有覺悟並做補救以亡羊補牢、老天爺有其他考量……什麼樣的情況都有。然而，除非案件重大到超乎預期、牽連廣泛，報應無法在限時內清算完結，否則再跨至下一輪迴的機率已微乎其微。

不管各方說法如何詮釋，相同共識就是「現世報必然會報」。只是當你對奸人歹徒乖張行徑咬牙切齒的背後，他所遭遇的悲慘報應未必會讓你知道。

另一種說法是：或許被害者忿恨或哀號遭遇不幸，但你應該也聽過「前輩子辜負人，這輩子要償還」的說法。我的看法是：固然有「前世報應累計至今生兌現」之說，必須認帳，但即使今世遭遇不幸，仍應在情理法的合理範圍內，盡力討回公道，只是出手前須先三思：能否成功，概由老天爺決定。

我相信老天爺的判斷最精準，也最公允；不過，若是據理力爭到最後仍全盤皆輸，多數人絕對無法接受事實，甚至對天地神鬼之理憎恨排拒，這也是人之常情，我想老天爺都能理解。

這番說法讓好多人不能接受且駁斥道：「前輩子幹的鳥事我哪記得？」是啊！我也不記得。但如果這是天理循環設定的方式，也只有乖乖接受。

倒是要注意的是，很多神棍騙徒喜歡利用你不知道的「前世業障」做幌子，要你花大錢去擺平所謂冤親債主。所以若遇有這種情況，請運用智慧分析，謹慎判斷，可別「財去、人不安樂」，還惹了一堆麻煩上身。我見過某位條件非常棒的女性，年屆「大齡」，憂慮自已嫁不出去，打聽到有位促成姻緣極其靈驗的「老師」，急著請求指點迷津；豈知遇到個江湖郎中，人財兩失不說，還被下符咒，變成另一個人，像是玩物被「老師」擺布指揮。爾後由於機緣，那位女性終於另獲高人指引而覺醒，起身反擊，郎中最後被懲，打入大牢，散盡的錢財取回逾半，算是不幸中之大幸。

這還算比較正面的例子，只是普天下還有更多沒有高手緣分指引的可憐人，長期身陷苦痛深淵，想想便覺得恐怖而心痛。也僅能提醒各位，面對這個亂世種種誘惑或假象，以及無窮無盡的「人吃人」亂象，必須靠自己的力量步步為營，小心謹慎，也祈求大家平安無事。

結語

曾與某位文學大師一席談。大師認為人來到世上，雖多數受苦受難，嚐盡人情冷暖，順遂者寡，卻應視為「當然」！為何？「體驗」本為人生最重要的目的，時間到了一切歸零，必須返天覆命陳述見聞，等於是一篇「人間遊記心得」，沒什麼不好。最重要的是，遇到困難或迷惑，自己須能學會想方設法去解決，若僅習慣倚靠旁人逐一排除打理，那跟廢物有何兩樣？既然老天爺賜給我們腦袋，就是要拿來思考，絕非用於享樂享福；特別在亂世與末世階段，世間光怪陸離、驚悚駭人、不公不義之事層出不窮，已非偶發，而是常態！若無腦袋，毫無自覺，又不去訓練，你只會活得更驚險。

關於人與神界、冥界的相處也是如此，我們都在機動適應，也隨時在面臨變局而必須調整。

說了這麼多，就歸納幾項重點：

一、**現世報早已開始**。奸人惡棍無論如何湮滅證據、亡命天涯，總有被揭發的那一天。或即使未被揭發，只要不肯懺悔改進，依然故我，必將承受等值甚至超值的報應。

二、**敬畏天地鬼神，誠心為上，勿犯忌諱**。此非迷信，而是身處天地之間的人們必須具備之基本德行。祭拜何需鋪張浪費才能表達誠心？只要心夠虔誠、夠良善、夠敬重，始終如一，樸實祭拜的效果相同；緊急時，雙手合十，誠心祈願即能連線，迅速串接人與神鬼之間的互動，這往往比起滿桌供品、煙霧繚繞、香灰飛天，或者誦經抄經還更快、更有效率。不過各人想法做法皆有差異，順己主張亦應受尊重。

三、**生活中，不見得要被傳統的繁文縟節所束縛**。只要符合天理、陽間律法和普世價值，請自然過你的日子，覺得該怎麼做就去做——或許你喜歡簡單就好，也可能認為遵循古法才能心安，請相信你的直覺，不必過度介意或苦惱。另外，不建議對神界或冥界開出「單方還願條件」（比方「若讓我達成目標，我就會茹素三年」）；記得：心誠則靈、全力以赴即可，一廂情願所認為的還願條件，有可能弄巧成拙。相信神鬼不希望你不切實際，最重要的是那顆虔誠懇切、尊敬天地之心，才是核心關鍵。

四、**人有人的地盤，鬼有鬼的領域，切勿冒犯，更不要輕易冒險**。前往山林河海，記得小心謹慎，勿破壞環境或喧鬧，更勿好奇恣意冒險；若途經廢墟、古戰場、墳塚，或喪葬場合、祭儀典禮時，靜默、腳步輕聲、快步通過即可。

五、亂世與末世結合的時代，可瞥見「另一個世界」影像或形象的人只會越來越多。如果你能感應，請謹遵平常心以待，毋須刻意接觸或迴避，尊重和禮遇即可。

六、人有人的思維，神有神的考量，鬼也有鬼的意念。不要以人的主觀認定「神鬼該怎麼對我」，應以另一方的立場思索「神鬼會怎麼對我」。

七、除了自然過生活，崇德、守法、低調、勤奮、戒貪、知足、善念、謹慎，可以減少許多困擾麻煩。這些固然是眾多宗教家或倡導道德之人士不斷勸誡的內容，無奈「言者諄諄，聽者藐藐」，效果有限；然而若願奉行，確實有效，甚至能減少被無形空間盯上的機會，保身平安。

或許這輩子我遇到太多跌跌撞撞、不順遂的情況，因而渴求避開眾多紛擾、不被世俗過多煩事羈絆的歲月；我得出的些許心得，可能愚昧膚淺，也不見得與主流思維契合，但提出來讓你笑笑也好、認同也罷，總之祈願增進陽間人類對神界、冥界認識，並促進互動，也盼能對你的生活、思維上有些許幫助。

我也聲明過，我對神界、冥界的感應、瞭解及認知，仍不敢自詡全盤正確，或許存在不足或謬誤解讀，深怕以偏蓋全，有賴神明、冥界和眾多陽間高人專家指導；進而想想，這是我的福報，我應虛心受教。但求不要再遭受懲罰，得以由引導代替屢屢受挫，在人生最後這個階段，走得平順寧靜，相信這也是眾人所嚮往之清福境界。

很多人好奇「你的故事很多耶！是真的？還是瞎掰？」如果你跟我一樣，懷有這種體質身分，從事工作項目也多元，且觀察入微、經常閱讀，那麼每天所碰到的故事繁多，寫也寫不完；再加上自身從事媒體業，過去至今，站在節目與新聞製播崗位多年，能探訪素材的深度、廣度當然加倍。但畢竟眾多故事皆有「善惡有報」、「現世報」等共同特點，寫久總會讓讀友厭膩「反正都差不多嘛！」因此，關於靈異這個領域，面對未來變化更多端、範圍更密集深入等特點，為了便於傳達與理解，往後除了以文字警示諸位切勿輕忽，在取材上也不再僅限於人鬼神三方單純互動、著重描寫恐怖情節嚇人，而是越加貼近我們熟悉之日常生活，避免艱深說教，並添加不同角度或個案切入融合，必要時大幅改寫內容，甚至在一定程度範圍內，採取宛如說書般略顯誇張手法，提醒讀友關心注意。至於情節真假，就請不用太拘泥糾結，就當「改編故事」閱讀，你會更輕鬆愉快！

在這裡，倒是有些感嘆。

這麼多年來，承蒙讀友愛護支持。不過無奈已多次告知，本人非專業靈媒，也無領旨辦事資格，和你一樣都是平凡人，僅就所見所聞和採訪描述，仍有讀友堅持請求驅魔除邪、天天問事，從尊稱「大師」、「老師」、「道長」到「乩童」全都有！更甭說想要引見高人、拜師學藝，更是不勝其擾。這點懇請再次理解：我是老師，但不是命理老師，是身在大學教傳播的兼任老師，兩者差異甚鉅。然而，偶有聚會場合，看到遭受苦痛的讀友求助，兩行淚水止不住地描述情境時，其實是感同身受，且內心揪痛不已，遺憾自身並未具備處理資格，除非獲得特殊允准，否則說什麼都不可逾越紅線，僅能再三婉拒，換得失望或怨懟情緒，我也只能鞠躬致歉。

有時自省，若我是個詐騙集團，豁出去唬爛贏得對方信任，來個故弄玄虛、開壇作法，訛詐身陷黑暗幽谷的人們，我看數十年下來，搞不好家財萬貫、富可敵國！幸好我沒這麼做，或許這正是老天檢視我貪不貪的考題之一。我僅有小小願望，盼將正德與善念，透過精彩故事傳遞給所有人，若能在亂世之際打動人心，改變風氣，朝向美善祥和，遏制邪門歪道，已是我莫大福報，卻也深知難度超高，只能一步一腳印努力下去。

如果說這是「戲劇」，也算是吧！雖總有戲畢散場的一刻，不過戲碼總是會一齣接著一齣，永不停歇。未來我會繼續四處探訪，也透過感應，化為文字，不間斷地寫下去。不敢侈言浮誇，若能持續獲得讀友高度肯定，必是身在人間一大樂事。

最後，套句咱們電視專業術語。每當節目播映完畢，電視台照例都會放張圖卡或字幕，你絕對熟悉，不會弄錯，也很簡潔明快。那就是——

「謝謝收看，下回請繼續觀賞！」

下一齣戲在哪？不知道。但若有緣，相信我們仍有機會繼續互動與對話。